花屋さんで人気の469種

決定版

花図鑑

MONCEAU FLEURS
モンソーフルール 監修

西東社

はじめに

たくさんの花たちと もっと仲良くなりましょう

花ともっと仲良くなりたい。
これは、そう思っているあなたのための本です。
今回、新しい花やグリーンをたくさん加えた改訂版をお届けします。
花屋さんの店先やショーケースには四季折々、
たくさんの種類の花が並んでいます。
定番のバラやチューリップ、カーネーションなどのほかにも、
子どもの頃に遊んだ野原でよく見かけたなつかしい花や
人からいただいた花束に入っていためずらしい花、
初めて目にする新種の花など、数えきれないほどです。
たった1本の花が、気持ちをホッと落ち着かせ、
元気を与えてくれることもあります。

だから、特別な日だけではなく、毎日の暮らしの中で、
もっと気軽に花を楽しみましょう。
そのための第一歩が、花の名前を覚え、その性質や特徴を知ること。
花屋さんで、名前の知らない花を見つけたら、
ページをめくって探してみましょう。

この本では、
一般の植物図鑑にあるような学術的な説明はあえて省いて、
誰もが興味を抱きそうな
エピソードやアレンジのコツなどを紹介しています。
花の全体像やディテールがよくわかるように撮影した写真は、
花の絵を描く人や
フラワークラフトを手がける人などにも役に立つでしょう。
花の飾り方や楽しみ方にルールはありません。
華道やフラワーアレンジの心得がなくても大丈夫。
「花が好き」という気持ちさえあればいいのです。
たくさんの花たちともっと仲良くなって、
あなたらしい花のある暮らしを楽しんでください。

この本の使い方

花材の説明
花材の性質や特徴、名前の由来、アレンジでの使い方などについて説明しています。花材によっては、部位ごとのポイント説明を入れています。

英名
アメリカやイギリスなどの英語圏での名称。日本固有の植物などで英名がない場合は、ローマ字で表記しています。

花材の名称
学術的な正式名称ではなく、花屋さんで一般的に流通している名称です。

別名
花屋さんで流通している別名がある場合は、花材の名称の下に併記しています。

花色
一般に流通しているカラーバリエーションを花マークの色で表しています。産地での生産量が極めて少なく、一般の人がほとんど入手できない色についてははずしています。また、染め花材の色は含みません。

赤　ピンク　オレンジ色　黄色
白　紫色　ブルー　緑色
グレー（シルバー）　茶色　黒

※色の濃淡の違いなどは反映していません。たとえば、濃い黄色も淡いクリーム色も同じ色のマーク　で表しています。

花材の写真
花材の全体像がわかる写真を載せています。花材によっては、花や葉、つぼみなどのデティールがわかる拡大写真も載せています。

花材データ
植物分類／植物学上の「科・属」　原産地／その植物（または原種）が初めて発見された地域　和名／日本固有の呼び名や通称　開花期／日本国内における自然状態での開花時期。地域によって差がある　流通サイズ／市場で流通するサイズの目安。花屋さんで販売される際はもっとバラつきがある　花（実・葉）の大きさ／花の場合は、およそ直径2cm未満が「小」、5cm未満が「中」、5cm以上が「大」。品種によっても、個体差によっても違うので、あくまでも目安に　価格帯／花屋さんで販売される1本あたりの価格の目安。時期や流通量、地域、品質などによってもかなり差がある

花言葉
その花の形や色、香りなどのイメージや、宗教的、歴史的な意味などによって、古くから言い伝えられてきた「花言葉」を集めて紹介しています。国や文化などによっても違いがあります。

出回り時期
市場で流通し、花屋さんで販売される時期。気候や地域によっても差があり、実際の開花期とはほとんどの場合異なります。

特に多く出回る月
花材が出回る月
12 1 2 3 4 5 6 7 8 9 10 11（月）

Mum

キク

国内の切り花生産量第1位
仏花のイメージを覆すおしゃれなタイプも登場

菊といえば仏花のイメージが強かったのはひと昔前の話。最近では、ヨーロッパなどで品種改良されたさまざまな洋菊を中心にさまざまな花型のタイプが出回り、アレンジやブーケなどにも使われています。お祝いごとに使うのはかまいませんが、お見舞いには気にする人もいるので避けたほうが無難です。
　アレンジする時は、短めにカットして、花の面がよく見えるようにすると洋風のイメージが強くなります。清々しい独特の香りがあります。

花は上を向いて咲く

中央の部分が堅く締まっているものを選ぶと長もちする

花よりも葉のほうが先に枯れるので適度に間引いて

セイオペラピンク

葉の表側と裏側。茎に左右交互につく

Arrange memo

日もち：5日〜1週間
水揚げ：水折り
注意点：ハサミの刃が直接触れるのを嫌うので、水揚げは水の中で茎を手で折り切る
相性のいい花材：
シンビジウム (P91)
ユリ (P181)

Data
植物分類：キク科キク属
原産地：中国
和名：菊（キク）
開花期：9〜11月
流通サイズ：30cm〜1m程度
花の大きさ：小・中・大輪
価格帯：100〜500円
花言葉
高貴、高潔、清浄、思慮深い、わずかな愛
出回り時期
12 1 2 3 4 5 6 7 8 9 10 11（月）

56

本書では、花店さんなどに出回る生の花材を
「花」「枝もの」「実もの」「グリーン」の４種類に分けて、五十音順に紹介しています。
「花」はアレンジの主役として花の色や形を楽しむ花材、
「枝もの」は樹木の枝の部分を切った花材、
「実もの」は果実や種子を楽しむ花材、
「グリーン」はアレンジの脇役となる葉ものなどの花材です。

人気花の品種カタログ

切り花で特に人気の高い以下の 17 種類は、１ページ以上を使って、市場で人気の品種や新しい品種などをカタログ風に紹介しています。花型や花色、咲き方などの参考にしてください。

※花の品種は流動的なので、品種によっては今後、流通がなくなる場合もあります。

花のクローズアップ写真

花を大きく拡大した写真を紹介しています。花の色や形、細部のようすなど、ルーペで観察しているかのような魅力を感じてください。

キク品種カタログ

こちらも「アナスタシア」シリーズの「ピンク」。色が違うと印象も違う

キクのイメージを一新した「アナスタシア」シリーズの「ブロンズ」

細い花びらが立ち上がるように咲く「アナスタシアディーライム」

ポンポン咲きで白いボールのような「スーパーピンポン」

ポンポン咲きの「ピアジェイエロー」。明るい黄色が元気な印象

びっしり花びらが詰まってダリアのように咲く真紅の「ビロード」

ベージュがかったニュアンスカラーのキクも人気。「セイオペラベージュ」

57

押し花や押し葉、ドライフラワー、ポプリ、精油（エッセンシャルオイル）の原料になる花材には、それぞれマークをつけています。

Arrange memo

日もち／花や実、葉などが楽しめる時期。気候や置き場所によって差がある　水揚げ／その植物に適した水揚げ。それぞれの方法については 278 ページでくわしく解説　注意点／アレンジする際に知っておきたいポイント　相性のいい花材／組み合わせて飾るのにおすすめの花材

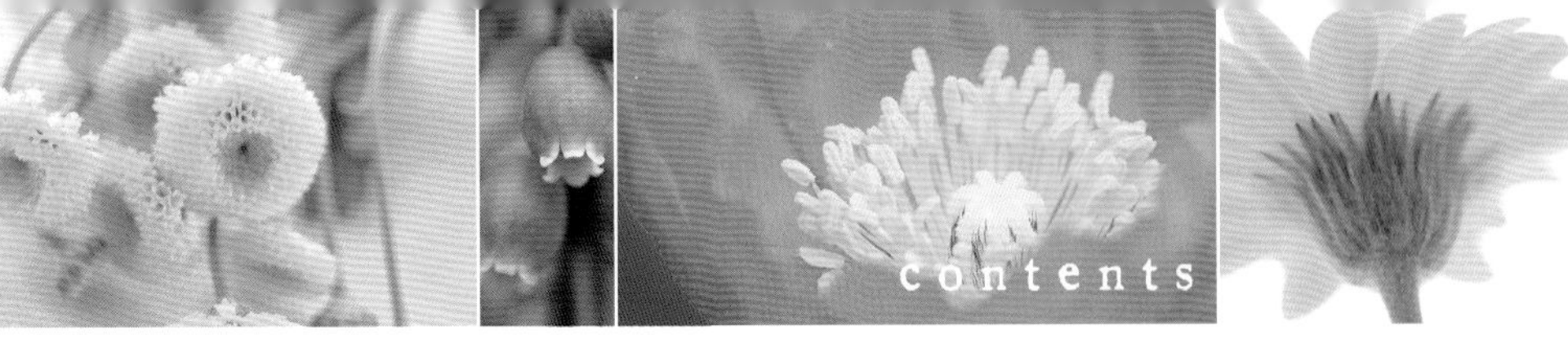
contents

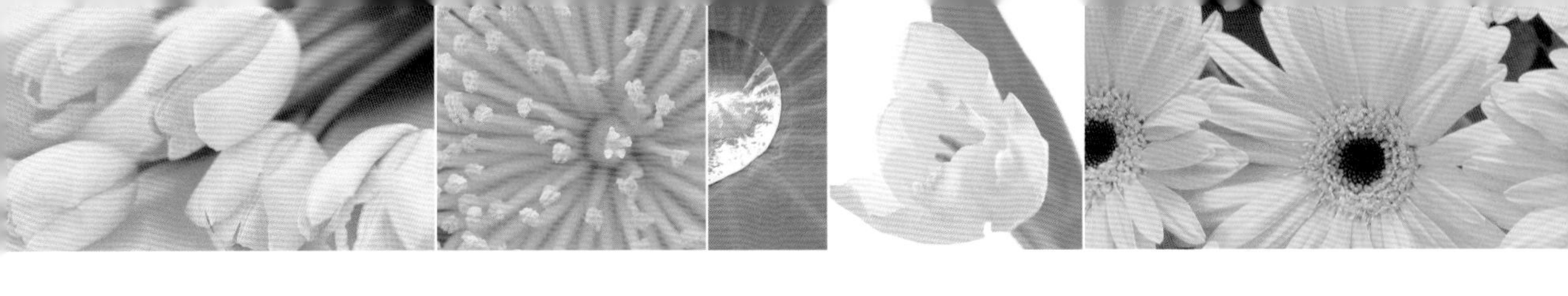

contents

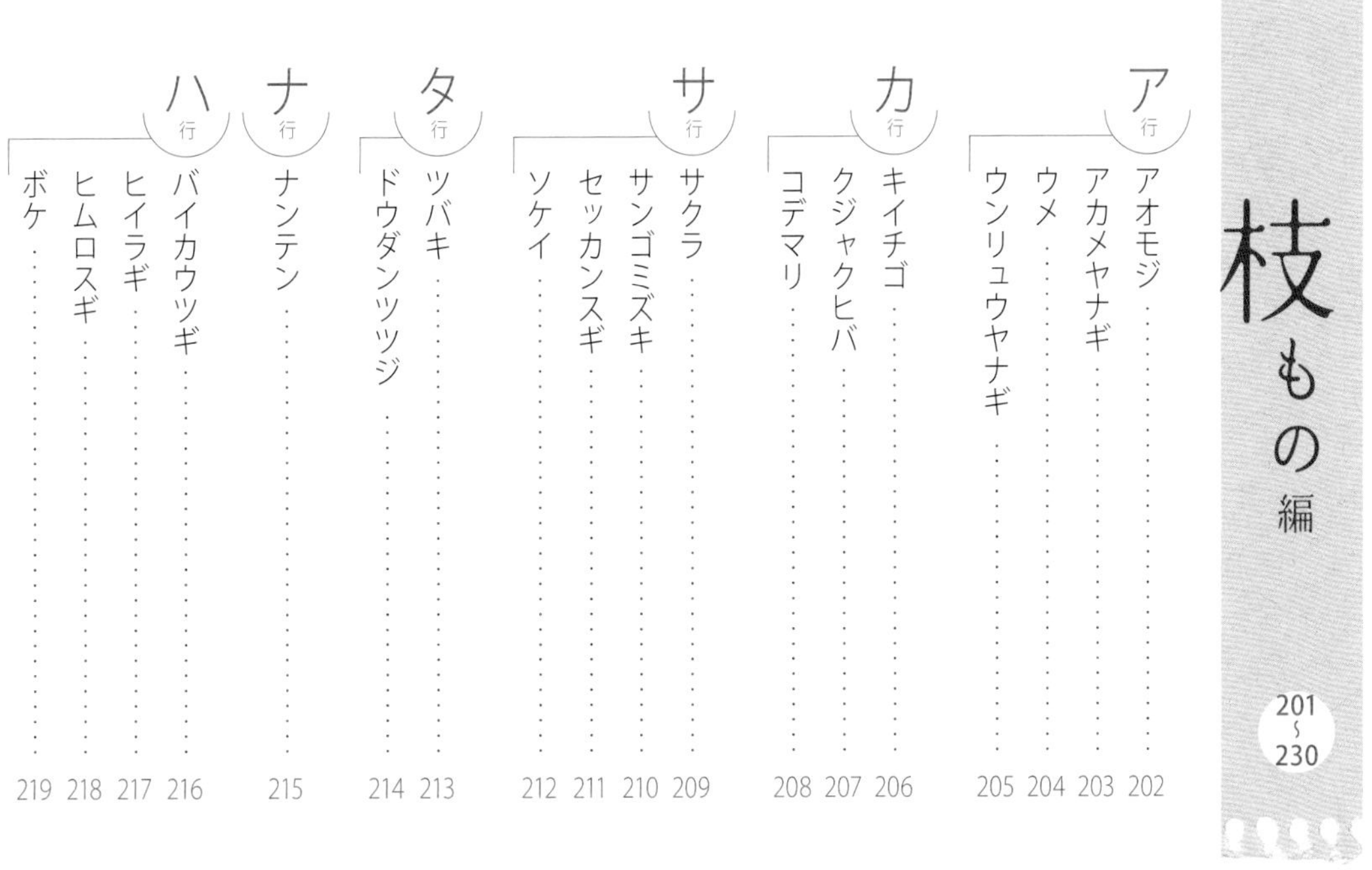

枝もの編

201〜230

実もの編

231〜246

contents

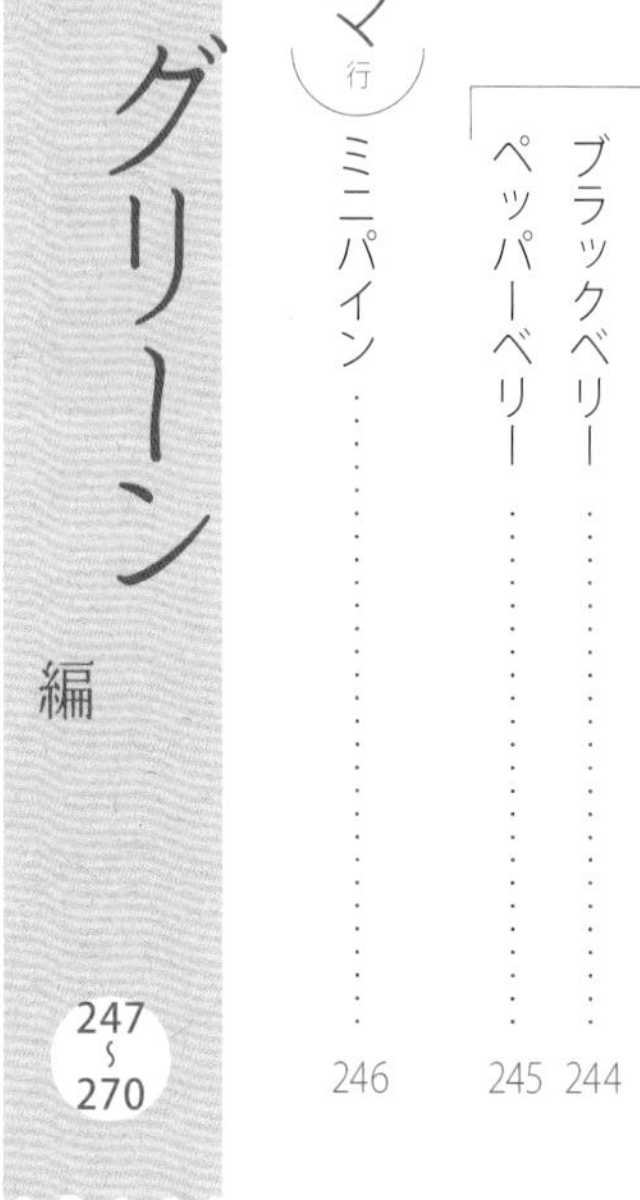

グリーン編 247〜270

花とアレンジの基礎知識 271〜287

花編

アイスランドポピー

Iceland poppy

ポピーとして出回っているほとんどが「アイスランドポピー」。寒い冬のうちから花屋さんの店先に並びます。くねくねと伸びる茎の先に毛が生えた丸いつぼみをつけます。うつむいていたつぼみが次第に頭をもたげ、ふたつに割れると、中からクレープ紙のように薄い4枚の花びらが現れて広がっていきます。

　花色をミックスした束で出回るので、茎のラインを生かしてそのまま1種で飾っても。また、大らかな花の姿は、絵画やクラフトの対象としてもよく採りあげられます。

花茎（かけい）やつぼみにはうぶ毛が生えている

咲きそうなつぼみがたくさん混じっているものを選ぶ

茎はくねくねと曲がりながら伸びる

丸いつぼみが2つに割れるとクシュクシュした花びらが開く

Arrange memo

日もち：3～5日
水揚げ：水切り、湯揚げ
注意点：茎が腐りやすいのでまめに切り戻しと水替えを。つぼみの皮がポロポロと落ちるので注意して捨てる
相性のいい花材：
スチールグラス（P256）
リキュウソウ（P268）

押し花

Data

植物分類：ケシ科ケシ属
原産地：シベリアほかアジア大陸北部
和名：シベリア雛罌粟（シベリアヒナゲシ）、虞美人草（グビジンソウ）
開花期：2～5月
流通サイズ：30～50cm程度
花の大きさ：中・大輪
価格帯：ミックス束で300～500円

花言葉

忍耐、なぐさめ、忘却

出回り時期

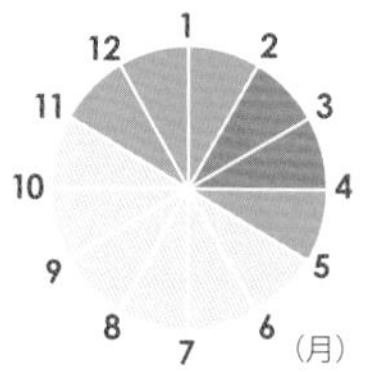

1 2 3 4 5 6 7 8 9 10 11 12（月）

アイリス

Iris

花菖蒲を思わせる色や姿は和のアレンジにも活躍

花屋さんで「アイリス」といえば、写真の「ダッチアイリス」が一般的。オランダで交配された球根アイリスで、花びらの付け根に黄色い斑が入っているのが特徴です。きりっとした花の形やすっと伸びた花茎や葉のラインは花菖蒲に似て、枝ものと合わせて和のアレンジにも向きます。

アイリスのラテン読みは「イリス」。ギリシア神話の虹の女神イリスに由来しています。

大きな花びらの付け根に黄色い斑が入る

葉がみずみずしくピンとしているものを選ぶ

Arrange memo

日もち：３日〜１週間
水揚げ：水切り
注意点：つぼみに水をかけると咲かないことがあるので注意する
相性のいい花材：
デルフィニウム（P119）
ユキヤナギ（P227）

アレンジ実例

アイリス１種類だけで作るブーケも印象的。花と同色のラフィアで束ねてポイントに

Data
植物分類：
アヤメ科アイリス属
原産地：
ヨーロッパ
地中海沿岸
和名：
オランダ文目
（オランダアヤメ）、
西洋菖蒲
（セイヨウアヤメ）
開花期：４〜５月
流通サイズ：
50〜70cm程度
花の大きさ：中・大輪
価格帯：
150〜300円
花言葉
消息、吉報、
恋のメッセージ
出回り時期

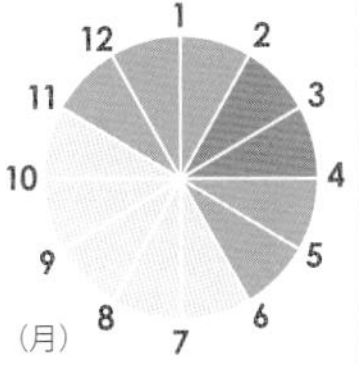

アガパンサス

Agapanthus

ギリシャ語で「愛」を意味する「アガペ」と「花」を意味する「アンサス」が名前の由来。長く伸びた花茎(かけい)の先に、30～50輪もの小花が放射状に咲き、一重咲きと八重咲きがあります。日が当たらないとつぼみが開かずに落ちることがあるので注意して。ブルーや紫の花色のものは、長いおしべや細い花びらとあいまって涼しげな印象。長い花茎のラインを生かしてすっきりしたアレンジに。和風、洋風、どちらにも合います。

たくさんの小花が放射状に咲く

開花すると花は下向きになる種が多い

和風と洋風どちらにもおすすめ茎のラインを生かしたアレンジに

Arrange memo

日もち：5日～1週間
水揚げ：水切り
注意点：暗い場所を嫌うので日の当たる明るい場所に置く
相性のいい花材：
スカビオサ (P94)
バラ (P137)

アレンジ実例

アガパンサスの長い茎のラインを際立たせるよう、バラやスカビオサなどは低くあしらってテーブルに

涼を感じさせる青い花

Data

植物分類：ユリ科アガパンサス属
原産地：南アフリカ
和名：紫君子蘭（ムラサキクンシラン）
開花期：5～8月
流通サイズ：30～80cm程度
花の大きさ：小輪
価格帯：200～400円

花言葉

恋の訪れ、愛の訪れ

出回り時期

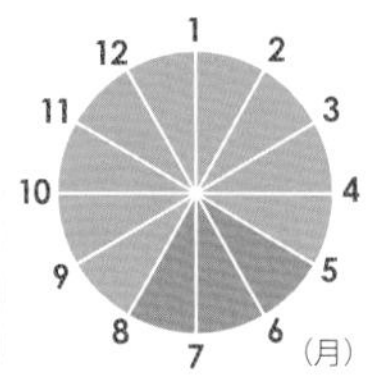

アゲラタム

Flossflower

綿毛のような花びらの小花がボール状に集まって咲きます。ギリシャ語の「古くならない」という意味の言葉が、名前の由来。花が色あせにくいことからきています。ブルー・紫色系の品種が多く出回り、アザミを小さくしたような形をしているので、和名は「カッコウアザミ」。アレンジのサブ花材として、優しい雰囲気や色のアクセントがほしい時に重宝します。湿気を嫌うので、つぼみや花には水をかけないよう注意しましょう。

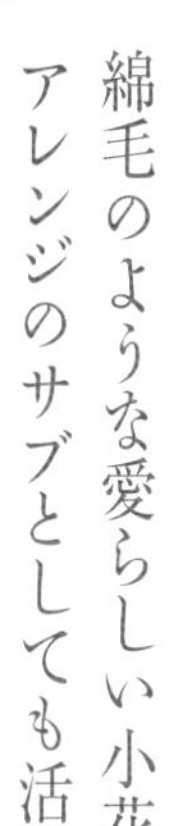

1～2cmの小花がまとまって咲き、色もちがいい

葉が多い時はあらかじめ整理して使う

Arrange memo

日もち：5日～1週間
水揚げ：水切り、湯揚げ
注意点：湿気を嫌うので風通しのよい明るい場所に。つぼみの時は落ちやすいので扱いに注意する
相性のいい花材：
スノーボール（P104）
トルコギキョウ（P124）

アレンジ実例

ミニポットにアゲラタムを短く生けたアレンジ。さりげなく入れてナチュラルに

Data

植物分類：
キク科アゲラタム属
原産地：
中米熱帯地方
和名：
霍香薊
（カッコウアザミ）
開花期：5～10月
流通サイズ：
20～60cm程度
花の大きさ：小輪
価格帯：
150～250円
花言葉
信頼、楽しい日々
出回り時期

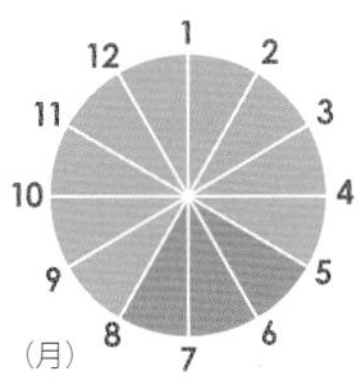

アザミ

Thistle

アザミの仲間は、世界でおよそ300種もあるといわれます。その3分の1ほどが日本の野山や道端などに自生しています。

切り花として出回るのは、日本原産の「ノアザミ」を元に品種改良した「ハナアザミ」や「ドイツアザミ」と呼ばれる園芸品種です。

綿毛のついた紫色やピンク色の花は個性的で愛らしく、野の花風のアレンジにぴったり。洋風のアレンジにも和風のアレンジにも使えます。深い切れ込みが特徴的な葉は、トゲがあるので扱いには注意しましょう。


ふわふわした綿毛がついた個性的な花は、アレンジのアクセントに

深い切れ込みがあり、トゲもあるので注意

綿毛のついた
やわらかな花が個性的
和風にも洋風にも使える

Data

植物分類：キク科アザミ属
原産地：北半球の温帯
和名：薊（アザミ）
開花期：4～10月
流通サイズ：30～60cm 程度
花の大きさ：中輪
価格帯：100～300円

花言葉

独立、厳格、私に触れないで

出回り時期

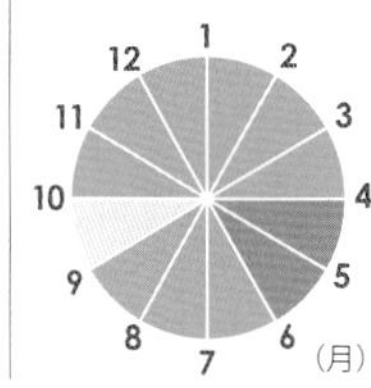

Arrange memo

日もち：5日～10日
水揚げ：水切り
注意点：するどいトゲがあるので、注意して生ける
相性のいい花材：
アゲラタム（P15）
スプレーマム（P105）
センニチコウ（P108）

ポプリ

アジサイ

Hydrangea

アジサイというと、梅雨の季節に咲く花というイメージがありますが、最近ではさまざまな色や種類が通年出回るようになりました。ブルー系やピンク系が多い「西洋アジサイ」のほか、立ち枯れした状態で出回るアンティークカラーの「秋色アジサイ」、ピラミッド型に花がつく「ミナヅキ」などがよく知られています。小さな花が集まって咲きますが、花に見えるのは実はガク。アレンジや花束のメインにしても、花の間を埋める脇役としても活躍します。水揚げが悪いので、切り口を焼いたり、切り口に割りを入れたりしましょう。

花に見えるのはガク

花に見えるのはガク
アレンジのメインにしても
脇役にしてもＯＫ

水揚げが悪いのでしっかり処理すること

Data

植物分類：ユキノシタ科アジサイ属
原産地：日本、東アジア
和名：紫陽花（アジサイ）、七変化（ナナヘンゲ）
開花期：５～７月
流通サイズ：40～80cm程度
花の大きさ：小輪（花房としては大）
価格帯：400～3,000円
花言葉：移り気、浮気、冷酷、変節、あなたは冷たい
出回り時期

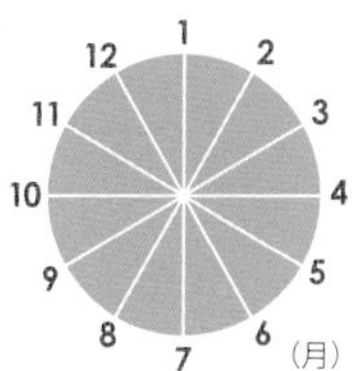

アレンジ実例

Arrange memo

日もち：５日～２週間
水揚げ：水切り、燃焼、根元割り
注意点：水が下がりやすいのでしっかりと水揚げしてから生ける
相性のいい花材：
カラー（P52）
トルコギキョウ（P124）

ドライフラワー

ガラスの鉢に水を浅く入れ、短く切った秋色アジサイを浮かべて微妙な色合いを楽しむ

品種カタログに続く

アレンジ実例

シックな色のカラーやトルコギキョウなどとともに、丸くアレンジ。細長いグリーンで動きを出して

立ち枯れした状態で出回る「秋色アジサイ」。緑色〜紫色のニュアンスカラー

緑色〜ピンクの微妙な色変化が美しい「秋色アジサイ」。シックなアレンジに

淡い緑色がさわやかな印象の「秋色アジサイ」。白い花と合わせてもきれい

こちらも染め花材。薬品処理で花は黄色に。葉は自然な状態でついている

鮮やかなオレンジに着色された染め花材も最近は出回っている

アジサイ　アナベル

Hydrangea "Anabelle"

アジサイの仲間ですが、一般的なアジサイに比べてひとつひとつの花は細かく、葉や茎も華奢な印象。その小花が集まって15cmほどの手毬状に咲きます。開花するにつれて、緑色から淡い緑色、クリーム色、純白へと変化していくようすは、何ともいえない気品を漂わせています。

アジサイにはめずらしく「ひたむきな愛」という素敵な花言葉をもつので、プレゼントのブーケなどにも多く使われます。

開花するにつれて緑色から淡い緑色、白へ

一般的なアジサイより葉が薄くて小さい

開花するにつれて緑色から純白へと花色が変化

Data

植物分類：
ユキノシタ科
アジサイ属
原産地：
北アメリカ
和名：
アメリカ糊の木
（アメリカノリノキ）
開花期：
5～7月
流通サイズ：
40～80cm 程度
花の大きさ：小輪
（花房としては大）
価格帯：
500～1,000 円

花言葉
ひたむきな愛

出回り時期

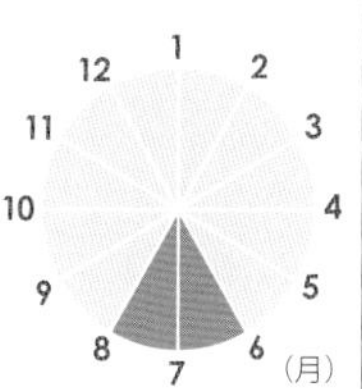

Arrange memo

日もち：5日～1週間
水揚げ：水切り、燃焼、根元割り
注意点：水が下がりやすいのでしっかり水揚げしてから生ける
相性のいい花材：
エリンジウム （P39）
ドウダンツツジ （P214）

アスター

China aster

品種がとても多く、素朴な一重咲きから豪華な大輪の八重咲き、半八重咲き、ポンポン咲きなどさまざま。色も原色から中間色まで揃っています。

以前は、仏花としてお盆やお彼岸などに重宝されていましたが、最近では、アレンジやブーケなどに向く洋花風のものもたくさん出回っています。細い枝先に花がスプレー状にたくさんつくので、切り分けて使うのに便利。不要な葉は整理してから生けましょう。

色、形、大きさなど、種類はさまざま
切り分けて使いやすい

咲きそうにないつぼみは整理すると長もちする

水揚げはとてもよい

ヒメアスター

Arrange memo

日もち：５日～１週間
水揚げ：水切り
注意点：葉が傷みやすいので、不要な葉はできるだけ整理する
相性のいい花材：
アリウム（P27）
スイートピー（P92）

アレンジ実例

上部を切り取った観賞用カボチャに吸水性スポンジをセット。切り分けたアスターをこんもりと

Data
植物分類：キク科エゾギク属
原産地：中国北部
和名：蝦夷菊（エゾギク）
開花期：５～７月
流通サイズ：30 ～ 80cm 程度
花の大きさ：小・中輪
価格帯：100 ～ 300 円

花言葉
信じる心、美しい追想、同感、変化

出回り時期

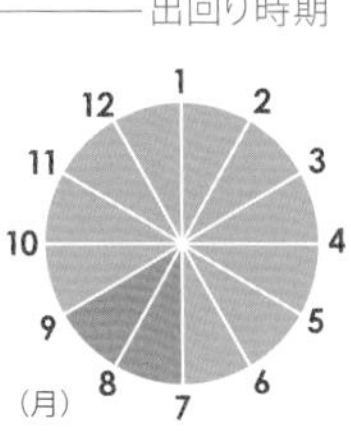

アスチルベ

Perennial spiraea

アワモリソウ

細い茎の先に無数の小花が集まって、開くとふんわり泡立つように見えることから「泡盛草」の和名も。切り花として出回っている品種は、日本の山野草の「アワモリショウマ」と中国の「アスチルベ・シネンシス」を交配させたものが一般的。どことなく和の雰囲気が漂うのも納得です。ソフトでナチュラルな印象は、洋風にも和風にも合います。最近は、カラフルな染め花材も流通しています。

小花が泡粒のようにふんわりと咲く

茎は細くて、木のように硬い

ふんわりした花穂を生かしてナチュラルな野草風アレンジに

Arrange memo

日もち：5日〜1週間
水揚げ：水切り、湯揚げ、燃焼
注意点：風に当てると水が下がりやすくなるので気をつける
相性のいい花材：
カンパニュラ（P54）
スカビオサ（P94）

ドライフラワー

アレンジ実例

マットな質感の金属の花器に、ピンクのアスチルベ一種をナチュラルな姿を生かしてアレンジ

Data

植物分類：
ユキノシタ科
チダケサシ属
原産地：
中央アジア、
北アメリカ、日本
和名：
泡盛草
（アワモリソウ）、
乳茸刺（チダケサシ）
開花期：
5〜7月
流通サイズ：
40〜80cm 程度
花の大きさ：小輪
価格帯：
150〜300円
花言葉
恋の訪れ、
気まま、自由
出回り時期

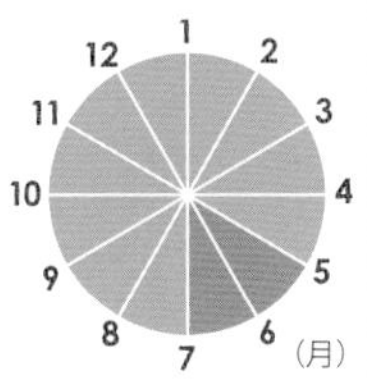

アストランティア

Masterwort

カサカサした質感の花は押し花やドライフラワーにもおすすめ

星型に開くガクが特徴。そこからたくさんの小花が半球型に広がって咲きます。花名も「星」を意味するギリシャ語の「アストラ」から来ています。ナチュラルな姿はどんな花材とも合わせやすいですが、独特な香りがあるので使いすぎないよう注意して。茎がやわらかく、花が下を向きがち。しっかり水切りしてから生けましょう。ドライフラワーにも向いています。

星型のガクが中心の小花を包んで咲く

茎がやわらかいのでていねいに扱うこと

ローマ

マヨール・ルブラ

Arrange memo

日もち：５日～１週間
水揚げ：水切り、湯揚げ
注意点：水が下がりやすいので、水揚げをしっかりと
相性のいい花材：
アルケミラモリス (P29)
ブルーレースフラワー (P161)

押し花　ドライフラワー

アレンジ実例

清潔感のある白い水差しに、アストランティアとアルケミラモリスを無造作に入れて

Data

植物分類：セリ科 アストランティア属
原産地：ヨーロッパ、西アジア
開花期：５～９月
流通サイズ：30～60cm 程度
花の大きさ：小輪
価格帯：150～300円

花言葉

愛の渇き

出回り時期

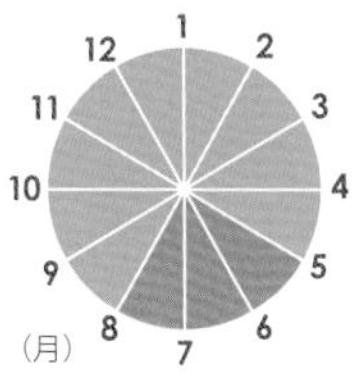

アネモネ

Lily-of-the-field, Windflower

　春の花を代表する一種。名前はギリシャ語の「風」を意味する「アネモネ」から来ています。薄い花びらに見えるのは、実はガク。中心の黒紫色の部分が花です。

　一重咲き、半八重咲き、八重咲きがあり、花色も豊富。よくミックスカラーで出回るので、アネモネ1種だけでアレンジしてもいいでしょう。開ききっていないものを選ぶと長もちします。

花びらに見えるガク。光や温度に敏感に反応して開閉する

中心の黒紫色の部分が花

つぼみが固いものは咲かないことも多い

こっくりした色も魅力
ミックス束を1種で生けて
色合いを楽しんでも

Data

植物分類：
キンポウゲ科
アネモネ属
原産地：
地中海沿岸
和名：
牡丹一華
（ボタンイチゲ）、
花一華（ハナイチゲ）、
紅花翁草
（ベニバナオキナグサ）
開花期：2～5月
流通サイズ：
25～50cm程度
花の大きさ：中輪
価格帯：
ミックス束で
300～500円

花言葉

期待、真実、
はかない恋、
あなたを信じて待つ

出回り時期

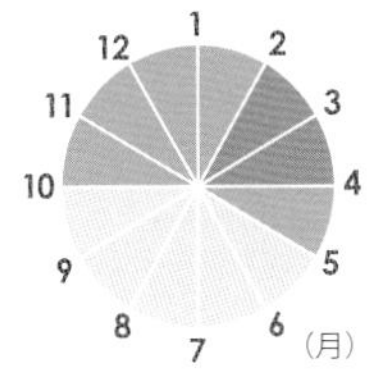

1 2 3 4 5 6 7 8 9 10 11 12（月）

アレンジ実例

Arrange memo

日もち：2～3日
水揚げ：水切り
注意点：直射日光などの強い光に当てるとしおれやすいので注意する
相性のいい花材：
ブプレウルム（P157）
マーガレット（P170）

押し花

1本だけを飾る時はあえて個性的な花器を選ぶと、インパクトが大きくなる

アマランサス

Amaranth,Love-lies-bleeding

ヒモゲイトウ

たくさんの花穂が集まって咲き、秋になるとよく見かける花。花名は「しおれない」という意味のギリシャ語から来ています。花穂が長くひも状に伸びて垂れ下がるものは「アマランサス・コーダタス」、花穂が下垂しないものは「アマランサス・ヒポコンドリアクス」と呼ばれ、区別します。垂れ下がるタイプは個性的な姿を生かしたアレンジに。

垂れ下がる姿を生かしておしゃれで個性的なアレンジを

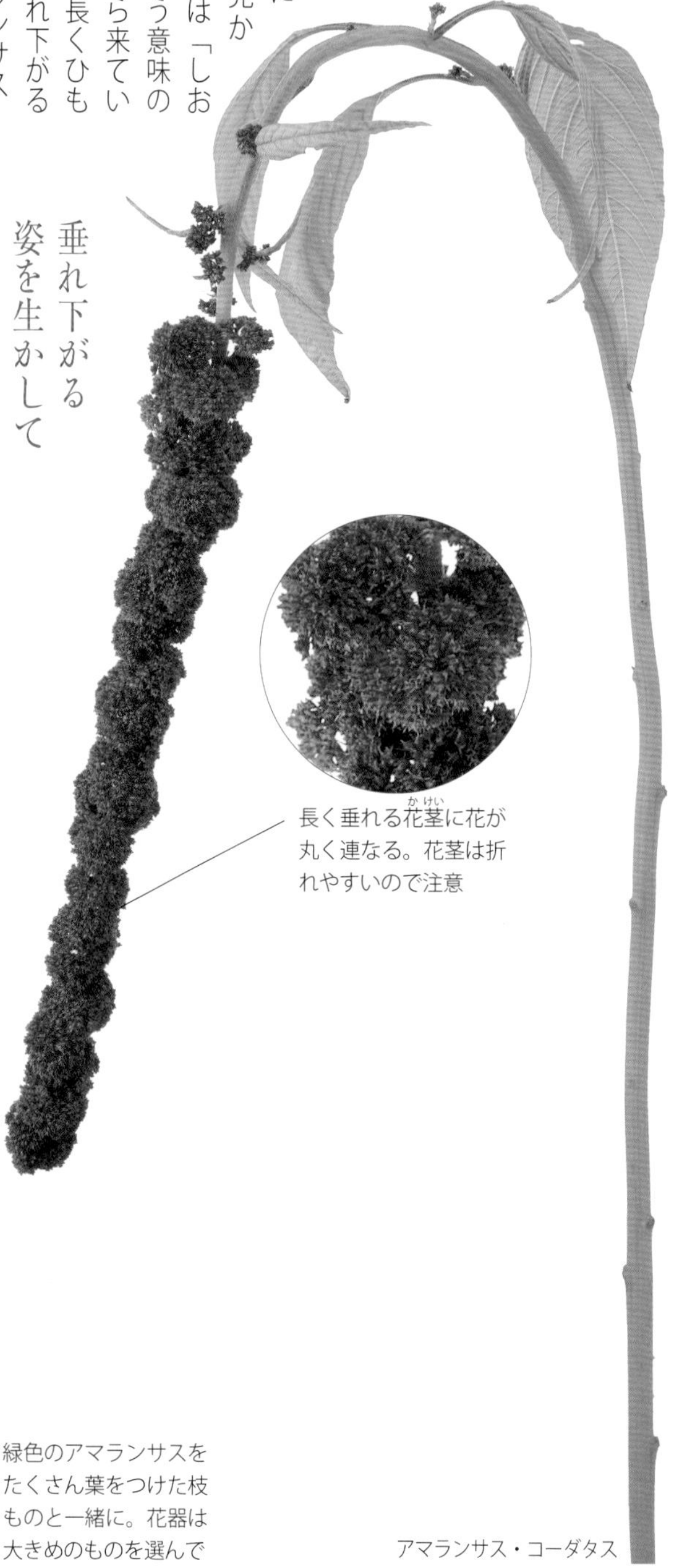

長く垂れる花茎（かけい）に花が丸く連なる。花茎は折れやすいので注意

アマランサス・コーダタス

Data

植物分類：ヒユ科アマランサス属
原産地：熱帯アメリカ、熱帯アフリカ
和名：紐鶏頭（ヒモゲイトウ）、莧（ヒユ）
開花期：7～11月
流通サイズ：80cm～1.5ｍ程度
花の大きさ：小輪（花穂は中・大）
価格帯：200～400円

花言葉

心配ご無用、粘り強い精神

出回り時期

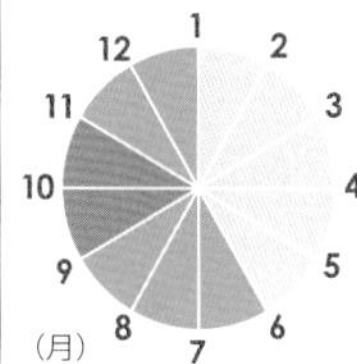

Arrange memo

日もち：５日～１週間
水揚げ：水切り、湯揚げ
注意点：花茎が折れやすいのでていねいに扱う
相性のいい花材：
アンスリウム（P32）
ダリア（P110）

ドライフラワー

アレンジ実例

緑色のアマランサスをたくさん葉をつけた枝ものと一緒に。花器は大きめのものを選んで

アマリリス

Amaryllis,Barbados lily,Knight's star lily

長く伸びた花茎（かけい）の先に、ユリに似た華やかな花が数輪咲きます。存在感のある大輪や八重咲きの品種のほか、最近では、中輪で細めの花びらをつける種類も出回っていています。品種によっては、甘い香りが漂うものも。茎の中が空洞になっていて折れやすいので注意しましょう。茎が折れてしまった花は、アレンジやブーケに短く使っても素敵です。

花茎の先に数輪の花をつける

アレンジの主役にぴったり
茎の中は空洞なので扱いに注意して

茎の中は空洞なので折れやすい

レッドライオン

Arrange memo

日もち：5日～1週間
水揚げ：水切り
注意点：花茎が折れやすいので、中に別の花材の茎などを詰めると生けやすい。切り口が裂けやすいので、切れるナイフで回すようにして切る
相性のいい花材：
ニューサイラン（P261）
ハラン（P262）

アレンジ実例

白いアマリリスを短くカット。丸めたハランで花の周囲を囲むようにアレンジ

Data
植物分類：
ヒガンバナ科
ヒッペアストラム属
原産地：
南アメリカ
和名：
ジャガタラ水仙
（ジャガタラスイセン）
開花期：3～7月
流通サイズ：
40～80cm程度
花の大きさ：
中・大輪
価格帯：
500～1,800円
花言葉
誇り、素敵、内気、素晴らしく美しい、おしゃべり、強い虚栄心
出回り時期

1 2 3 4 5 6 7 8 9 10 11 12 （月）

品種カタログに続く

アマリリス品種カタログ

一重咲きの大輪で、ビロードのような花弁の「ロイヤルベルベット」

雪のように真っ白な「クリスマスギフト」

アレンジ実例

ガラスの大きな花器に水とヒメリンゴを入れ、ヒメリンゴを花留めにして背の高いアマリリスを生ける

ピンクと白の複色が華やかな「カリスマ」

アリウム

Allium

アリアム

切るとネギのような匂い
花茎（かけい）のラインを生かして
動きのあるアレンジを

ネギに代表されるアリウム属の花は、花茎を切ると独特なネギのような匂いがするのが特徴。人に贈るときは気をつけて。多くの種類がありますが、写真の「アリウム・コワニー」や細い茎がくねくねと曲がる「アリウム・タンチョウ」、大型のネギ坊主のような「アリウム・ギガンジウム」などが切り花として人気。日もちや水揚げもよく、花茎のラインを生かしたアレンジがおすすめです。

純白の小花が20～30個ほど集まって放射状に咲く

茎は栽培時に意図的に曲げられることも。折れやすいので注意して

アリウム・コワニー

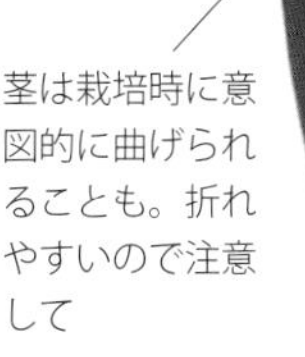

「アリウム・タンチョウ（丹頂）」。花の上部から色づくのが名前の由来。細い茎がカーブする

Data

植物分類：ユリ科アリウム属
原産地：地中海沿岸、中央アジア
和名：花葱（ハナネギ）
開花期：4～6月 10～11月
流通サイズ：50cm～1ｍ程度
花の大きさ：小輪
価格帯：150～500円

花言葉

無限の悲しみ、正しい主張、くじけない心、夫婦円満

出回り時期

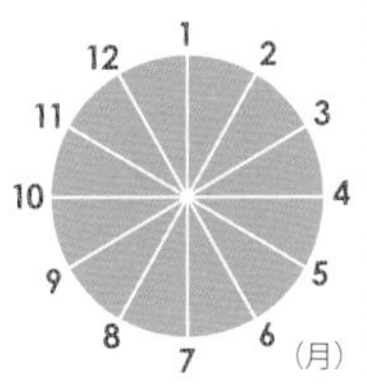

Arrange memo

日もち：1～3週間（種類によって違う）
水揚げ：水切り
注意点：花茎が折れやすいのでていねいに扱う
相性のいい花材：
スイートピー（P92）
チューリップ（P113）

アレンジ実例

茎が折れてしまったら、短くして飾っても。組み合わせたのは緑色のクリスマスローズ（P69）

アルケミラモリス

Lady's mantle

全体が明るい黄緑色で合わせる花材を引き立てる名脇役

枝分かれした細い花茎(けい)に、小さな黄色い花をたくさんつけます。葉の色も明るく、全体が黄緑色に見えるので、ほかの花材を美しく引き立てるグリーンの役割も。プレゼントのアレンジやブーケなどに入れてボリュームアップするのにもおすすめです。花は蒸れに弱く、すぐに黒ずんでくるので、風通しのいい場所に飾りましょう。英名の「レディース・マントル」は、葉の形が聖母のマントを思わせることから来ています。

非常に小さな花が集まって咲く

茎は細いが折れにくい。枝分かれしているので切り分けて使える

Arrange memo

日もち：5日～1週間
水揚げ：水切り
注意点：花が蒸れると黒ずんでくるので風通しをよくする
相性のいい花材：

アストランティア (P22)
スカビオサ (P94)

ドライフラワー

Data

植物分類：
バラ科アルケミラ属
原産地：
ヨーロッパ東部、小アジア
和名：
西洋羽衣草
(セイヨウハゴロモソウ)
開花期：5～6月
流通サイズ：
30～50cm 程度
花の大きさ：小輪
価格帯：
150～300円

花言葉

輝き、献身的な愛、初恋

出回り時期

12 1 2 3 4 5 6 7 8 9 10 11 (月)

アルストロメリア

Lily-of-the-Incas,Peruvian lily

花もちがよくて人気 毎日切り戻して 水を替えると つぼみもよく咲く

水揚げや花もちがよく、花色や種類も豊富で、ほとんど1年中出回っている人気の花。花びらの内側に筋状の斑点が入るのが特徴ですが、最近は斑点のない品種も増えてきました。50種以上の品種があり、そのほとんどが改良種ですが、花が小さくて花色もひかえめな原種系も人気。茎を切り戻し、咲き終わった花を摘み取り、水替えをまめにすると長もちして、つぼみもよく咲きます。

花弁の内側に筋状の斑点が入るものが多い

葉が傷みやすいので、生ける前に整理して

オライオン

Data

植物分類：
アルストロメリア科
アルストロメリア属

原産地：
南アメリカ

和名：
百合水仙
（ユリズイセン）

開花期：３～６月

流通サイズ：
50cm ～ 1 m 程度

花の大きさ：
小・中輪

価格帯：
100 ～ 1,000 円

花言葉

未来への憧れ、
エキゾチック、
機敏、持続、援助、
幸福な日々、
凛々しさ

出回り時期

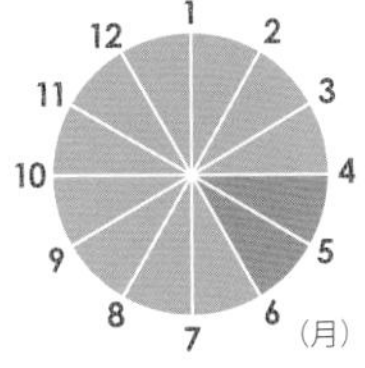

Arrange memo

日もち：５日～１週間
水揚げ：水切り
注意点：葉が傷みやすいので整理する。終わった花は摘み取る
相性のいい花材：
ソリダゴ (P109)
ブプレウルム (P157)

押し花

アレンジ実例

花を１輪ずつ切って、小さなショットグラスに。長いまま使うのとは違った表情が楽しめる

品種カタログに続く

アルストロメリア品種カタログ

楚々とした小さな花が咲く「メロリーナ」。こちらも原種に近いめずらしい品種

シックな色合いの「かげろい」は、花も小さく、原種に近い品種でめずらしい

花がない葉だけの品種も

写真の「バリエガータ」という品種は、グリーン花材として出回っているが、れっきとしたアルストロメリア。白い斑入りでどんな花とも合わせやすい

花びらの内側に筋状の斑点が入らない「カルメン」。赤と白の複色が愛らしい

アワ

Bengal grass,Foxtail millet

イネ科の植物で一見するとエノコログサ（ネコジャラシ）を大きくしたような風情です。毛に覆われた長さ10～15㎝、太さ4～5㎝ほどの花穂をつけ、熟してくると黄色から淡い茶色へと変化します。種子は古くから穀物として活用されていますが、名前の由来は、五穀の中でも味が「淡い」ことだという説も。大ぶりな花と組み合わせて、ワイルドなアレンジを楽しみましょう。

花穂で季節感を演出
大ぶりな花と組み合わせて
ワイルドなアレンジに

青々とした花穂から黄色や茶褐色などに色づいたものまでさまざま

茎と葉は黄色くなるので花穂だけを根元からカットして使っても

葉は切られた状態で出回ることが多い

Arrange memo

日もち：1週間～10日
水揚げ：水切り
注意点：葉や茎は黄色くなりやすいので、花穂だけ使えば長もちする
相性のいい花材：
ヒマワリ （P150）
ヘリコニア （P165）

ドライフラワー

アレンジ実例

まだ色づく前のアワをカラー（P52）やデンファレ（P121）と合わせて同系色のアレンジに

Data
植物分類：
イネ科
エノコログサ属
原産地：
東アジア
和名：
粟（アワ）
開花期：8～9月
流通サイズ：
1～1.5m 程度
花の大きさ：
小輪（花穂は大）
価格帯：
100～300円
花言葉
まとわりつく愛
出回り時期

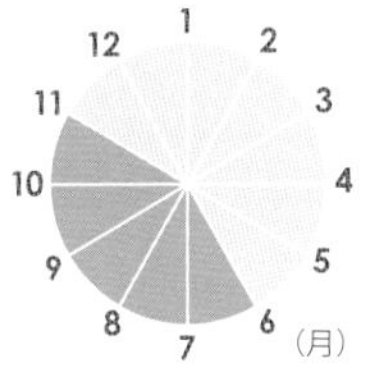

アンスリウム

Flamingo lily, Tail flower

トロピカルムード満点
個性的な形を生かして
すっきりとモダンに

スタンダードな赤の品種をはじめ、小ぶりのチューリップ型のものやシックな色味やパステルカラーのものなど、さまざまな品種が出回っています。存在感のある個性的な形を生かして、モダンなアレンジやブーケなどに。花もちがいいので、夏場の花の少ない時期にも重宝します。花とは別にハート型の葉も、花とは別に出回ります。

中央にあるのは棒状の花序（かじょ）

ハート型の部分は苞（ほう）

顔が正面に向くよう茎のラインをよく見て選ぶ

オザキ

ピスターチ

チューリップ

花とは別に葉も出回る

アンスリウムは、ハート型の葉も愛らしい。グリーン花材として、花とは別に出回る

Arrange memo

日もち：２週間程度
水揚げ：水切り、湯揚げ
注意点：室温 12℃以上をキープする
相性のいい花材：
モカラ （P177）
クッカバラ （P252）

Data

植物分類：サトイモ科アンスリウム属
原産地：熱帯アメリカ
和名：大紅団扇（オオベニウチワ）、牛の舌（ウシノシタ）
開花期：6〜7月
流通サイズ：30cm〜1ｍ程度
花の大きさ：中・大輪（苞含む）
価格帯：100〜400円

花言葉

情熱、煩悩、強烈な印象、飾らない美しさ、旅立ち

出回り時期

12 1 2 3 4 5 6 7 8 9 10 11 （月）

イオノシジウム

Ionocidium

小型で可憐な花は
もちがよく
ブーケなどにも人気

最近、人気のランの一種です。イオノプシス（Ionopsis）と、オンシジウム（Oncidium）（43ページ）の交配種です。写真は「ポップコーン・ハルリ」という品種。中輪の可憐な花を多数つけ、開花後に淡い黄色から薄いピンク、濃いピンクへと、日が経つにつれ、花色の変化が楽しめます。周年、出回っていますが、夏場は発色が悪く、色が淡くなります。アレンジに加えると、優雅な雰囲気になります。

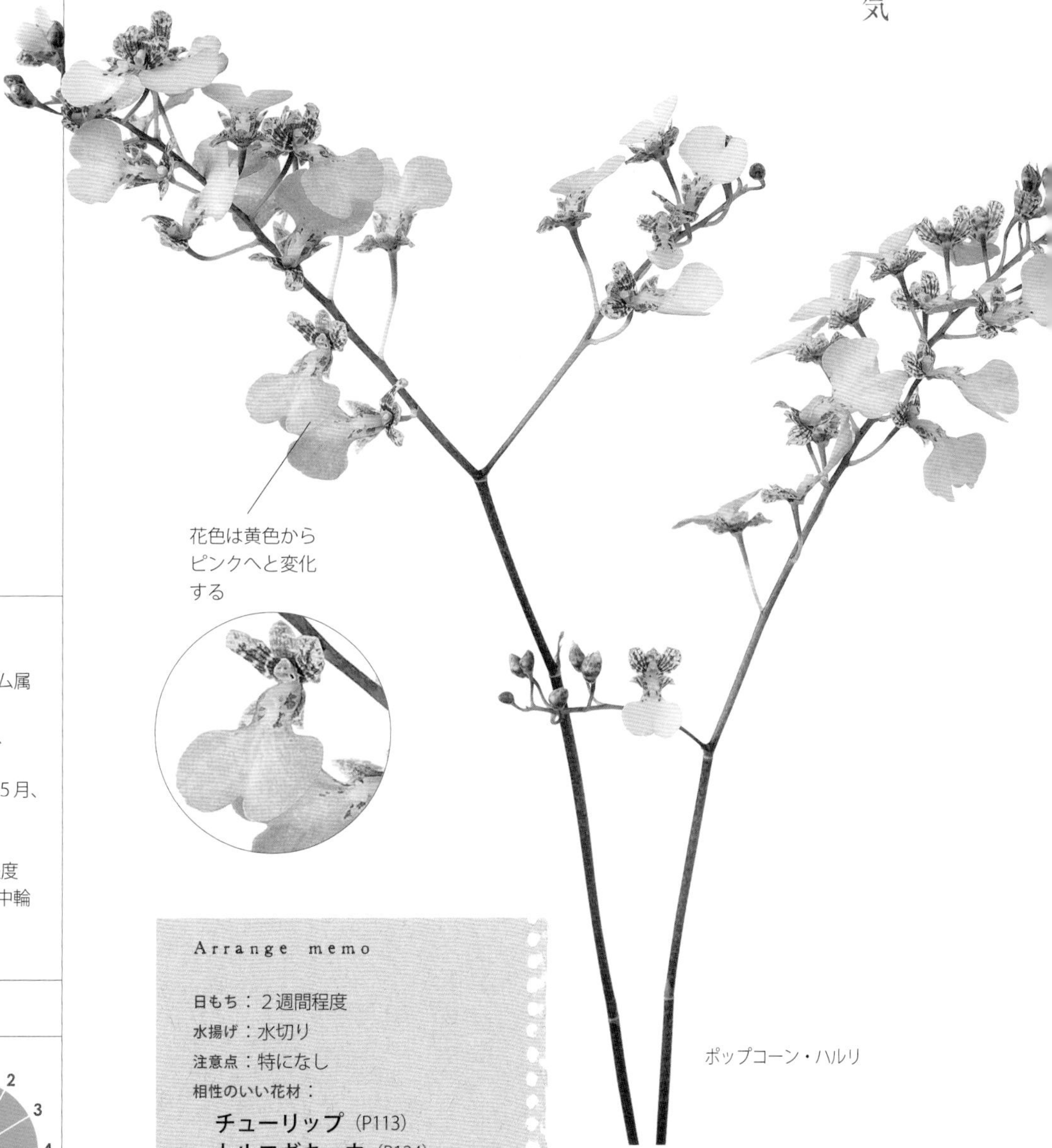

花色は黄色から
ピンクへと変化
する

ポップコーン・ハルリ

Data

植物分類：
ラン科
イオノシジウム属
原産地：
中央アメリカ、
南アメリカ
開花期：4～5月、
10～11月
流通サイズ：
30～50cm程度
花の大きさ：中輪
価格帯：
300～400円
花言葉
容姿端麗
出回り時期

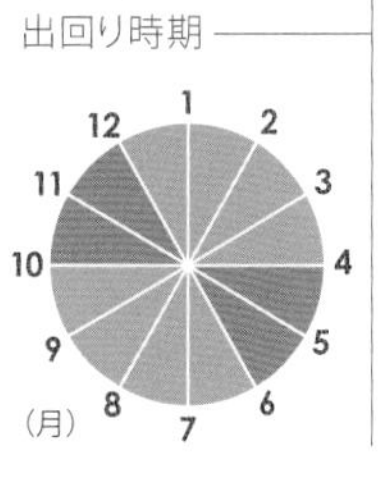

Arrange memo

日もち：２週間程度
水揚げ：水切り
注意点：特になし
相性のいい花材：

チューリップ（P113）
トルコギキョウ（P124）

押し花

イブニングスター

Swertia

小さな星型の花が清楚な印象
切り分けて使って
アレンジにボリュームを

薄紫色の小さな花は、直径2～3㎝。枝分かれした茎の先に次々と咲きます。星のような花の形にちなんで「イブニングスター」と呼ばれますが、実は薬草のセンブリの仲間。センブリは草全体を乾燥させて粉末やお茶などにして用い、古くから健胃効果が知られています。しかし、切り花として出回っている「イブニングスター」には薬効はありません。

切り分けて、グリーンの代わりに使うなど、秋らしく優しい雰囲気を生かして、かごなどに生けても似合います。どんな花材にも合わせやすく、アレンジにボリュームを出すのにも一役買ってくれます。

5枚の花弁が小さな星のような形をしている

枝分かれした茎は切り分けて使える

Data
植物分類：リンドウ科センブリ属
原産地：日本、中国、朝鮮半島
和名：紫千振（ムラサキセンブリ）、花千振（ハナセンブリ）
開花期：9～11月
流通サイズ：20cm～1m程度
花の大きさ：小輪
価格帯：200～300円

花言葉
安らぎ、余裕、すべてよし、許す

出回り時期

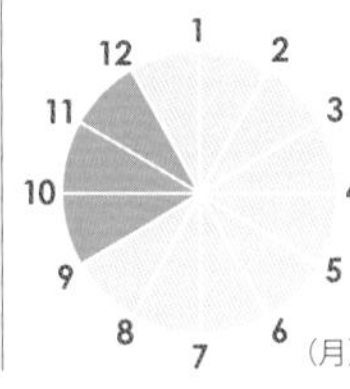

Arrange memo

日もち：1週間～10日
水揚げ：水切り、湯揚げ
注意点：水に浸かる部分の枝葉は取る
相性のいい花材：
リンドウ（P192）
ワレモコウ（P200）

ドライフラワー

イベリス

Candytuft

キャンディータフト

小さな花がこんもり
丸く集まった姿が
甘いキャンディーのよう

甘く優しい花色の品種が多く、カーブする細い花茎（かけい）の先に小さな花が集まって丸く咲く姿が砂糖菓子のようなので「キャンディータフト」の別名も。花の向きによって表情が変わり、茎のラインで動きが出るのも魅力的。枝分かれしたスプレータイプで出回り、切り分けて使えばアレンジやブーケにボリュームが出ます。しっかり水揚げするとつぼみまで咲きます。

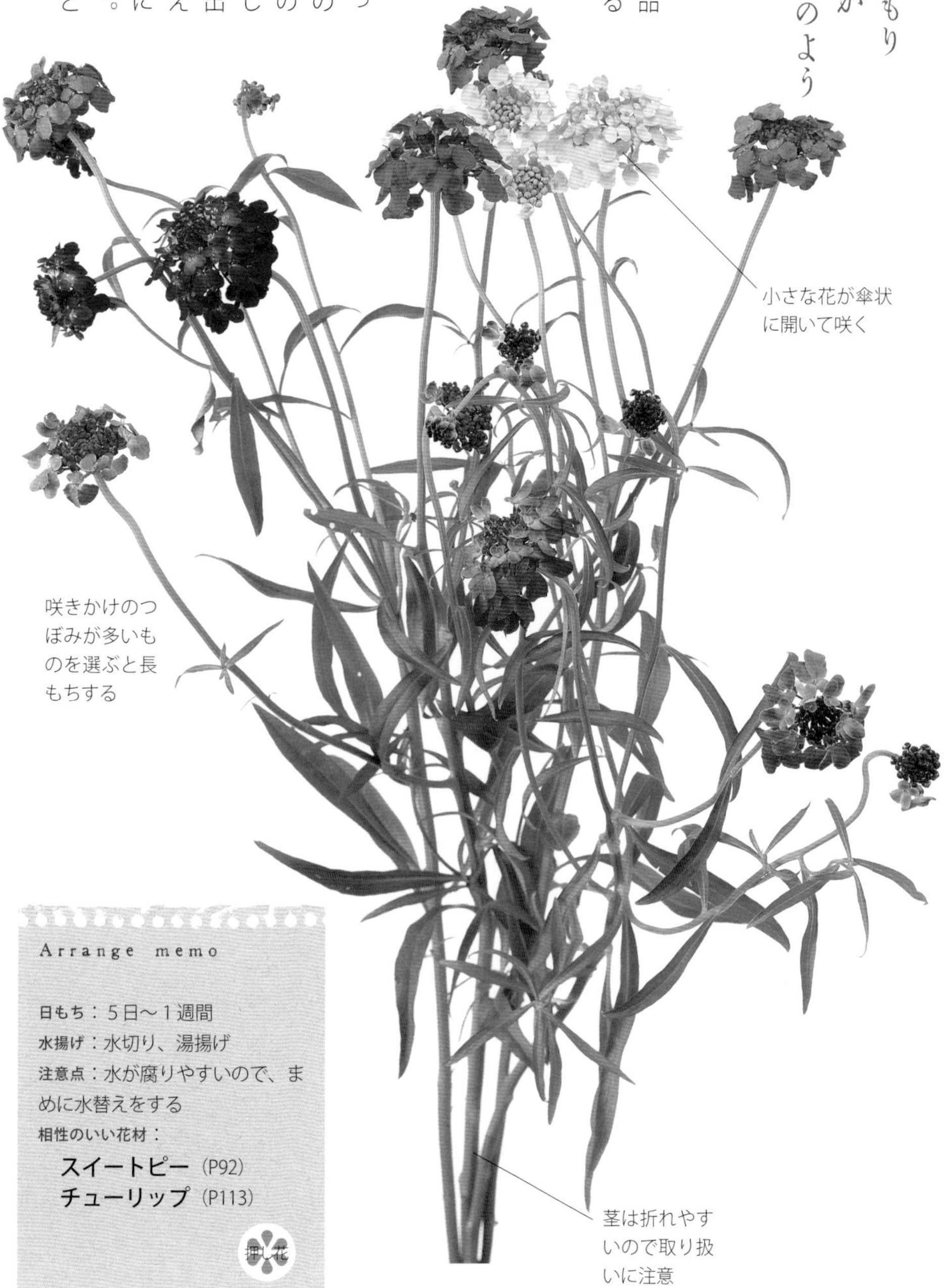

小さな花が傘状に開いて咲く
咲きかけのつぼみが多いものを選ぶと長もちする
茎は折れやすいので取り扱いに注意

Data

植物分類：
アブラナ科
イベリス属
原産地：
地中海沿岸、
西南アジア
和名：
常盤薺
（トキワナヅナ）、
屈曲花（マガリバナ）
開花期：４～５月
流通サイズ：
40～80cm 程度
花の大きさ：小輪
価格帯：
200～400円
花言葉
心を惹きつける、
柔和、初恋の思い出、
甘い誘惑
出回り時期

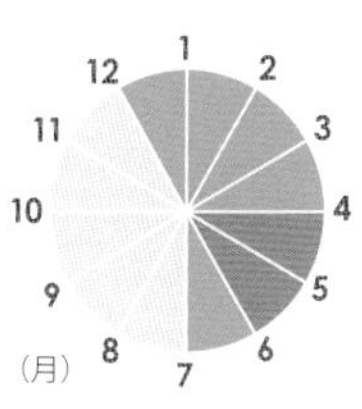

1
2
3
4
5
6
7
8
9
10
11
12
（月）

Arrange memo

日もち：５日～１週間
水揚げ：水切り、湯揚げ
注意点：水が腐りやすいので、こまめに水替えをする
相性のいい花材：
スイートピー（P92）
チューリップ（P113）

押し花

ウィンターコスモス

Winter cosmos, Bidens,Bur-marigold

ビデンス

コスモスに似た黄色い花を
冬にも咲かせる

コスモスに似た花を冬にも咲かせるということから「ウィンターコスモス」という名前で呼ばれますが、植物分類はキク科ビデンス属。コスモスの種類ではありません。秋遅くの、花が少なくなった時期に重宝します。枝分かれするスプレータイプで、ナチュラルなアレンジに向きます。水揚げがよく、長もちするのも特長です。

花の形はコスモスに似ている

葉の形がコスモスとは全然違う

茎はしなやかだが硬い

Data

植物分類：キク科ビデンス属
原産地：北アメリカ
開花期：8～12月
流通サイズ：50cm～1m程度
花の大きさ：中輪
価格帯：150～300円

花言葉

調和、忍耐、真心

出回り時期

1 2 3 4 5 6 7 8 9 10 11 12 (月)

Arrange memo

日もち：1週間～10日
水揚げ：水切り
注意点：水に浸かる部分の葉は取ってから生ける
相性のいい花材：
クジャクソウ (P62)
トラノオ (P122)

押し花

エキナセア

Echinacea

パープルコーンフラワー

初夏から秋まで長く咲き続ける宿根草ですが、最近は切り花としての人気も高まっています。さまざまな色合いや品種のものが出回っていて、エキナセアだけを組み合わせて飾っても素敵です。

　もともとの品種はハーブに分類され、ネイティブアメリカンが薬用としていたことが知られていますが、観賞用に栽培された品種には薬効はありません。

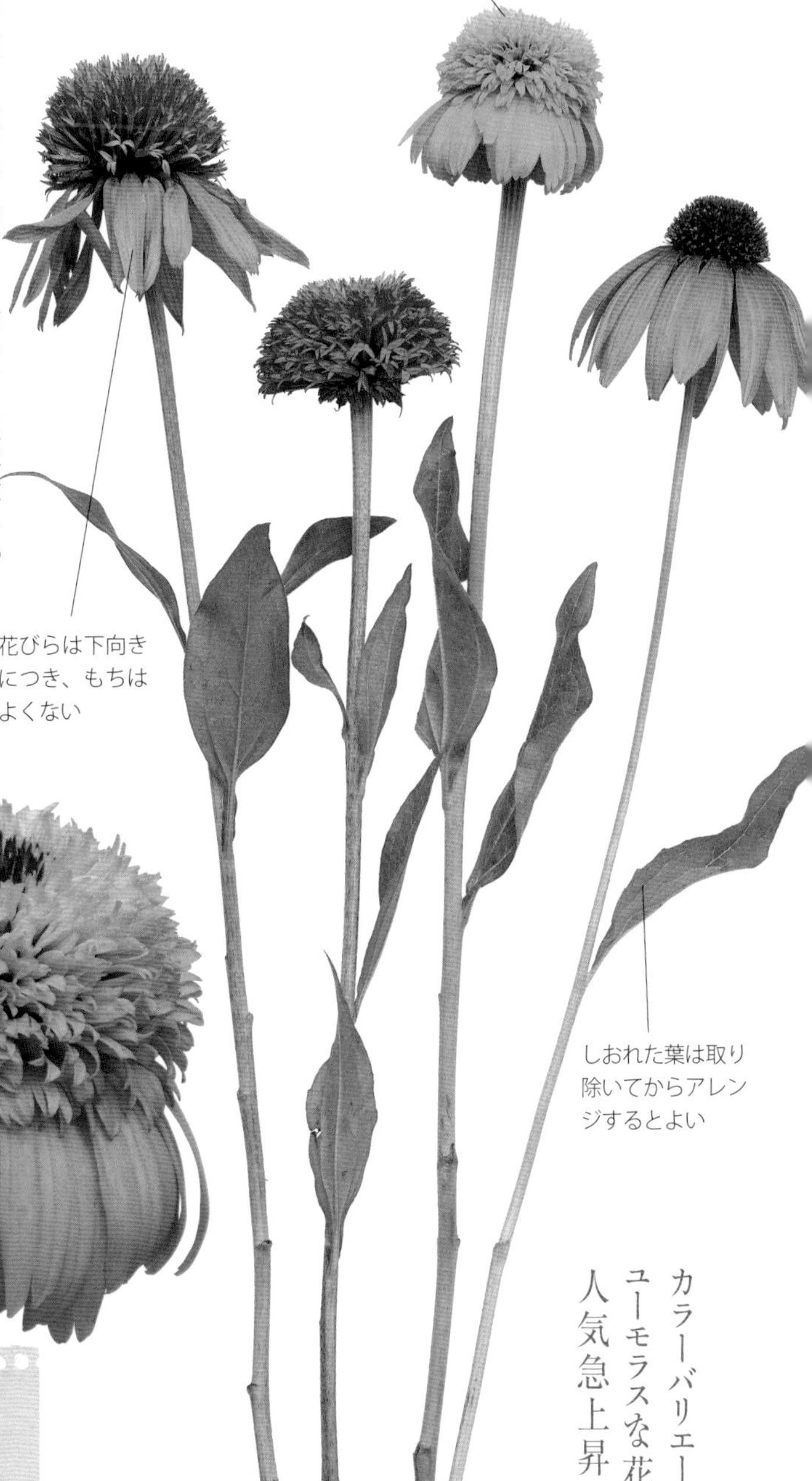

中心部分は固くて日もちがよい
花びらは下向きにつき、もちはよくない
しおれた葉は取り除いてからアレンジするとよい

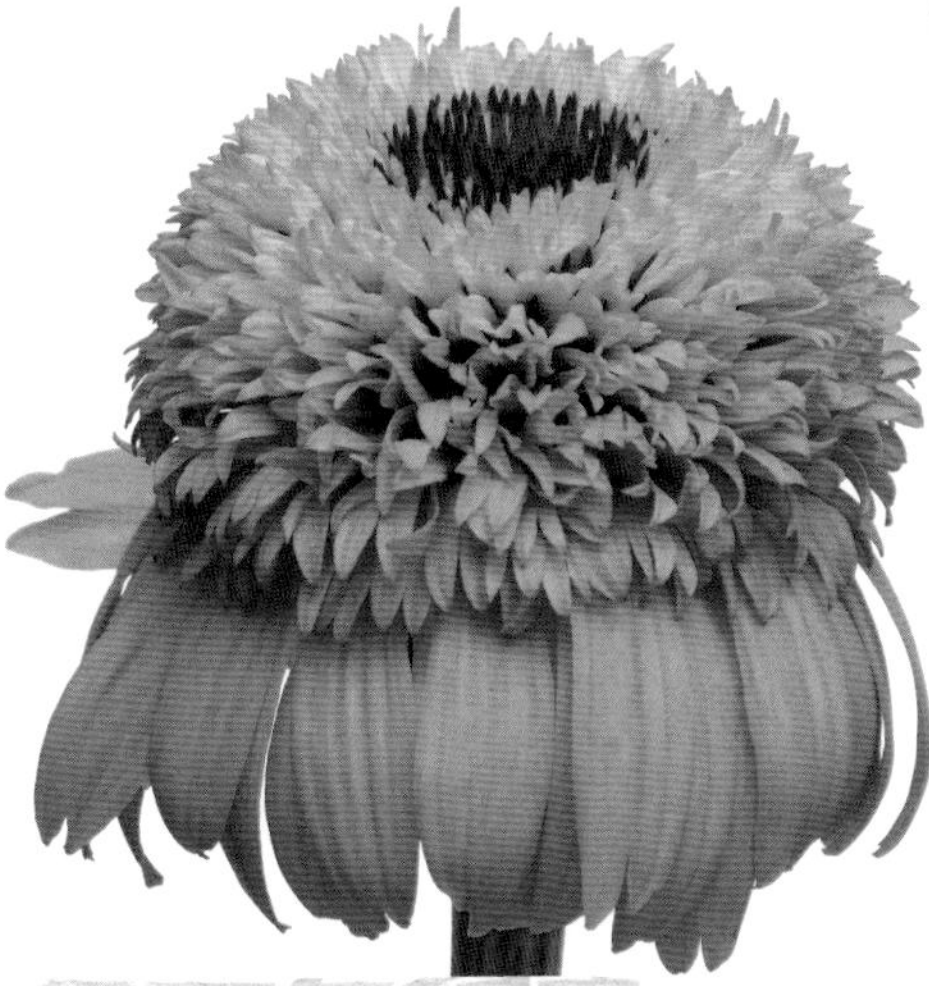

カラーバリエーションが豊富
ユーモラスな花姿に
人気急上昇中

Data

植物分類：
キク科
エキナセア属
原産地：
北アメリカ
和名：
紫馬簾菊
（ムラサキバレンギク）
開花期：6～10月
流通サイズ：
30～50cm程度
花の大きさ：中輪
価格帯：
200～700円
花言葉
優しさ、深い愛、あなたの痛みを癒します
出回り時期

1
2
3
4
5
6
7
8
9
10
11
12
（月）

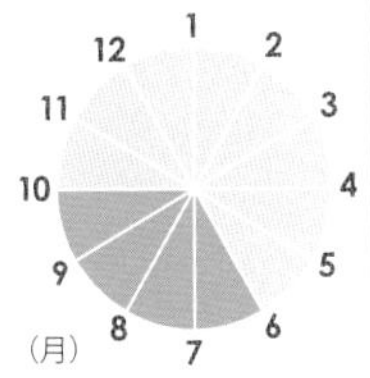

Arrange memo

日もち：1週間～10日
水揚げ：水切り
注意点：花びらが傷んだら取り除いて使える
相性のいい花材：
ジニア（P83）
ダリア（P110）

エピデンドラム

Buttonhole orchid

華やかでクリアな花色が魅力
葉つきの場合は
花と切り離して使って

花は外側から次々と咲き進む

葉は肉厚で丈夫

葉のすぐ上で茎を何か所か切って、アレンジに使うとよい

「エピデンドラム」という属名は、「木の上」を意味するギリシャ語に由来し、木に着生するランであることを意味しています。非常に多くの種類があり、花色や姿やサイズもさまざまですが、写真のように茎の頂部から伸びる花茎(かけい)に、蝶のような小花が集まって咲くタイプが一般的。葉がつかないコンパクトなものと葉つきのものが出回っていますが、葉は下のほうにつくので、花と切り離して使うほうがアレンジしやすくなります。

Arrange memo

日もち：２週間程度
水揚げ：水切り
注意点：終わった花はすぐに摘み取る
相性のいい花材：
デンファレ (P121)
ユリ (P181)

アレンジ実例

黄色いエピデンドラムを短く切って、斑(ふ)入りのグリーンとともに白いシンプルな器にアレンジ

Data

植物分類：
ラン科
エピデンドラム属
原産地：
中央アメリカ、
南アメリカ
開花期：12～4月
流通サイズ：
20～80cm程度
花の大きさ：中輪
価格帯：
300～500円

花言葉

浄福、
孤高へのあこがれ、
可憐な美、
ささやき、判断力

出回り時期

1 2 3 4 5 6 7 8 9 10 11 12 (月)

エリンジウム

Eryngo

独特の乾いた質感の花はモダンな印象。近年、人気が高い花材です。シルバーがかったブルーも個性的。茎が青い品種もあります。花を包むギザギザの苞（ほう）やトゲのある葉が野性的。アレンジのメインにするには少しさびしいので、ポイントに使うといいでしょう。1種だけをまとめて飾っても素敵です。ドライフラワーにもなります。

野草のような雰囲気や独特な質感を生かして個性的に

花はトゲのある苞に包まれている

ギザギザの葉にもトゲがある

茎が青い品種もある

Data

植物分類：
セリ科
エリンジウム属
原産地：
ヨーロッパ、
小アジア、
南・北アフリカ
和名：
瑠璃松笠
（ルリマツカサ）、
松笠薊
（マツカサアザミ）
開花期：6～8月
流通サイズ：
60cm～1m程度
花の大きさ：中輪
価格帯：
200～500円
花言葉
光を求める、
秘めたる愛、
秘密の愛情、
無言の愛
出回り時期

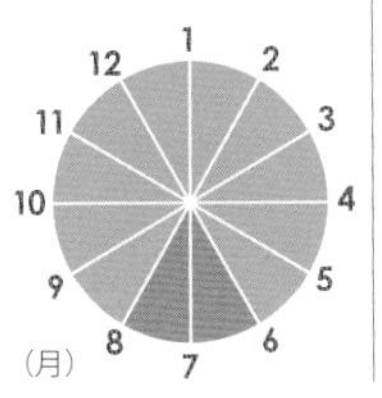

Arrange memo

日もち：1週間～10日
水揚げ：水切り
注意点：葉が枯れやすいのでなるべく取る
相性のいい花材：
デルフィニウム（P119）
リンドウ（P192）

ドライフラワー

アレンジ実例

ユリ（P181）やリンドウ、オーニソガラム（P41）などと合わせ、青と白でまとめた涼しげなアレンジ

エレムルス

Eremurus

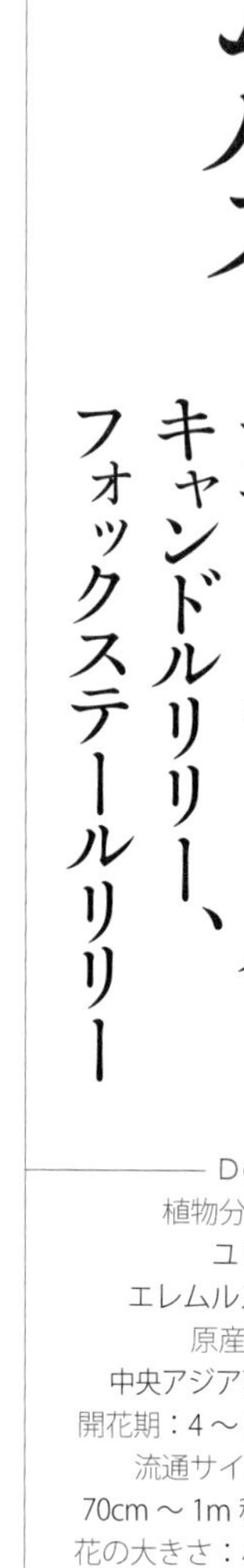

デザートキャンドル、キャンドルリリー、フォックステールリリー

長い花穂を生かして
伸びやかで大胆なアレンジやブーケに

西アジアからヒマラヤにかけて自生する「エレムルス」は、ギリシア語で「砂漠」と「尾」を意味します。

黄色やオレンジ色の小さな花が集まって作る長い花穂が、キャンドルやキツネの尻尾を思わせるのでしょうか。その姿から「デザートキャンドル」や「キャンドルリリー」「フォックステールリリー」といった別名でも知られています。

近年は交配種を用いた切り花の生産も増え、ピンク色や白の花も出回っています。

長い花穂の姿を生かして、伸びやかなアレンジがぴったり。ブーケなどは存在感のある花と組み合わせて。

花は下から順に咲く。1本に300〜500個も花がつく

茎はしっかりしていて折れにくい

花びらの先端が尖った花はユリ科らしい

Arrange memo

日もち：1週間〜10日
水揚げ：水切り
注意点：蒸れると花びらが傷むので風通しのよい場所に飾る
相性のいい花材：
バラ (P137)
ヒマワリ (P150)

Data

植物分類：ユリ科エレムルス属
原産地：中央アジア西部
開花期：4〜7月
流通サイズ：70cm〜1m程度
花の大きさ：小輪（花穂としては長大）
価格帯：200〜300円

花言葉

大きな希望、高い理想

出回り時期

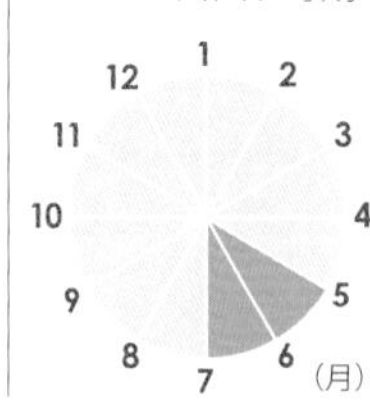

オーニソガラム

Chincherinchee,Wonder flower

球根花で約100種類の品種がありますが、写真の品種は「オーニソガラム・アラビカム」。和名の「黒星大甘菜（クロボシオオアマナ）」は、めしべが黒褐色で目立つことから来ています。ほかに、白い花が穂状につく「オーニソガラム・シリソイデス」という品種もポピュラー。花もちがとてもいいので、白い品種はウエディングブーケや装花などにもよく使われます。茎の長い品種は大きなアレンジにも。

めしべが黒褐色で目立つ

固いつぼみは開花するのに時間がかかる

純白の品種はウエディングにもぴったり
花もちがよくて人気

茎はやわらかめなので、夏場は水の量を少なめに

オーニソガラム・アラビカム

Arrange memo

日もち：10日～2週間
水揚げ：水切り
注意点：咲き終わった花を取り除けば次々と咲く
相性のいい花材：
カラー（P52）
ニューサイラン（P261）

アレンジ実例

シルバーの水差しに生けたのは、白い花が穂状に咲く「オーニソガラム・シリソイデス」

Data

植物分類：
ユリ科
オーニソガラム属
原産地：
地中海沿岸、
南アフリカ、
西アジア
和名：
大甘菜（オオアマナ）
開花期：４～５月
流通サイズ：
20～90cm程度
花の大きさ：小・中輪
価格帯：
150～300円
花言葉
純粋、才能、
潔白、無垢
出回り時期

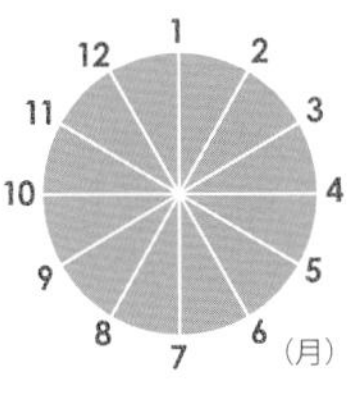

オミナエシ

Patrinia

秋の七草のひとつとして、万葉集にも登場するほど、昔から親しまれてきました。「オミナエシ」という名前は、「女飯（オンナメシ）」が変化したものという説があり、女性の食べ物とされた粟飯の色に花の色が似ているからだとか。確かに、茎の先につける黄色の小さな花は粟粒のようにも見えます。

和花のイメージが強いですが、洋風にも使えます。独特の匂いがあるので、使いすぎには注意しましょう。

秋の七草のひとつ
独特の匂いがあるので
使いすぎに気をつけて

Data

植物分類：オミナエシ科オミナエシ属
原産地：日本、東アジア
和名：女郎花（オミナエシ）
開花期：8～10月
流通サイズ：60cm～1m程度
花の大きさ：小輪
価格帯：150～300円

花言葉

親切、美人、はかない恋、永久、忍耐、約束

出回り時期

1 2 3 4 5 6 7 8 9 10 11 12 （月）

Arrange memo

日もち：5日～1週間
水揚げ：水切り、湯揚げ
注意点：水が臭くなるので毎日取り替える
相性のいい花材：
キキョウ（P55）
ベニバナ（P164）

オンシジウム

Dancing-lady orchid

踊る女性のような可憐な小花が愛らしい
花は乾燥に注意して

かつてはシンガポールやマレーシアから大量輸入されていましたが、最近では国内産のものも多く出回っています。写真のように、花色が黄色で中心に赤や褐色の斑点入りの品種が一般的ですが、赤やピンク、オレンジ色、白なども。香りのよい品種も出回っています。

花は乾燥に弱いので、湿度が低い場所では1日1回、霧吹きで水分を補給しましょう。

女性が踊っているような花の形

茎は細くてしなやか

エンシクリア

花びらが細い「エンシクリア」も人気

Data
植物分類：
ラン科
オンシジウム属
原産地：
中央アメリカ、
南アメリカ
和名：
群雀蘭
（ムレスズメラン）、
雀蘭（スズメラン）
開花期：9～10月
流通サイズ：
80cm～1m程度
花の大きさ：中輪
価格帯：
300～500円
花言葉
清楚、
一緒に踊って、
美しい瞳、可憐、
遊び心
出回り時期

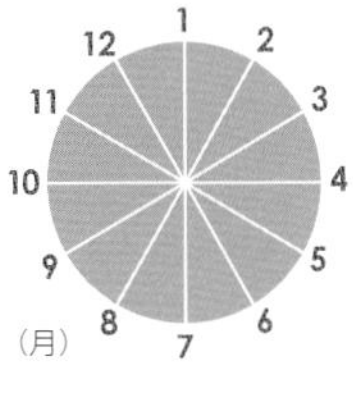

12 1 2 3 4 5 6 7 8 9 10 11 （月）

壁のフックに小びんを吊るし、そこに生けたオンシジウムの茎を並んだフックに引っ掛けている

アレンジ実例

Arrange memo

日もち：1週間～10日
水揚げ：水切り
注意点：花は乾燥に弱いので、湿度が低い場所では、1日1回霧吹きで水を与える
相性のいい花材：
ストレリチア（P102）
ヘリコニア（P165）

押し花

カーネーション

Carnation

「母の日」の定番
豊富なカラーバリエーションでアレンジの幅が広がる

「母の日」の定番として、世界中で愛されている花。フリルたっぷりの花びらと、花びら先端に入った切れ込みが華やかです。

その品種は数千にもおよび、赤やピンクなどの明るい色以外にも、紫色やブルーなどのシックなものも最近は人気。香りがいい品種が多いのも特長です。1本の茎にひとつの花をつけるスタンダードタイプと、枝分かれした茎先に複数の花をつけるスプレータイプに大別されます。

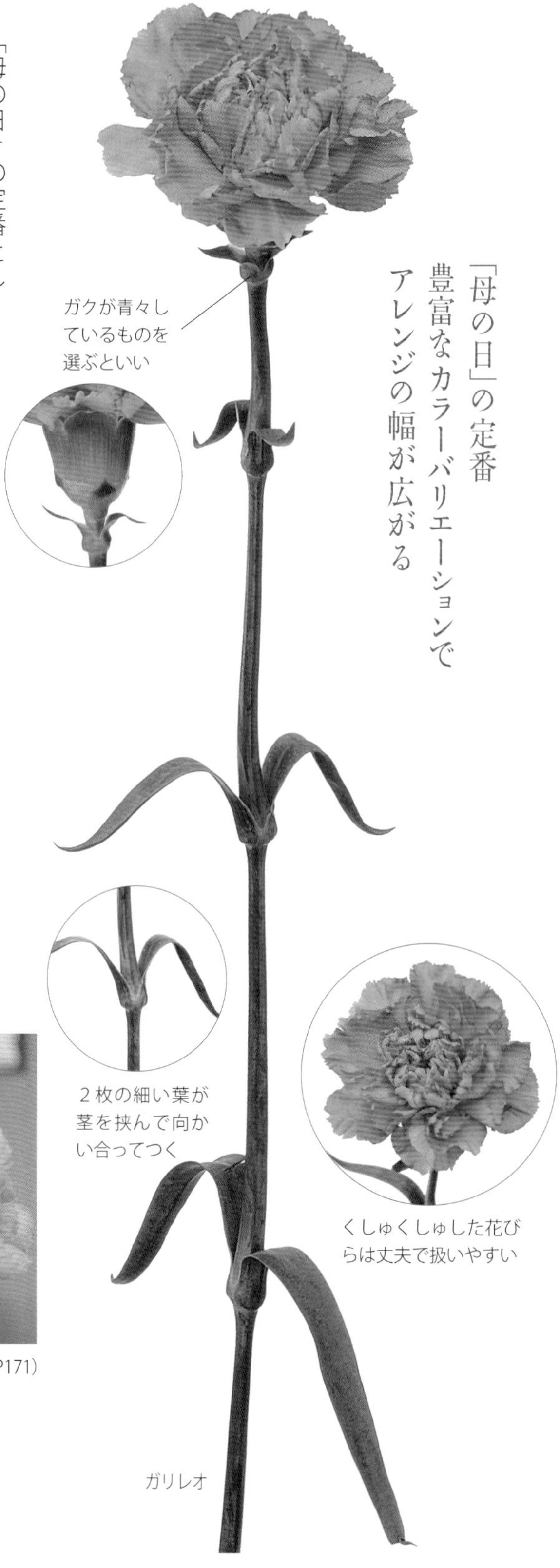

ガクが青々しているものを選ぶといい

2枚の細い葉が茎を挟んで向かい合ってつく

くしゅくしゅした花びらは丈夫で扱いやすい

ガリレオ

Arrange memo

日もち：1～2週間

水揚げ：水切り

注意点：緑色の固いつぼみは開花しないので取り除く

相性のいい花材：

バラ (P137)

レースフラワー (P196)

ポプリ

アレンジ実例

カーネーションやバラ、マトリカリア (P171) で作った優しげなラウンドブーケ

Data

植物分類：ナデシコ科ナデシコ属

原産地：ヨーロッパ、西アジア

和名：阿蘭陀石竹（オランダセキチク）、阿蘭陀撫子（オランダナデシコ）、麝香撫子（ジャコウナデシコ）

開花期：4～6月

流通サイズ：40cm～1.5m程度

花の大きさ：小・中輪

価格帯：100～300円

花言葉

純粋な愛、感動、あなたを熱愛します、愛を信じる、集団美

出回り時期

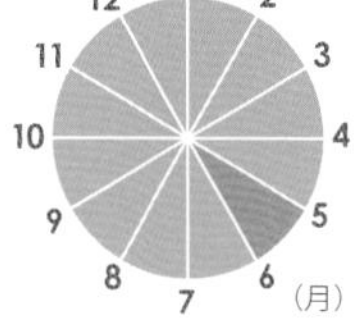

こちらも人気のノビオシリーズ、「ノビオバイオレット」。バラを思わせる豪華な色味

「ノビオレッド」。深い赤と縁のピンクの取り合わせが大人っぽい

新しい品種で人気の高い「ノビオバーガンディー」。深みのあるワイン色が美しい

アレンジ実例

ノビオシリーズをはじめ、色とりどりのカーネーションでキュートなブーケに

赤は赤でも深みのある真紅のカーネーション「ネボ」

次のページに続く

愛らしいピンクのカーネーションは「ピンクモンテズマ」

白い花びらの縁がほんのりピンクに色づく、ガーリーな雰囲気の「ゼバ」

淡いピンクのカーネーション「マーロ」は、ピンクのグラデーションで作るブーケなどに

優しいクリーム色の「バックス」。濃い色の花にも、淡い色の花にも合う

ベージュがかったニュアンスカラーはどんな色とも合わせやすい「クレオラ」

純白のカーネーション「シベリア」は、白とグリーンだけで作るブーケなどにもぴったり

スプレーカーネーションの「フラップ」。小ぶりな花がたくさん咲く

白い花びらを濃いピンクで縁取りしたような女性らしい雰囲気の「コマチ」

アプリコット色の「ドヌーブ」も人気カラーのカーネーション

アレンジ実例

色とりどりのカーネーションを合わせて、周囲に丸めたドラセナ（P260）を

ガーベラ

African daisy,Transvaal daisy

くっきりとした色や形が明るく陽気な雰囲気を演出

セリーナ

花びらが水平から上を向いているものを選ぶ

ガクも茎と同様、白いうぶ毛に覆われている

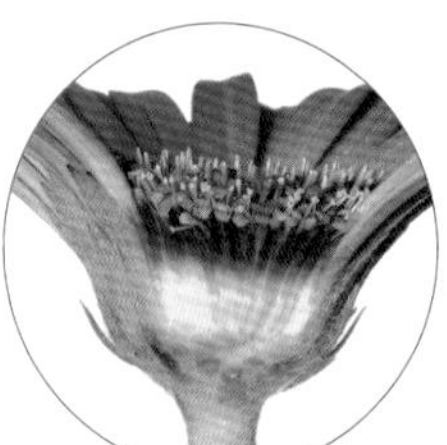

真ん中の部分も小さな花の集合。外側から順に咲いていく

茎は変色しやすいので、少なめの水に生ける

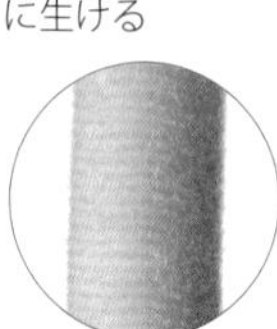

鮮やかな花色とくっきりとした輪郭の花型が、親しみやすい花。かつては一重咲きが主流でしたが、最近は花びらの先端がとがったスパイダー咲きや八重咲き、アネモネ咲きなども。花色も豊富で、アレンジに向く多様な品種が出回っています。

水揚げはいいのですが、茎のうぶ毛が水をにごらせるので、まめに水替えしましょう。

Arrange memo

日もち：4～10日
水揚げ：水切り、湯揚げ
注意点：首垂れしやすいのが難点。茎にワイヤーを入れると補強になり、吸水性スポンジにも挿しやすくなる
相性のいい花材：
レースフラワー（P196）
ヒペリカム（P242）

アレンジ実例

リング型の花器に3色のガーベラをアレンジ。空いている部分にタニワタリ（P258）を

Data

植物分類：
キク科ガーベラ属
原産地：
南アフリカ
和名：
花車（ハナグルマ）、
大千本槍
（オオセンボンヤリ）、
アフリカ千本槍
（アフリカセンボンヤリ）
開花期：3～5月、
9～11月
流通サイズ：
15～45cm程度
花の大きさ：中輪
価格帯：
100～300円

花言葉

崇高な美、神秘、
希望、光あふれる

出回り時期

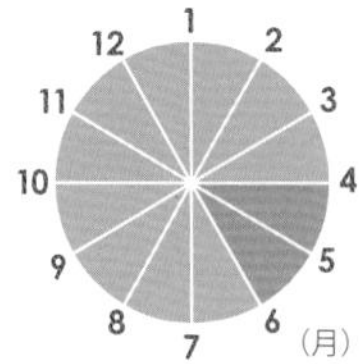

ガーベラ品種カタログ

「ホワイトスター」の名のとおり、クリアな白が印象的

淡いピンクの「ティアラ」は、どんな花とも合わせやすい

ピンクが愛らしい「ソネット」。中心部が黒っぽいのが特徴

アレンジ実例

ガーベラと同じように花びらが多いトルコギキョウ（P124）やバラ（P137）と組み合わせたアレンジ

マリモを思わせるような緑色の個性的な花は「ポコロコ」

とがった花びらとビビッドなオレンジ色が太陽を思わせる「トマホーク」

カスミソウ

Baby's breath

細い枝に咲く
たくさんの小花が
アレンジに
甘いムードを添える

茎は細かく分岐して、細い枝にごく小さな白い花を咲かせます。英名を「ベビーズブレス（赤ちゃんの吐息）」というように、たくさんの小花はアレンジ全体に甘さをプラスしたいときにぴったりです。

どんな花材とも相性がいい一方で、使いすぎるとまとまりにくくなる場合も。枝の向きや花のつき具合を見ながら、枝分けしたものを脇役として使います。

独特な匂いを嫌う人もいるので、その点からも使いすぎに注意しましょう。

つぼみは開花しにくいため、開いた花が多いものを選ぶ

茎は折れやすいので注意して扱う

Arrange memo

日もち：5日〜1週間
水揚げ：水切り、湯揚げ
注意点：独特な匂いがあるので使い過ぎない
相性のいい花材：

白バラ、緑色のバラ（P137）
ブバルディア（P156）

押し花　ドライフラワー

Data

植物分類：
ナデシコ科
ジプソフィラ属
原産地：
ヨーロッパ、
中央アジア
和名：
霞草（カスミソウ）
開花期：5〜6月
流通サイズ：
40cm〜1m程度
花の大きさ：小輪
価格帯：
150〜300円

花言葉

清い心、無邪気、
夢見心地

出回り時期

12 1 2 3 4 5 6 7 8 9 10 11 (月)

カトレア

Cattleya

冠婚葬祭に欠かせない
洋ランの女王
小さめの花はアレンジにも

10㎝以上の大輪の花は、華麗でゴージャス。「優雅な女性」「あなたは美しい」といった花言葉にもうなずけます。花色もさまざまです。

切り花としては、短くカットした茎の先に樹脂製のホルダーがついた状態で出回り、ウェディングブーケなどに多く利用されます。小さめの花は、アレンジにも使われます。

花びらは５枚。波打っている縁は傷つきやすいので扱いに気をつけて

通常は、水分を補給できるよう茎の先に樹脂製のホルダーがついた状態で出回る

唇弁の色が花びらより濃いのが特徴

Data

植物分類：
ラン科
カトレア属
原産地：
中央アメリカ、
南アメリカ
和名：
日の出蘭
（ヒノデラン）
開花期：周年
流通サイズ：
10～15cm 程度
花の大きさ：大輪
価格帯：
800～1,500 円
花言葉
優雅な女性、
あなたは美しい、
魔力
出回り時期

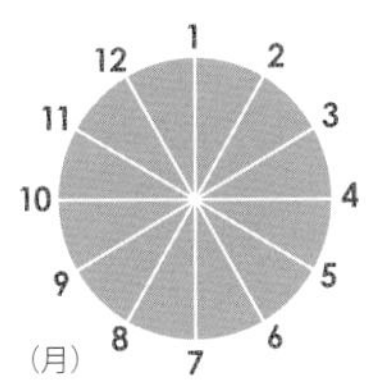

Arrange memo

日もち：1 週間～10 日
水揚げ：水切り
注意点：乾燥に弱いので霧吹きで水を与える
相性のいい花材：
スイートピー（P92）
ほとんどのグリーン

カラー

Calla, Calla lily

くるりと
ひと巻きした花が
エレガントな魅力を放つ

もっとも親しまれている白のほか、ピンクやオレンジ色など明るい花色のものや、茎まで黒いエキゾチックな品種も。その気品漂う花姿はウエディングでも人気です。花びらに見える苞（ほう）の部分は傷みやすいのでていねいに。くるりと巻いた花から茎にかけての流れるようなラインを生かすように使うと、スマートで洗練された印象が際立ちます。

中心の棒状の部分が花

花びらに見えるのは苞

指でしごくと茎が簡単にカーブする

茎の先端にしわや変色がないものを選ぶ

グリーンゴッデス

Arrange memo

日もち：1週間～10日

水揚げ：水切り

注意点：水替えのたびに茎を切り戻すと長もちする

相性のいい花材：

アジサイ（P17）
オクラレルカ（P251）

アレンジ実例

シンプルな花器の一方に寄せて、アプリコット色のカラーを。流れるようなラインを生かして

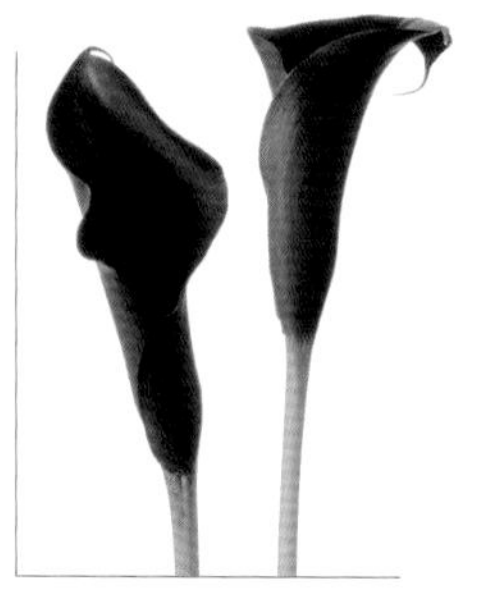

シュワルツワルダー

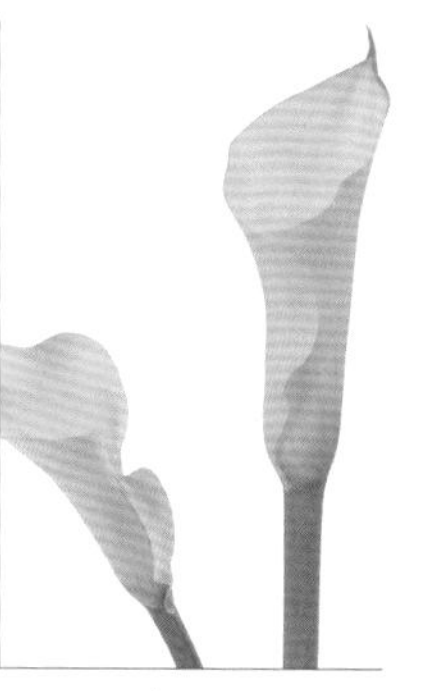

ゴールド

Data

植物分類：
サトイモ科
ザンテデスキア属

原産地：
南アフリカ

和名：
海芋（カイウ）

開花期：4～7月

流通サイズ：
30cm～1m程度

花の大きさ：
中・大輪

価格帯：
200～600円

花言葉

凛とした美しさ、
乙女のしとやかさ

出回り時期

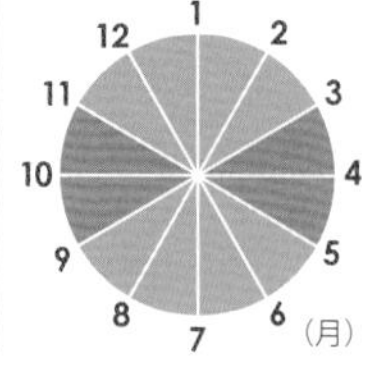

カンガルーポー

Kangaroo-paw

アニゴザントス

長く伸びた花茎(かけい)の先につく花は、細かい毛に覆われたビロードのような質感が特徴的。先端が6つに分かれる様がカンガルーの前足によく似ていることから、この花名がついたといいます。「アニゴザントス」とも呼ばれます。

もともとオーストラリア南西部にしか自生していなかった花ですが、最近は国産も出回るようになりました。交配種も多く、たくさんの花色が登場しています。

ユニークな形や起毛した質感がアレンジに個性をプラス

つぼみがふっくらしたものを選ぶ

花と茎はビロード状の短い毛に覆われている

Arrange memo

日もち：１～２週間
水揚げ：水切り、湯揚げ
注意点：水が下がったときは湯揚げする
相性のいい花材：
リューカデンドロン（P190）
ワレモコウ（P200）

ドライフラワー

アレンジ実例

大小のグラスを重ねて花留めにするアイデア。上に乗せたのはスカビオサ・ファンタジー（P94）

Data
植物分類：ハエモドルム科アニゴザントス属
原産地：オーストラリア
開花期：４～６月
流通サイズ：50～80cm 程度
花の大きさ：小輪
価格帯：200～400円
花言葉
不思議、驚き、分別
出回り時期

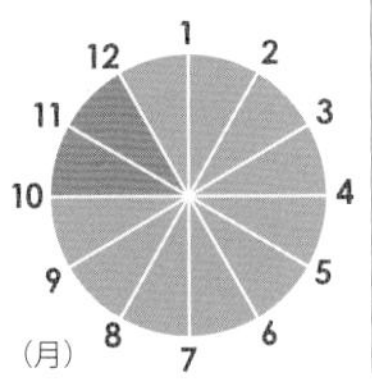

カンパニュラ

Bellflower,Canterbury-bells

ぷっくりとした釣鐘型の花がかわいらしく清楚な印象

カンパニュラとは、ラテン語で「小さな鐘」の意味。その名のとおり、釣鐘型の花が咲きます。

多くの品種がありますが、切り花として多く出回るのが、愛らしい花を鈴なりに咲かせるタイプ。一本丸ごと使うよりも、短かめに切り分けたり花だけ切ったりして、かわいらしさを引き立てて。花のすぐ下につく葉を取り除くと、花の輪郭が美しく際立ちます。

花びらの縁までみずみずしいものを選ぶ

葉は腐りやすいので、水に浸かる部分は取り除く

Data

植物分類：キキョウ科カンパニュラ属
原産地：ヨーロッパ、日本、アジア
和名：釣鐘草（ツリガネソウ）、風鈴草（フウリンソウ）、乙女桔梗（オトメキキョウ）
開花期：5～7月
流通サイズ：60cm～1m程度
花の大きさ：小・中輪
価格帯：200～300円

花言葉

感謝、誠実

出回り時期

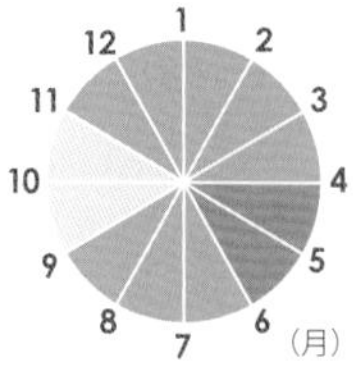

12 1 2 3 4 5 6 7 8 9 10 11 （月）

アレンジ実例

一輪ずつ切った花だけを、浅い四角い花器に並べてアレンジ。白い花を一輪アクセントに

Arrange memo

日もち：3～5日
水揚げ：水切り
注意点：茎が折れやすいので扱いに気をつける。吸い上げが早いので水をまめに補充する
相性のいい花材：

アスチルベ (P21)
ブルーレースフラワー (P161)

キキョウ

Balloon flower

秋の七草のひとつで、清楚な星型の花はいかにも和花といった雰囲気を備えています。

歴史的にも「古今和歌集」や「源氏物語」などに登場するほか、家紋として古くから用いられてきた花です。

一種生けやかごに少量を挿して飾ると、はかなげな和の雰囲気に。開いた花をいくつか寄せて目立たせると、華やかな洋風のアレンジにも生かせます。

星型の花は
和の風情たっぷり
アレンジ次第で洋風にも

つぼみが風船のようにふくらむ

茎や葉の切り口から白い汁が出るのでよく洗い流す

Arrange memo

日もち：3～5日
水揚げ：湯揚げ
注意点：水揚げがよくないので切り花延命剤などを使う
相性のいい花材：
オミナエシ（P42）
ススキ（P95）

押し花

Data
植物分類：
キキョウ科
キキョウ属
原産地：
日本、中国、
朝鮮半島
和名：
桔梗（キキョウ）
開花期：6～8月
流通サイズ：
40cm～1m程度
花の大きさ：中輪
価格帯：
150～300円
花言葉
変わらぬ愛、誠実
出回り時期

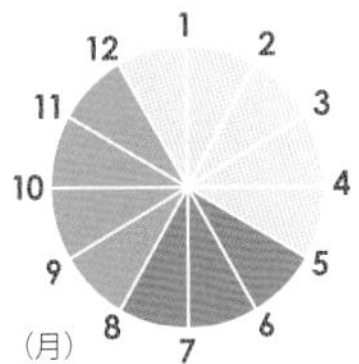

キク

Mum

国内の切り花生産量第1位
仏花のイメージを覆す
おしゃれなタイプも登場

菊といえば仏花のイメージが強かったのはひと昔前の話。最近では、ヨーロッパなどで品種改良された洋菊を中心にさまざまな花型のタイプが出回り、アレンジやブーケなどにも使われています。お祝いごとに使うのはかまいませんが、お見舞いには気にする人もいるので避けたほうが無難です。

アレンジする時は、短めにカットして、花の面がよく見えるようにすると洋風のイメージが強くなります。清々しい独特の香りがあります。

花は上を向いて咲く

中央の部分が堅く締まっているものを選ぶと長もちする

花よりも葉のほうが先に枯れるので適度に間引いて

セイオペラピンク

葉の表側と裏側。茎に左右交互につく

Arrange memo

日もち：5日～1週間
水揚げ：水折り
注意点：ハサミの刃が直接触れるのを嫌うので、水揚げは水の中で茎を手で折り切る
相性のいい花材：
シンビジウム（P91）
ユリ（P181）

Data

植物分類：キク科キク属
原産地：中国
和名：菊（キク）
開花期：9～11月
流通サイズ：30cm～1ｍ程度
花の大きさ：小・中・大輪
価格帯：100～500円

花言葉

高貴、高潔、清浄、思慮深い、わずかな愛

出回り時期

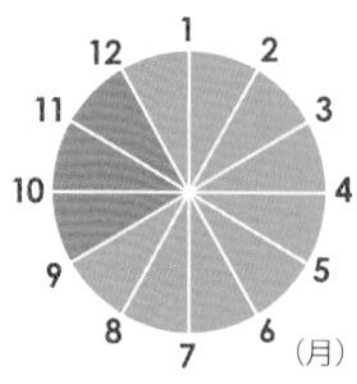

キク品種カタログ

こちらも「アナスタシア」シリーズの「ピンク」。色が違うと印象も違う

キクのイメージを一新した「アナスタシア」シリーズの「ブロンズ」

細い花びらが立ち上がるように咲く「アナスタシアディーライム」

ポンポン咲きで白いボールのような「スーパーピンポン」

ポンポン咲きの「ピアジェイエロー」。明るい黄色が元気な印象

びっしり花びらが詰まってダリアのように咲く真紅の「ビロード」

ベージュがかったニュアンスカラーのキクも人気。「セイオペラベージュ」

キバナコスモス

Orange cosmos, Yellow cosmos

コスモスの仲間で黄色系の花色が特徴盛夏から出回る

コスモスの仲間ですが、黄色やオレンジ色などの花をつけます。原産地はメキシコですが、品種改良は日本で進み、赤い花が咲く「サンセット」という園芸品種は日本で産出され、コンクールで金賞を獲得しました。

一般的なコスモスに比べると葉の切れ込みが少なく、草丈も短め。花期も長く、盛夏から出回ります。

二重か三重で半八重咲きの花が咲く

葉の切れ込みが普通のコスモスより少ない

Data

植物分類：キク科コスモス属

原産地：メキシコ

和名：黄花コスモス（キバナコスモス）

開花期：7～10月

流通サイズ：30cm～1m程度

花の大きさ：中輪

価格帯：150～300円

花言葉

野生美、幼い恋心

出回り時期

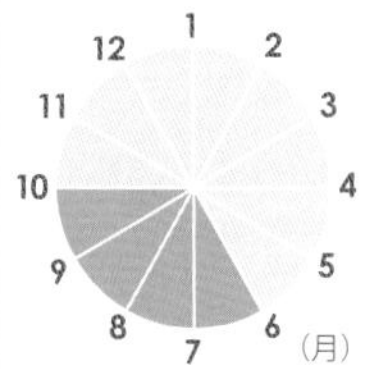

Arrange memo

日もち：5～10日

水揚げ：水切り、湯揚げ

注意点：水替えと切り戻しをまめに行うと長もちする

相性のいい花材：

オミナエシ（P42）

ワレモコウ（P200）

押し花

ギリア

Globe gilia,Bird's-eyes

ゆるやかにカーブしながら伸びる茎に、くす玉のようなかわいい花をつけます。よく見ると、星型の小花が50～100輪ほど集まって球状になっています。野に咲く花のようなひかえめな姿が

ナチュラルな印象です。多く出回るのは「ギリア・レプタンサ」と、ひと回り小さな花をつける「ギリア・カピタータ」。「トリコロール」という黒紫色の花芯（かしん）をもつ品種もあります。

Data

植物分類：
ハナシノブ科
ギリア属
原産地：
北アメリカ、
南アメリカ
和名：
玉咲姫花忍
（タマザキヒメハナシノブ）、
姫花忍
（ヒメハナシノブ）
開花期：6～7月
流通サイズ：
30～80cm程度
花の大きさ：小輪
価格帯：
150～300円
花言葉
気まぐれな恋、
ここに来て、
心に降るわが涙
出回り時期

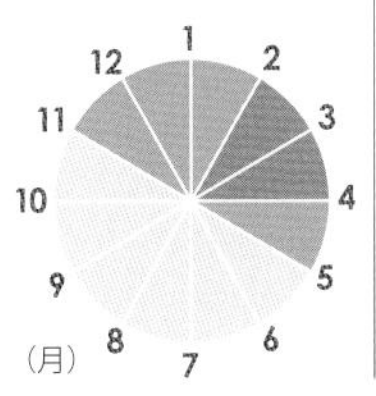

Arrange memo

日もち：3～5日
水揚げ：水切り
注意点：茎が折れやすいので扱いはていねいに
相性のいい花材：
スイートピー（P92）
ニゲラ（P131）

アレンジ実例

グリーンや緑色の実ものなどと合わせてナチュラルに。白い花器にアレンジ

茎の先端につく
真ん丸の花がかわいい
野草のようにナチュラル

小花が集まって球状に咲く

葉には羽状に細かい切れ込みが入っている

ギリア・レプタンサ

キルタンサス

Fire lily, Ifafa lily

フルーツのような香りも特長
細長い漏斗（ろうと）状に咲く
形のおもしろさに注目

まっすぐ伸びる茎の先に、細長い漏斗状の花が集まって咲きます。花のひとつひとつはひかえめな印象ですが、落ち着いた気品が漂います。

ほのかに香る、フルーツのような甘い香りも特長。ブーケに入れてプレゼントすると喜ばれます。

根元から出る葉は、出回る際には取り除かれていることがほとんど。アレンジする際は、さまざまな方向に向きを生かして動きを出しましょう。

花は茎の先に横向きや下向きにいくつもつく

茎は空洞でやわらかい

細長い筒状の先端が６枚の花びらに分かれて漏斗状に開く

Arrange memo

日もち：３～５日
水揚げ：水切り
注意点：茎がやわらかく腐りやすいので水の量は少なめにする
相性のいい花材：
スイートピー（P92）
ブプレウルム（P157）

Data
植物分類：
ヒガンバナ科
キルタンサス属
原産地：
南アフリカ
和名：
角笛草
（ツノブエソウ）
開花期：３～４月
流通サイズ：
30～40㎝程度
花の大きさ：小輪
価格帯：
150～200円

花言葉
隠れた魅力、
屈折した魅力、
恥ずかしがり屋

出回り時期

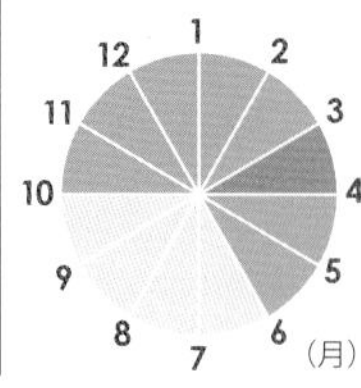

キンギョソウ

Snapdragon, Common snapdragon

スナップドラゴン

金魚の姿を思わせる
ボリューム感のある花は
カラーバリエーションが豊富

金魚のようにぷっくりとした花を、穂状に数多く咲かせます。花の形が竜の口に見えることから、「スナップドラゴン」（かみつく竜）とも呼ばれます。

花色が豊富で、鮮やかなビタミンカラーや優しいパステル調のもの、ワインレッドなどシックな色合いのものも。品種改良が進み、一重咲きのほかに八重咲き、変わり咲きなど、形も多彩です。

花が密についたものを選ぶ

茎が長いものは大きなアレンジにもOK

桃仙

バタフライピンク

バタフライイエロー

バタフライホワイト

Data

植物分類：
ゴマノハグサ科
アンティリヌム属
原産地：
地中海沿岸
和名：
金魚草
（キンギョソウ）
開花期：4〜6月
流通サイズ：
15cm〜1m程度
花の大きさ：小輪
価格帯：
150〜300円
花言葉
予知、図々しい、
清純な心
出回り時期

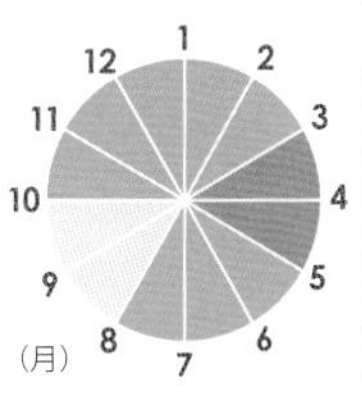

Arrange memo

日もち：5〜10日
水揚げ：水切り、湯揚げ
注意点：終わった花を摘み取るとつぼみまで咲く
相性のいい花材：
バラ（P137）
ブプレウルム（P157）

クジャクソウ

Frost aster

株全体に広がる
可憐な小花が
アレンジの名脇役に

菊の花に似た可憐な小花が、枝分かれした茎いっぱいに咲きます。その花姿が羽を広げた孔雀に似ていることから、クジャクソウの名がつけられました。

白色がポピュラーですが、ピンクやブルー、紫色なども。どんな花とも相性がよく、フィラーフラワーとしてアレンジにボリューム感を加えたいときなどにも重宝します。

枯れた花をまめに摘むとつぼみも咲く

細かい葉を整理すると、花型のかわいらしさが際立つ

Arrange memo

日もち：3～5日
水揚げ：水切り
注意点：湿気が多いと花がしぼみやすいので乾燥した場所に飾る
相性のいい花材：
スプレーマム（P105）
ユリ（P181）

押し花

アレンジ実例

途中から折れたり、整理して落としたりした小枝をガラスの花器に入れて。楚々とした花の風情が楽しめる

Data

植物分類：
キク科アスター属
原産地：北アメリカ
和名：
白孔雀
（シロクジャク）
開花期：8～11月
流通サイズ：
60cm～1.5m程度
花の大きさ：小輪
価格帯：
150～300円

花言葉

ひとめぼれ、
可憐、ご機嫌、
天真爛漫、
想像力豊か

出回り時期

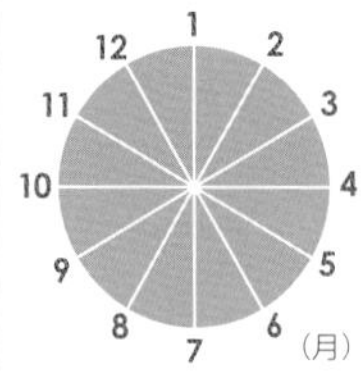

グズマニア
Guzmania

ツルツルとした質感と
鮮やかな色彩は
インパクト大で人気

ツルツルとした全体の質感と鮮やかな色の南国植物。近年人気があります。中南米の熱帯雨林地方を原産とするパイナップル科の植物です。

花びらのように見える中心の色づいた部分は、実は苞（ほう）。その中心に小さな花が目立たなく咲きます。同じく南国風の花やグリーンと組み合わせて、ボリュームとインパクトのあるアレンジに。

Data

植物分類：
パイナップル科
アナナス属
原産地：
中央アメリカ、
南アメリカ
開花期：4～6月
流通サイズ：
30～50cm 程度
花の大きさ：
大輪（苞部分）
価格帯：
400～600円

花言葉

情熱、理想の夫婦、
あなたは完璧

出回り時期

Arrange memo

日もち：1週間～10日
水揚げ：水切り
注意点：高温多湿な場所を好むので寒い場所は避ける
相性のいい花材：

アンスリウム (P32)
バンクシア (P146)
モカラ (P177)

クチナシ

Common gardenia

ガーデニア

「香りの女王」と称される甘く濃厚な香りと肉厚で純白の花が魅力的

名前の由来は、実が裂けないことから「口無し」が転じた説や、ガクが鳥のクチバシに似て実がナシに似ていることからという説など、諸説あります。

春のジンチョウゲ、秋のキンモクセイと並んで三大香木のひとつに数えられ、甘く濃厚な香りは「香りの女王」と称されるほどです。

切り花では八重咲きの品種が出回っていますが、花もちがよくないため、流通量は多くありません。

肉厚で純白の花は、光沢のある深い緑色の葉とのコントラストも美しく、海外ではプロポーズの際に贈ったり、ウェディングブーケに使われたりもするようです。

花もちは短い。時間が経つにつれ花びらが黄色くなり、茶変する

つややかな葉も美しく、花が終わったあとは葉だけをアレンジに利用しても

湯揚げ後、切り口を割って深水をすると水揚げがよくなる

Data

植物分類：アカネ科クチナシ属

原産地：日本、台湾、中国など

和名：梔子（クチナシ）

開花期：6～7月

流通サイズ：20～30cm 程度

花の大きさ：大輪

価格帯：200～500円

花言葉

優雅、洗練、私は幸せです

出回り時期

Arrange memo

日もち：2～3日

水揚げ：湯揚げ

注意点：水揚げがよくないので、湯揚げ後に切り口を十字に割って深水する

相性のいい花材：

アスチルベ （P21）

レースフラワー （P196）

グラジオラス

Corn flag,Sword lily

近年人気が急上昇 アレンジ全体の華やかさをアップ

昔から夏の花壇では定番の花。切り花としての人気は今ひとつだったのに、近年、ウエディングなどの華やかなシーンでも脚光を浴びるようになりました。透け感が美しい花びらがひらひらと茎に連なり、豊かな表情を演出します。

夏咲きのゴージャスな大輪タイプも根強い人気ですが、品種改良により小ぶりな春咲きタイプも登場。花色も豊富で、アレンジの幅が広がりました。長いまま使ってもカットしてもいいし、花だけを切り離してアレンジするのもいいでしょう。

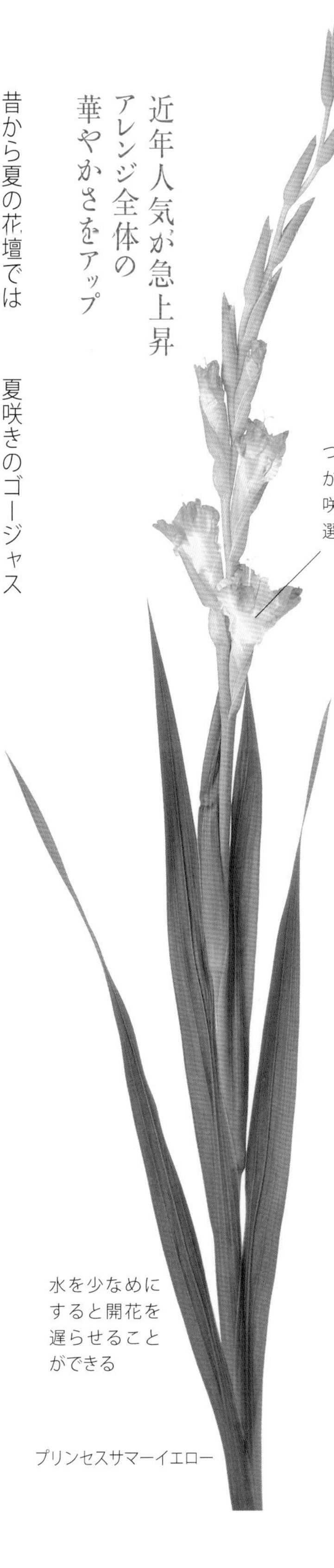

つぼみでは色がわかりにくいので、咲き始めたものを選ぶ

水を少なめにすると開花を遅らせることができる

プリンセスサマーイエロー

ケリー

ジェシカ

Data

植物分類：
アヤメ科
グラジオラス属
原産地：
地中海沿岸、
西アジア、アフリカ
和名：
唐菖蒲
（トウショウブ）、
阿蘭陀菖蒲
（オランダショウブ）
開花期：
春咲き3～5月、
夏咲き6～11月
流通サイズ：
60cm～1m程度
花の大きさ：
中・大輪
価格帯：
200～400円
花言葉
ありきたりでない愛、
勝利、密会、
用心、賢固、
情熱的な恋、
たゆまぬ努力
出回り時期

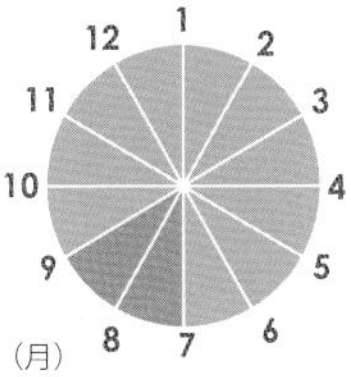

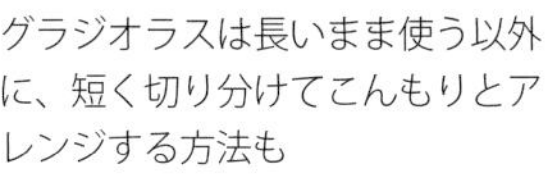

Arrange memo

日もち：3～10日
水揚げ：水切り
注意点：花びらが傷つきやすいのでていねいに扱う
相性のいい花材：
トルコギキョウ（P124）
ユリ（P181）

アレンジ実例

グラジオラスは長いまま使う以外に、短く切り分けてこんもりとアレンジする方法も

クラスペディア

Gold sticks,Drum sticks

ゴールデンスティック
ドラムスティック

Data

植物分類：
キク科
クラスペディア属
原産地：
オーストラリア、
ニュージーランド
開花期：6～9月
流通サイズ：
60cm～1m程度
花の大きさ：小輪
価格帯：
150～300円

花言葉

永遠の幸福、
心の扉を開く、
エネルギッシュ

出回り時期

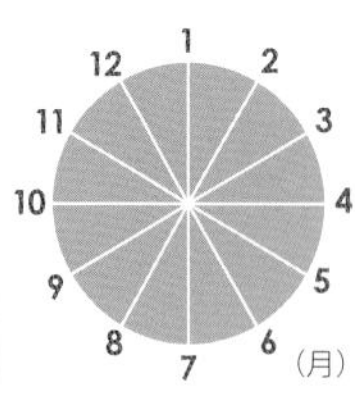
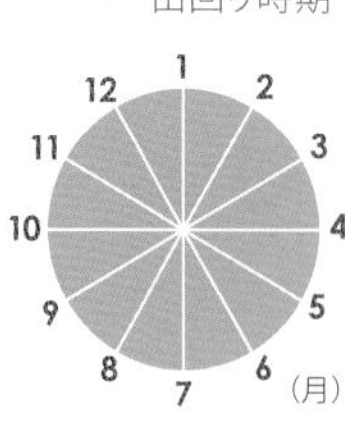

ドライフラワーにも向く
ころんと真ん丸の
黄色い花

木琴のバチのようなユニークな形と、鮮やかな黄色が目を引く花。「ゴールデンスティック」「ドラムスティック」など、いろいろな名前で親しまれています。切り花として出回る際は、葉は取り除かれているものがほとんど。花の色や形を生かしてアレンジを。

花びらをもたないため日もちしやすい点も特長。水切れしても色が変わりにくいので、ドライフラワーにも向いています。

花粉が落ちていないものを選ぶ

花は湿気に弱いので濡らさないように

実物大

Arrange memo

日もち：1～2週間
水揚げ：水切り
注意点：花は湿気に弱く、水がかかると変色しやすいので注意する。開花後は花粉が落ちやすいので服などにつかないように気をつける
相性のいい花材：
ガーベラ（P48）
ミスカンサス（P266）

ドライフラワー

グリーンベル

Bladder campion

フウリンカ

ベルのようにふくらんで、薄緑色の実のように見えるのは、袋状のガク。風鈴のようにも見えるため、風鈴のように「風鈴花（フウリンカ）」とも。細い茎にぶら下がり、ゆらゆらと揺れる姿が軽やかです。

ガクの先につく小花も可憐。優しい色合いなので、アレンジの中に埋もれさせないよう、茎を長めにして目立たせるなどの工夫を。

緑色の鈴のような形が
軽やかで愛らしい
茎を長めにアレンジして

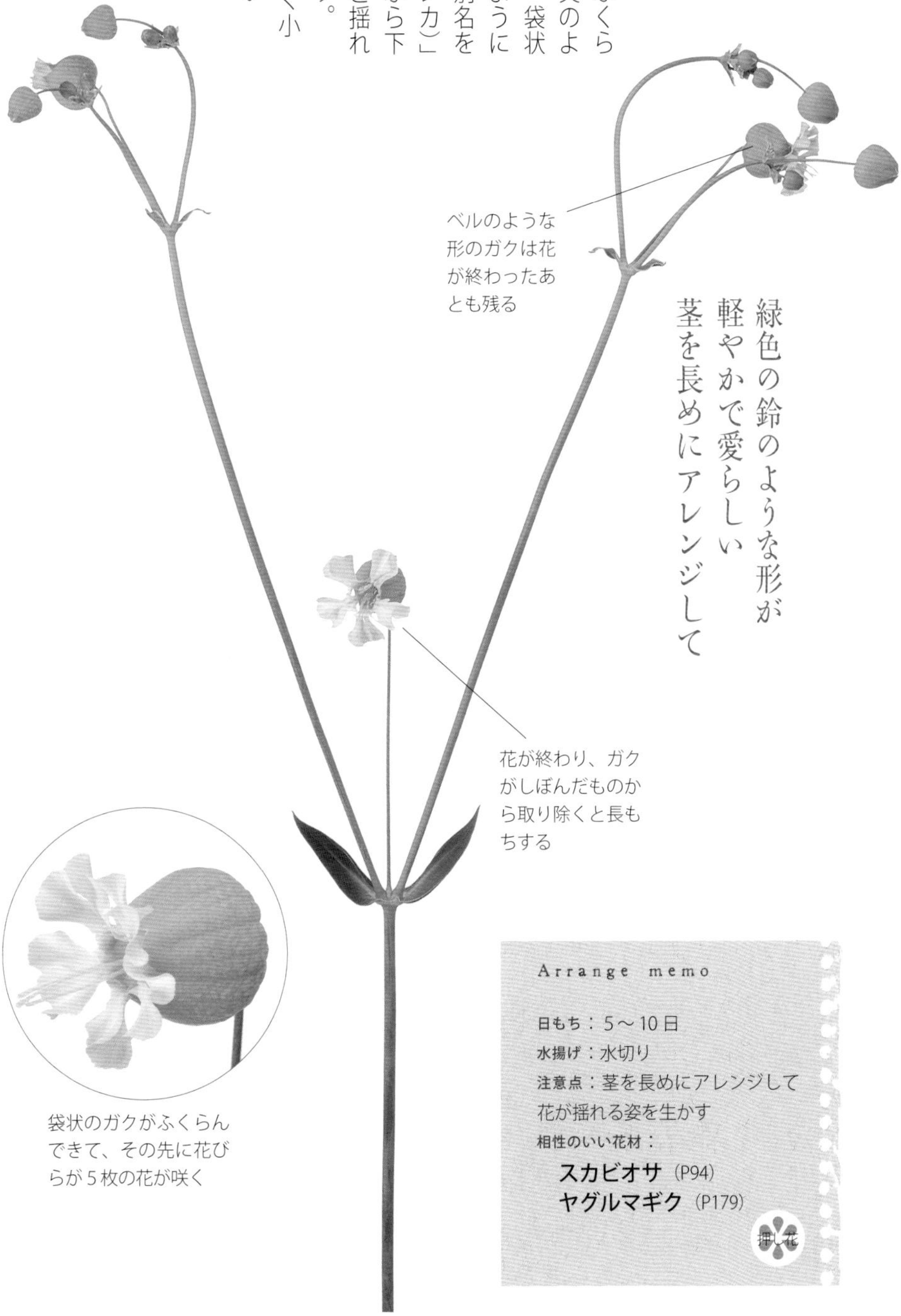

ベルのような形のガクは花が終わったあとも残る

花が終わり、ガクがしぼんだものから取り除くと長もちする

袋状のガクがふくらんできて、その先に花びらが5枚の花が咲く

Data

植物分類：
ナデシコ科シレネ属
原産地：地中海沿岸
和名：風鈴花
（フウリンカ）
開花期：6～7月
流通サイズ：
60～80cm程度
花の大きさ：中輪
価格帯：
150～300円

花言葉

いつわりの愛

出回り時期

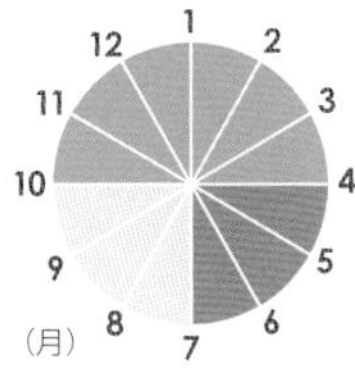

Arrange memo

日もち：5～10日
水揚げ：水切り
注意点：茎を長めにアレンジして花が揺れる姿を生かす
相性のいい花材：
スカビオサ（P94）
ヤグルマギク（P179）

押し花

クリスマスブッシュ

New South Wales, Christmas Bush

南半球に位置するオーストラリアで、真夏のクリスマスの訪れを告げる植物です。赤い花のように見える部分はガク。花は白い星型をしていますが小さくて目立たず、花が散ったあとにガクが赤く色づいて花びらのようになります。

切り花として輸入されるものは、冬のクリスマスシーズンに出回ります。

ガクが白くなる「ホワイトクリスマスブッシュ」という品種も。

水揚げが悪いとガクが黒ずんで汚く見えるので注意

ガクが黒ずんでいないものを選び、枝分けして使う

赤い５枚の花びら状のものはガク。中心の黄色い部分が花

真っ赤なガクが華やか
深緑色の葉との
コントラストも美しい

葉は３枚１組でつき、周囲に細かい切れ込みが入っている

Data

植物分類：クノニア科 ケラトペタラム属
原産地：オーストラリア
開花期：11～1月
流通サイズ：60～80cm 程度
花の大きさ：小輪
価格帯：350～500円

花言葉
気品、清楚

出回り時期

12 1 2 3 4 5 6 7 8 9 10 11 (月)

Arrange memo

日もち：１週間程度
水揚げ：水切り
注意点：水揚げが悪いと黒ずむ。蒸れに弱いので風通しのよい場所に置く
相性のいい花材：
バラ (P137)
ラナンキュラス (P188)

クリスマスローズ

Christmas rose

寒い季節から開花
落ち着いた色合いと
可憐な表情が人気

シックな花色とうつむき加減に咲く姿が、可憐な印象。花のように見えるのは、花びらではなくガクです。

クリスマスの時期に咲くバラ（ローズ）に似た花ということからこの名前がつきましたが、日本では春咲きのもののほうが多く出回ります。

最近は品種改良によって、上向きに咲くタイプや鮮やかな花色のものも登場。アレンジする際は、花の顔が見える向きを考えるといいでしょう。

花が終わるとそのままドライフラワーになる

水揚げが悪いので頻繁に切り戻す

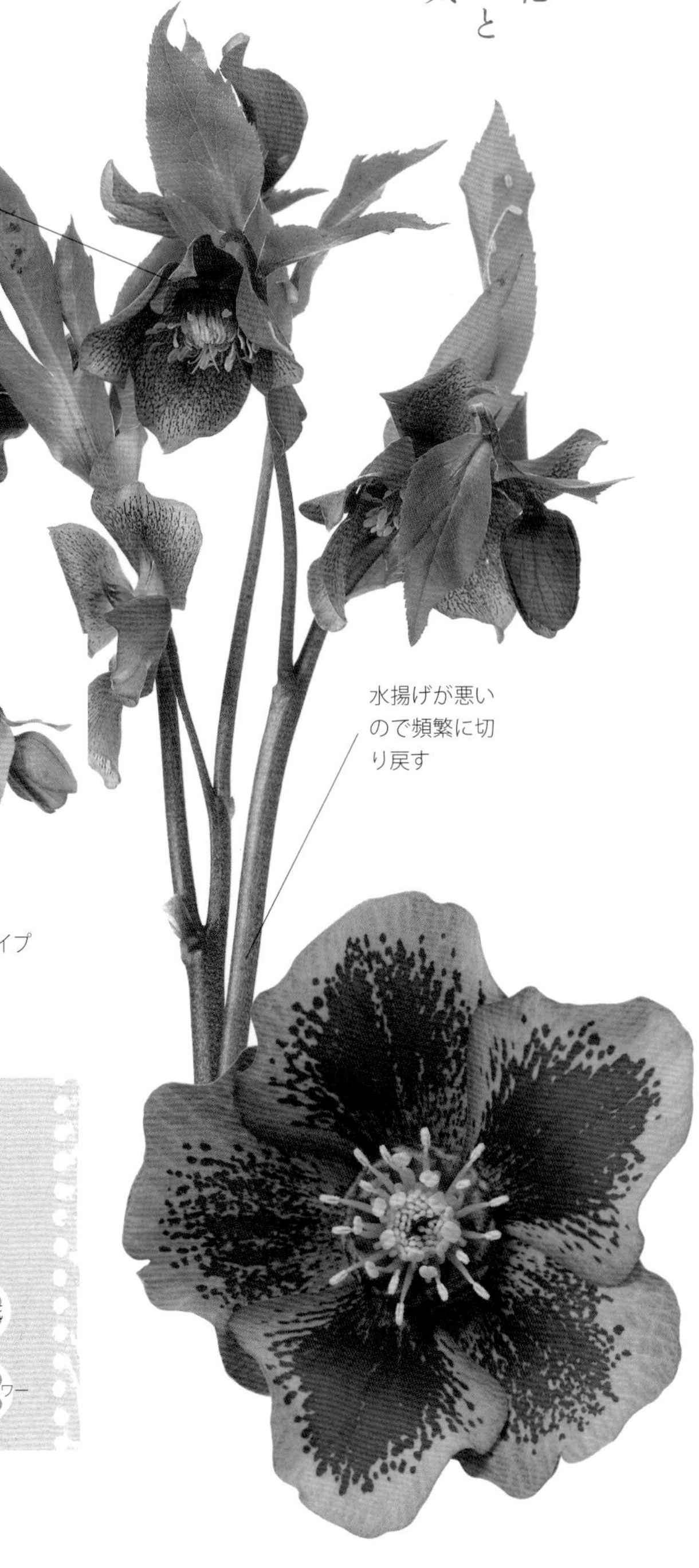

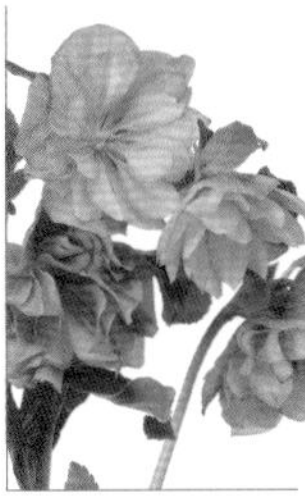

八重咲きのタイプ

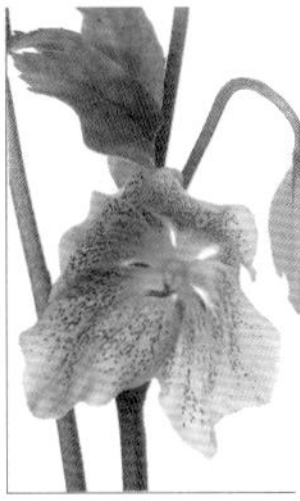

花に斑（ふ）が多く入るタイプ

Data

植物分類：
キンポウゲ科
ヘレボルス属
原産地：
ヨーロッパ、
地中海沿岸
和名：
寒芍薬
（カンシャクヤク）
開花期：12～4月
流通サイズ：
30～50cm 程度
花の大きさ：中輪
価格帯：
150～400円

花言葉

追憶、
私を忘れないで、
私の心配を
やわらげて、
慰め、スキャンダル

出回り時期

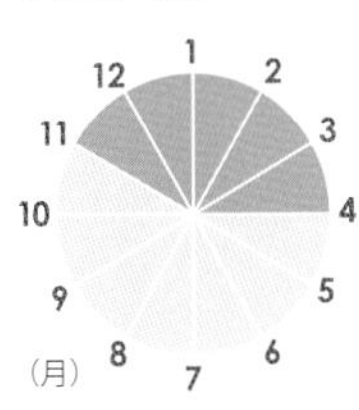

Arrange memo

日もち：１週間程度
水揚げ：水切り、燃焼
注意点：水が下がりやすいのでまめに切り戻す
相性のいい花材：
フリージア（P159）
アイビー（P248）

押し花
ドライフラワー

クルクマ

Hidden lily

夏のブーケやアレンジにグリーンとしても使える緑色タイプも

ショウガ科の植物で、夏らしいトロピカルな雰囲気が漂います。花びらが重なった花のように見えるものは、花ではなく苞（ほう）。苞の間に隠れるように、小花が咲きます。

アレンジする際は、まっすぐ伸びた茎のラインや個性的な苞を強調すると効果的です。よく出回るピンク系のほか、白や緑色、ミニサイズのものも人気。緑色のものはグリーンのようにしても使えて便利です。

花びらではなく苞

苞と苞の間に小花が咲く

エメラルドバゴタ

小型のミニクルクマ

ホワイト

水揚げは比較的よく、日ももちもする

チェンマイ

Arrange memo

日もち：1週間程度
水揚げ：水切り
注意点：まめに水を替えると長もちする
相性のいい花材：

アンスリウム（P32）
ダリア（P110）

Data

植物分類：ショウガ科クルクマ属
原産地：熱帯アジア
和名：春鬱金（ハルウコン）
開花期：6～10月
流通サイズ：20～30cm程度
花の大きさ：中・大輪
価格帯：150～300円

花言葉

あなたの姿に酔いしれる、因縁、忍耐

出回り時期

1 2 3 4 5 6 7 8 9 10 11 12 （月）

クレマチス
Clematis
テッセン

一重咲きや八重咲きなど、さまざまな品種があります。ギリシャ語で「つる」を意味する「クレマ」が語源。和名の「鉄線（テッセン）」も、その丈夫なつるを鉄線にたとえたことから来ています。

水揚げがよくないので、生ける前や水が下がった時は、新聞紙などに包んで湯揚げしましょう。花も葉もシャキッと元気になります。

ギリシャ語で「つる」を意味する「クレマ」が語源
水揚げが悪いので注意を

薄くて繊細な花びらを傷めないよう注意して扱う

直立しにくいのでつるを生かしたアレンジに

水揚げがよくないので新聞紙に包んで湯揚げを

ベルテッセン
釣鐘（つりがね）状の可憐な花を咲かせる「ベルテッセン」

Data
植物分類：
キンポウゲ科
クレマチス属
原産地：
日本、中国
和名：
風車（カザグルマ）、
鉄線（テッセン）
開花期：4～10月
流通サイズ：
1～3m程度
花の大きさ：
大輪、中輪
価格帯：
300～1,200円
花言葉
高潔、美しい心、
策略
出回り時期

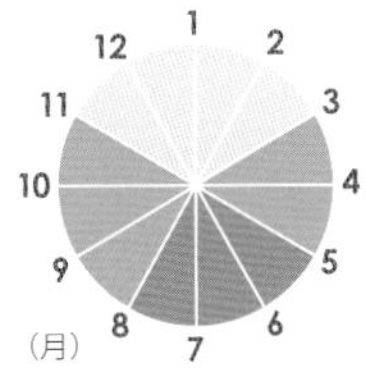

Arrange memo

日もち：4日～1週間
水揚げ：水切り、湯揚げ、燃焼
注意点：水が下がりやすいので、水揚げをしっかりと行う
相性のいい花材：
アジサイアナベル （P19）
バラ （P137）

押し花

グロリオサ

Gloriosa lily, Glory lily, Flame lily

グロリオーサリリー

躍動感ある花びらが豪華な存在感を演出会場装花にも向く花

グロリオサはラテン語で「見事な」という意味。その言葉どおり、花の大きさや鮮やかな色彩、躍動感のある花びらなどが人目を引く個性的な花です。

炎のように鮮やかな赤系がポピュラーですが、黄色やオレンジ色、ピンクのタイプも。咲き始めは黄色でしだいに赤に変化するタイプもあります。

葉の先からヒゲが伸びて周囲に巻きつこうとする性質があるため、引っ張ってヒゲを切ってしまわないように。ブーケや会場装花にも向きます。

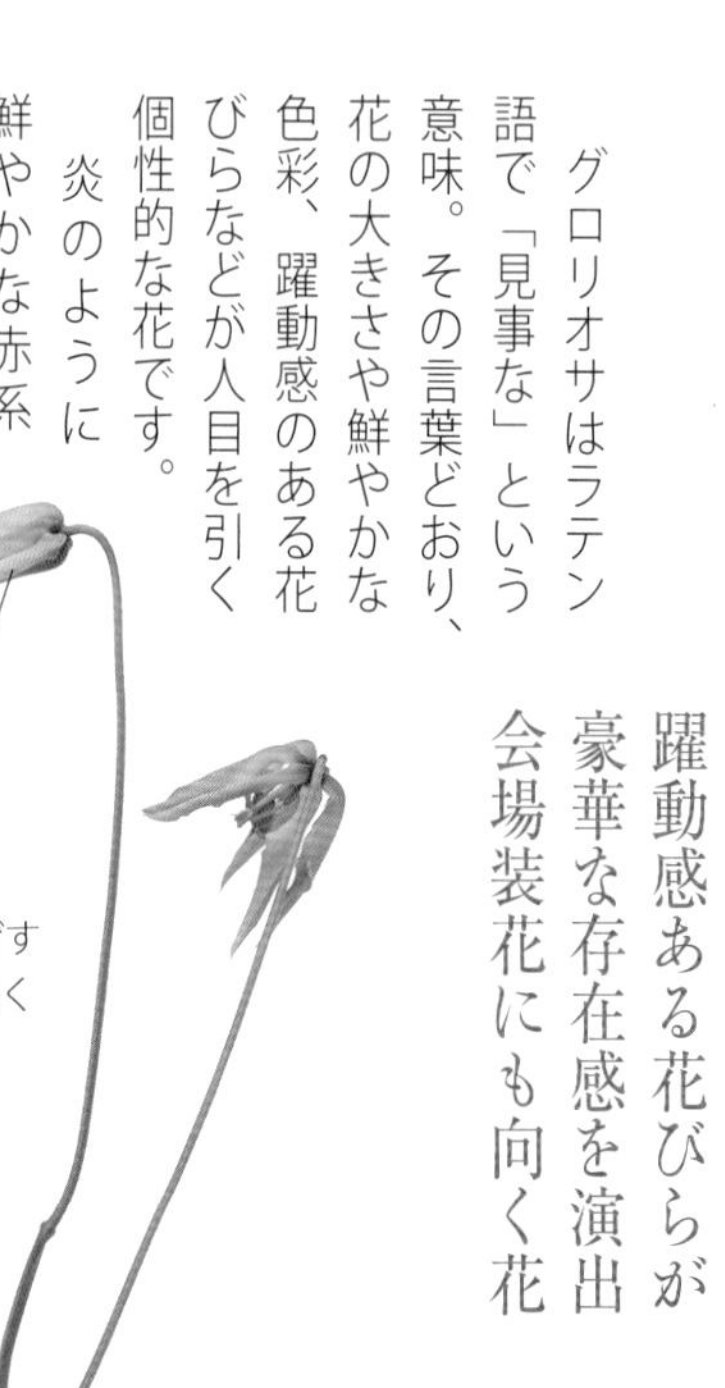

しっかり水揚げすればつぼみも咲く

ライム

パールホワイト

花びらが折れやすいので扱いに注意して

ロスチャイルド

Data

植物分類：ユリ科グロリオサ属
原産地：アフリカ、南アジア
和名：狐百合（キツネユリ）、百合車（ユリグルマ）
開花期：6～7月
流通サイズ：50～80cm程度
花の大きさ：中輪
価格帯：300～800円

花言葉

栄光に満ちた世界、華麗、華美

出回り時期

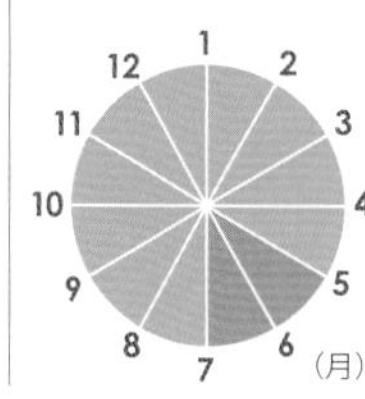

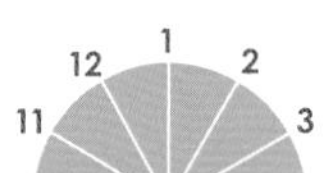

Arrange memo

日もち：1週間程度
水揚げ：水切り、燃焼
注意点：花びらが折れやすいのでていねいに扱う
相性のいい花材：
バラ (P137)
ヒマワリ (P150)

アレンジ実例

真夏の太陽を思わせるような、オレンジ色や黄色の花を集めて。中央の緑色の花もグロリオサ

ケイトウ

Cockscomb,Wool flower

園芸用として長く愛されてきた花ですが、最近は切り花としても人気。花色も豊富になり、さまざまなアレンジに重宝します。
形や大きさも多様。ベルベットのような質感の花が密に重なって球状になるクルメゲイトウ系や、それが鶏のとさかのような形になるトサカゲイトウ系、房状に花をつけるフサゲイトウ系、穂状のヤリゲイトウ系に大別されます。アマランサス（24ページ）はヤリゲイトウ系の一種です。

花はカビが生えやすいので水がかからないように

ベルベットのような質感の花が鶏のトサカのようにつく

ボンベイレッド（トサカゲイトウ系）

温かみのある独特な質感が人気
個性的なアレンジにも

羽毛ケイトウ（フサゲイトウ系）

ボンベイグリーン（トサカゲイトウ系）

Data
植物分類：
ヒユ科ケイトウ属
原産地：
熱帯アジア、インド
和名：
鶏頭（ケイトウ）、
鶏冠花
（ケイカンカ）、
韓藍（カラアイ）
開花期：7～10月
流通サイズ：
30～80cm 程度
花の大きさ：
中・大輪
価格帯：
100～400円
花言葉
おしゃれ、
色あせぬ恋、
博愛、奇妙、
気取り屋
出回り時期

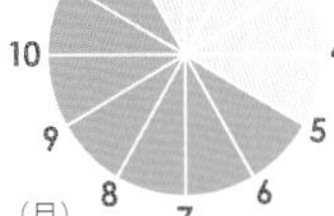

アレンジ実例

クラシックなイメージの花器にケイトウとダリアを生けて。葉は少なめにして花の面を見せる

Arrange memo

日もち：5日～1週間
水揚げ：水切り
注意点：花は濡れたり湿けたりするとカビが生えやすいので注意する
相性のいい花材：
ダリア（P110）
バラ（P137）

ドライフラワー

ケマンソウ

Bleeding heart

タイツリソウ

ケマンソウの名は、花の形が仏具の華鬘（けまん）に似ていることからつきました。吊り上げられた鯛にも似ているため、別名「タイツリソウ」とも呼ばれます。

花はハート型のつぼみから下部が裂けて咲き、細長い茎にぶら下がるように、行儀よく一列に並びます。その愛らしいラインは、和洋どちらのアレンジにも。西洋では花をハートに見立て、イースターの飾りにも使うこともあります。

ハート型の愛らしい花
一列に並ぶかわいらしさを
アレンジに生かして

Data

植物分類：ケシ科ケマンソウ属
原産地：東アジア、北アメリカ
和名：鯛釣草（タイツリソウ）、藤牡丹（フジボタン）、瓔珞牡丹（ヨウラクボタン）
開花期：4～5月
流通サイズ：30～80cm程度
花の大きさ：小輪
価格帯：300～400円

花言葉

失恋、あなたについて行きます

出回り時期

Arrange memo

日もち：5～6日
水揚げ：水切り、燃焼
注意点：葉や茎の切り口から白い汁が出るので扱いに注意する
相性のいい花材：
スモークグラス（P257）
ベアグラス（P265）

押し花

コスモス

Cosmos

日本の秋を代表する花としてなじみ深い存在ですが、原産地はメキシコ。日本には明治時代に渡来したといわれています。
アレンジする際は、傷みやすい葉をできるだけ取り除き、花の形を目立たせて。風になびいているようなナチュラルな茎のラインを生かしても素敵です。代表的な一重咲きのほか、最近は八重咲きやストロー咲きのタイプなども登場。花色もバリエーションが増えています。

秋を彩る代表的な花
ストロー咲きタイプなど
ニューフェイスも続々と登場

水替えと切り戻しをまめにすると長もちする

茎が細く締まったものを選ぶ

ピコティ

Data

植物分類：
キク科コスモス属
原産地：
アメリカ、メキシコ
和名：
秋桜（アキザクラ）、
大春車菊
（オオハルシャギク）
開花期：9～10月
流通サイズ：
80cm～1m程度
花の大きさ：中輪
価格帯：
150～400円
花言葉
少女の純潔、
乙女の真心
出回り時期

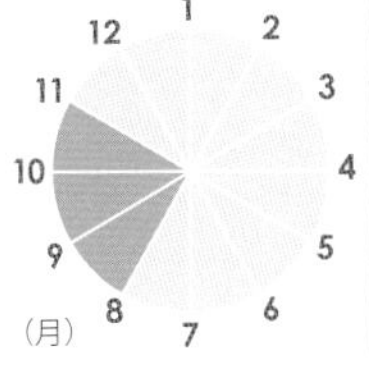

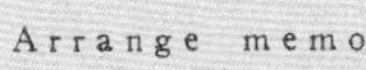

Arrange memo

日もち：5～10日
水揚げ：水切り、湯揚げ
注意点：傷みやすい葉をできるだけ取り除き、水替えと切り戻しをまめに行うと長もちする
相性のいい花材：
フジバカマ（P155）
ワレモコウ（P200）

次のページに続く

イエローガーデン

シーシェル

アレンジ実例

清楚な雰囲気の白いコスモスを数輪、白い
水差しにさりげなく入れて

ダブルクリック

コチョウラン

Moth orchid

ファレノプシス

Data

植物分類：
ラン科
ファレノプシス属
原産地：
東南アジア、
南アジア、
台湾、
オーストラリア
和名：
胡蝶蘭
（コチョウラン）
開花期：４～６月
流通サイズ：
40～80cm 程度
花の大きさ：大輪
価格帯：
500～1,500 円

花言葉
清純、
あなたを愛します、
華やかさ、
幸福が飛んでくる

出回り時期

1
2
3
4
5
6
7
8
9
10
11
12
（月）

その名のとおり、チョウが舞っているかのような優美な花姿から、お祝いごとなどの贈り物としてのニーズが高い花。高級花ですが、花もちがいいので切り花でも長く楽しめます。

清楚な白のほか、かわいらしい印象のピンクやクリーム色、シックな褐色、クールなライムグリーンなど、カラーバリエーションが豊富。アレンジに取り入れやすいミニタイプも登場しています。

Arrange memo

日もち：10 日～２週間
水揚げ：湯揚げ
注意点：室温 12℃以上の暖かい場所に置く
相性のいい花材：
グラジオラス（P65）
ニューサイラン（P261）

押し花

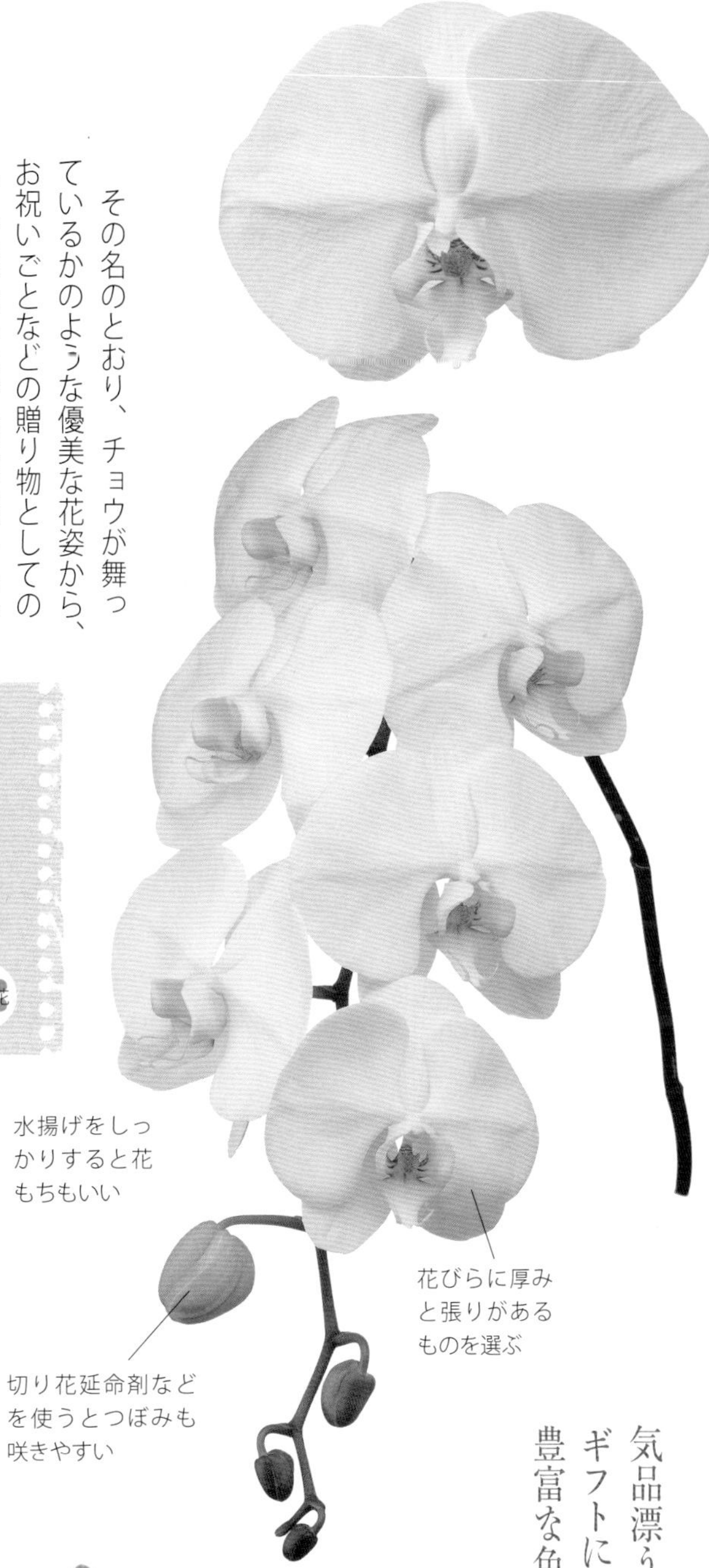

水揚げをしっかりすると花もちもいい
花びらに厚みと張りがあるものを選ぶ
切り花延命剤などを使うとつぼみも咲きやすい

気品漂う優美な花姿が
ギフトに好まれる
豊富な色やサイズも登場

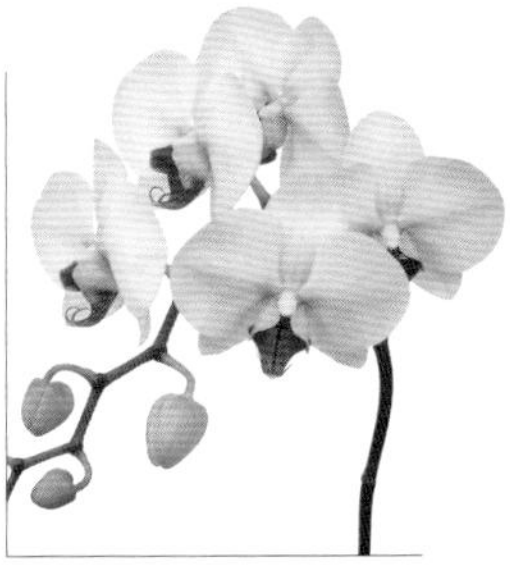

セーヌ

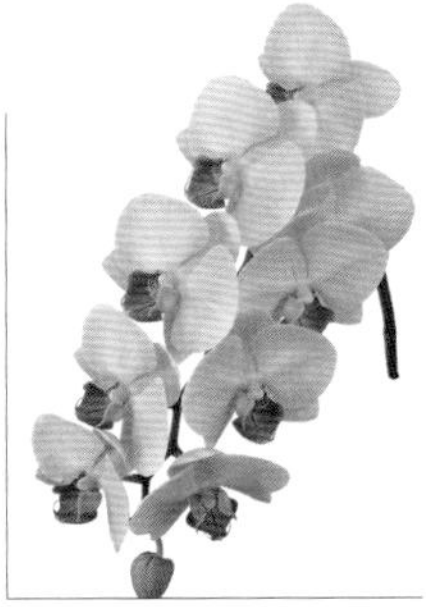

モモ

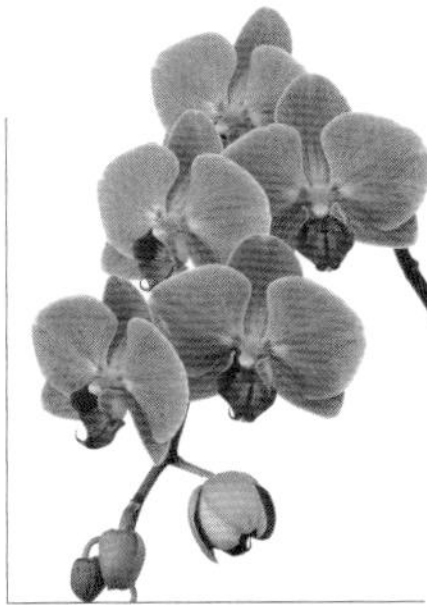

タンゴ

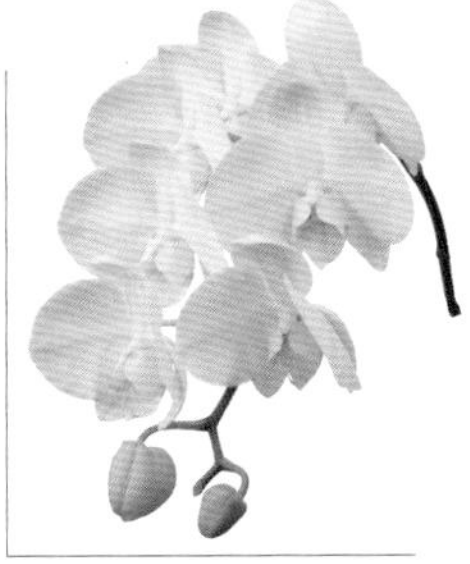

アマビリス

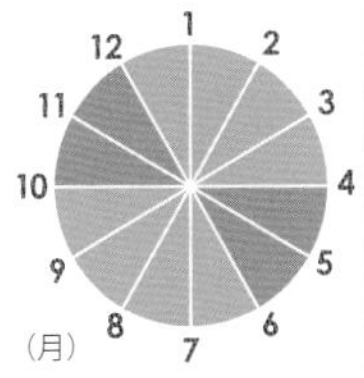

サイネリア

Cineraria

シネラリア、ペリカリス

鉢植えで人気の花が
切り花としても流通
ブルー系の花色が重宝する

英名は「シネラリア」ですが、音が「死ね」に通じて不吉だとされて「サイネリア」と呼ばれることが多い花です。冬の寒い頃から出回り、いち早く春の訪れを告げる鉢花として人気です。近年、切り花としても流通するようになりました。

　切り花はスプレー咲きで、アスター（20ページ）などのようにマスフラワーとして使えます。青色の花は切り花にはあまりないので、アレンジに重宝します。

　葉が傷みやすく、水が下がりやすいので注意します。葉を整理して湯揚げをしてから使いましょう。

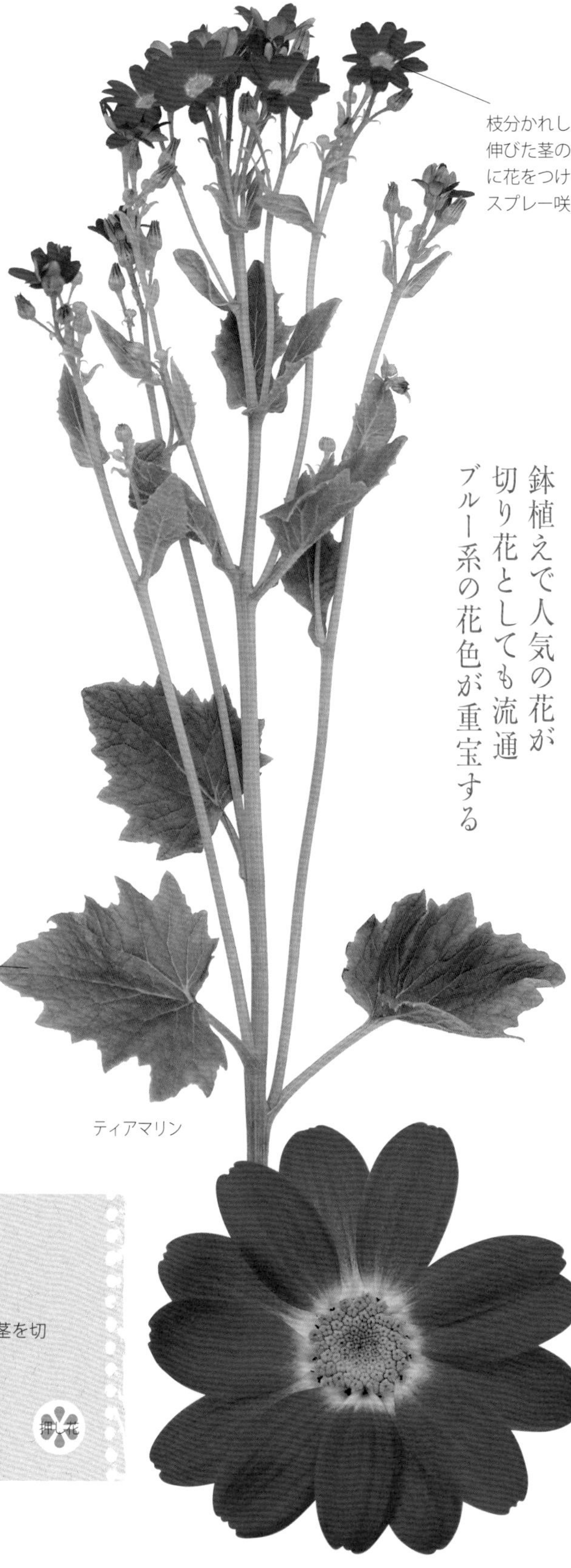

枝分かれして伸びた茎の先に花をつけるスプレー咲き
葉は傷みやすいので、生ける前に水につく葉は取り除く

ティアマリン

Data

植物分類：
キク科
ペリカリス属
原産地：
ヨーロッパ、アジア
和名：
富貴菊（フウキギク）、
富貴桜（フウキザクラ）
開花期：1～4月
流通サイズ：
50～60cm 程度
花の大きさ：中輪
価格帯：
200～300円

花言葉

希望、喜び、
華やかな恋

出回り時期

1
2
3
4
5
6
7
8
9
10
11
12
(月)

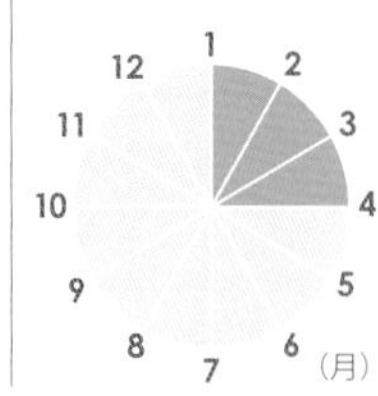

Arrange memo

日もち：5～10日
水揚げ：水切り、湯揚げ
注意点：水が下がったら、茎を切り戻して深水にする
相性のいい花材：
シレネ（P89）
ブプレウルム（P157）

押し花

サンダーソニア

Chinese lantern lily Christmas-bells

風が吹くと、今にも"チリン"と音が聞こえてきそうな、鈴のような形の花が特長です。1本の花茎（かけい）に7～10輪のオレンジ色の花がつきます。葉先には巻きひげがあり、アレンジをする際には、ほかの花の支えとしても役立ちます。

原産地の南アフリカでは、12月頃に花が咲くことから「クリスマス・ベル」という別名も。また、提灯（ちょうちん）のような花の形状から「チャイニーズランタン」とも呼ばれます。

鈴のような形の花と葉の先端の巻きひげがチャーミング

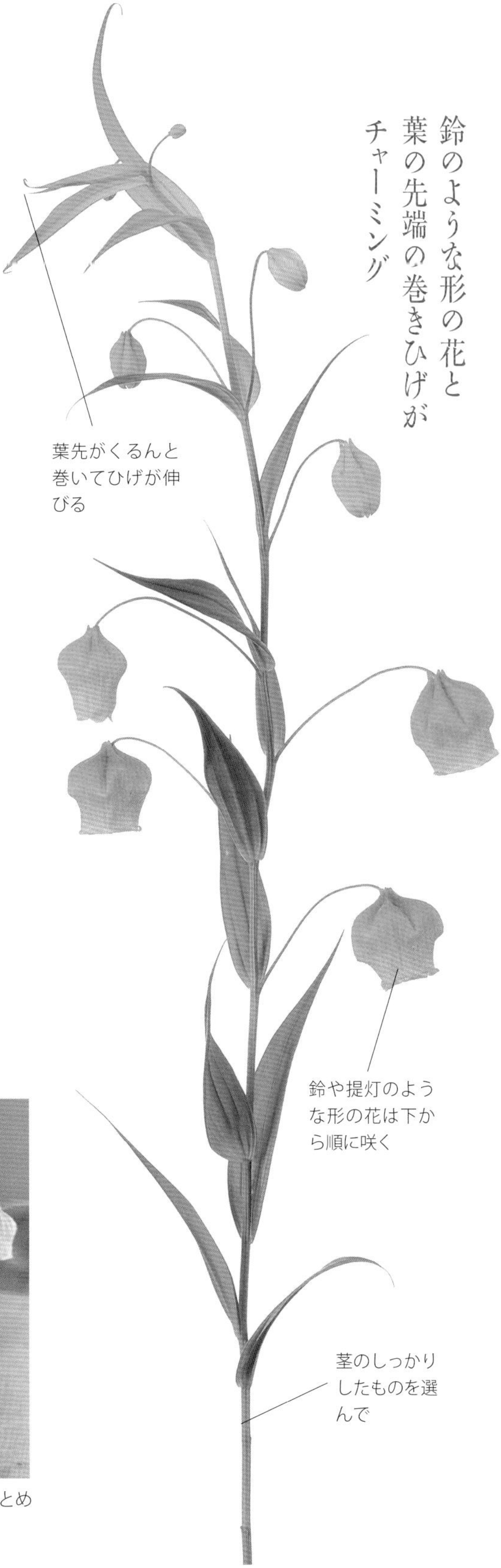

葉先がくるんと巻いてひげが伸びる
鈴や提灯のような形の花は下から順に咲く
茎のしっかりしたものを選んで

Arrange memo

日もち：1週間～10日
水揚げ：水切り
注意点：咲き終わった花から摘み取ると、上の花も咲く
相性のいい花材：
グロリオサ（P72）
バルビネラ（P145）

押し花　ドライフラワー

アレンジ実例

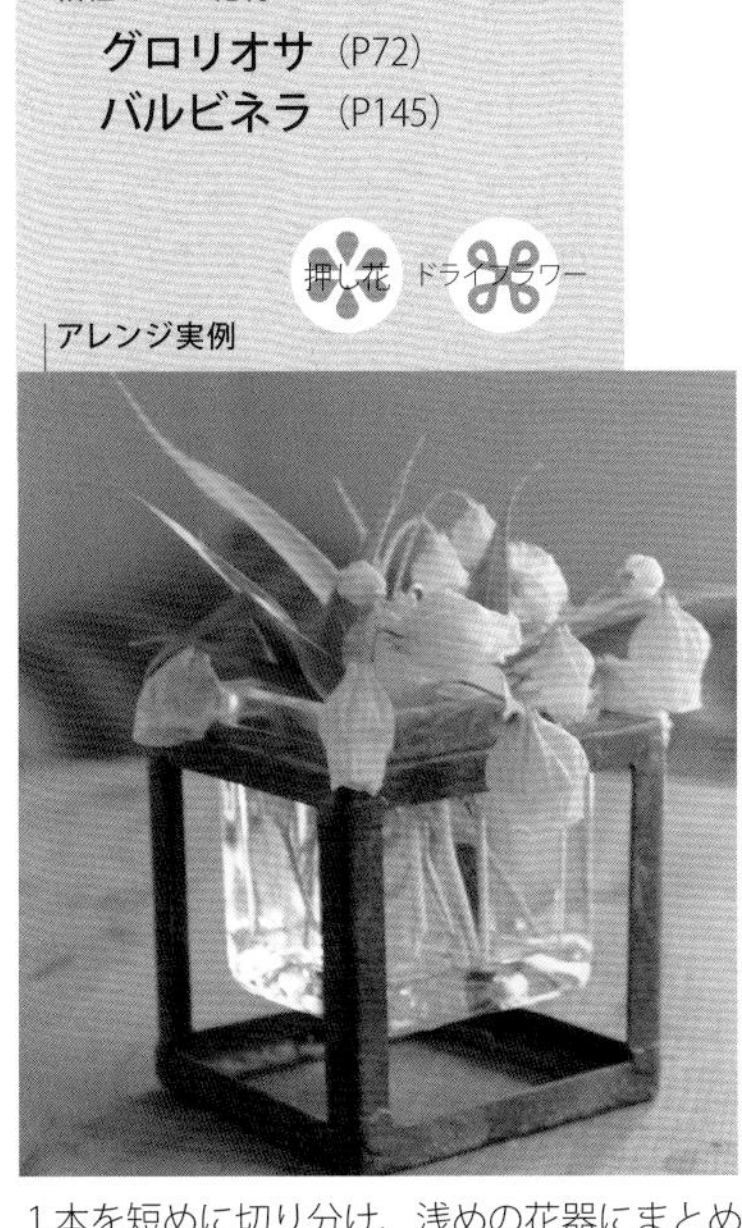

1本を短めに切り分け、浅めの花器にまとめて入れる。小さな灯がともったよう

Data
植物分類：
ユリ科
サンダーソニア属
原産地：
南アフリカ
和名：
提灯百合
（チョウチンユリ）
開花期：6～7月
流通サイズ：
30～80cm程度
花の大きさ：中輪
価格帯：
200～400円
花言葉
望郷、共感、祝福、祈り、純粋な愛、福音、愛嬌
出回り時期

1
2
3
4
5
6
7
8
9
10
11
12
（月）

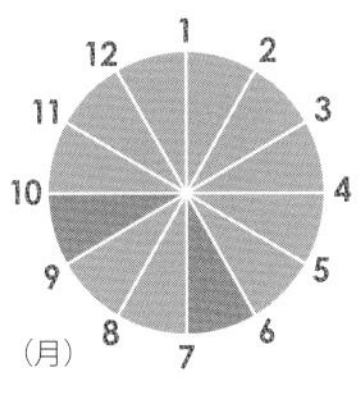

サンタンカ

Chinese ixora

沖縄三大名花のひとつ
夏の太陽を思わせる
南国風のアレンジに

世界中の暖かい地方に自生する熱帯花木。日本では沖縄県に自生しています。漢字では「山丹花」と書きます。江戸時代中期に大陸から沖縄経由で渡来して、「三段花（サンダンバナ）」と呼ばれていました。

オレンジ色や赤の小さな花がたくさん集まって、こんもりと咲きます。太陽を思わせるような明るく元気なイメージは、夏らしいアレンジやブーケなどにぴったり。少ない本数でもボリューム感が出ます。葉脈が目立つ大きな葉にも、存在感があります。

水揚げが悪いので、茎の先端を燃焼して、余分な葉を整理してから使いましょう。

小さな花が集まってこんもりと咲く

水揚げが悪いので茎の先端を焼き切る

Data

植物分類：
アカネ科
サンタンカ属
原産地：
中国、インド、
マレーシア
和名：
山丹花（サンタンカ）、
三段花（サンダンバナ）
開花期：5～8月
流通サイズ：
20～30cm 程度
花の大きさ：小輪
価格帯：
200～300円

花言葉

喜び、熱き思い、
張り切る

出回り時期

1 2 3 4 5 6 7 8 9 10 11 12 (月)

Arrange memo

日もち：5～10日
水揚げ：燃焼
注意点：水揚げが悪いので余分な葉を整理して用いる
相性のいい花材：
ガーベラ（P48）
ヒマワリ（P150）

シキミア

Skimmia

スキミア

江戸時代末期、日本原産のシキミをシーボルトがオランダに持ち帰り、品種改良の末、普及した植物です。赤いタイプはクリスマスリースにも使われます。
丸く小さなつぼみはまるで実のよう。切り花ではつぼみの状態で出回り、あまり花は咲きません。メインの花を引き立てる名脇役。葉は肉厚で緑色も濃く、存在感があるので、整理してから生けると花が引き立ちます。

粒々の小さなつぼみが
実ものよう
赤いタイプはクリスマスのアレンジにも

たくさんのつぼみは小さな実のように見える

光沢のある大きな葉は存在感が強い

Data

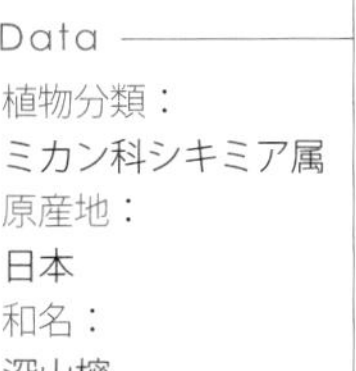

植物分類：
ミカン科シキミア属
原産地：
日本
和名：
深山樒
（ミヤマシキミ）
開花期：4～5月
流通サイズ：
20cm 程度
花の大きさ：小輪
価格帯：
200～400円
花言葉
清純
出回り時期

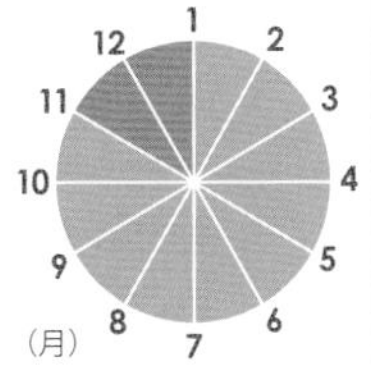

アレンジ実例

赤と緑色のシキミアを合わせて、たっぷりとアレンジ。花器を白にするとすっきりまとまる

Arrange memo

日もち：1週間～10日
水揚げ：水切り、深水
注意点：水揚げが悪いと花が垂れるので、水切り後は深水にしばらく浸けておく
相性のいい花材：
アマリリス（P25）
アスパラガス（P248）

ドライフラワー

シクラメン

Cyclamen

最近は切り花も出回る冬の鉢花の代表格印象的なアレンジに

冬の鉢花として贈答品の印象が強いシクラメンですが、最近は切り花もミックス束で出回っています。また、独特の模様のある葉も流通しています。

花びらがフリル状になっていたり、花の色が複色だったりとさまざまで、まとめて使うと華やかに仕上がります。洋花と合わせてクリスマスアレンジにしてもいいし、和の雰囲気を生かしてお正月のアレンジに使うのもおすすめです。

赤、ピンク、紫色、白などの花がミックスで出回ることが多い

花びらがフリル状になっているものも人気

花とは別に葉も出回る

シクラメンは花だけで出回るが、最近は葉脈の模様や緑色の濃淡が個性的な葉も花とは別にグリーンとして出回る

アレンジ実例

Arrange memo

日もち：1～2週間
水揚げ：水切り
注意点：涼しい場所に飾ると長もちする
相性のいい花材：
バラの実（P239）
シロタエギク（P256）

ドライフラワー

ガラスの小さな花器をいくつか並べ、シクラメンの花と葉をバランスを見ながら入れる

Data

植物分類：サクラソウ科シクラメン属
原産地：地中海地方
和名：篝火草（カガリビバナ）
開花期：11～4月
流通サイズ：20cm 程度
花の大きさ：中・大輪
価格帯：ミックスで300～500円

花言葉

絆、はにかみ、内気、遠慮がち、疑いを持つ、嫉妬

出回り時期

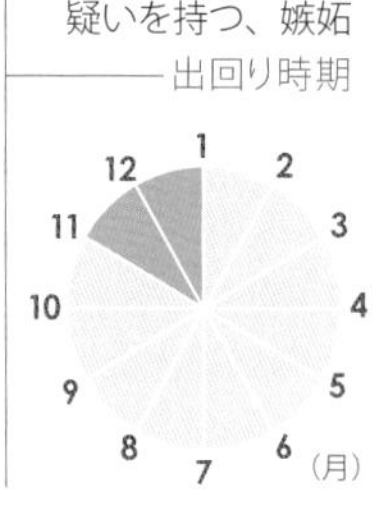

ジニア

Common zinnia

ヒャクニチソウ

色も咲き方もさまざま
花もちのよさから
「百日草」の名も

夏の炎天下に長く咲き続けていることから「百日草」とも呼ばれるジニア。

昔から盆花や供花(きょうか)としても親しまれてきましたが、近年は品種や花色も増えています。花弁の先端が尖ったものからポンポン咲き、八重咲きなどタイプもさまざま。淡いくすみ色や複色咲きなどは、おしゃれな切り花として人気を集めています。

茎が空洞で折れやすく、水が上がりにくい

余分な葉は取り除き、浅水で生ける

ペルシャンカーペット

キャンディポップ

Data

植物分類：
キク科
ジニア(ヒャクニチソウ)属
原産地：
メキシコ、
南アメリカ、
北アメリカ
和名：百日草
(ヒャクニチソウ)
開花期：7〜10月
流通サイズ：
50〜70cm程度
花の大きさ：中輪
価格帯：
100〜300円

花言葉

絆、遠い友を思う、変わらぬ心

出回り時期

1 2 3 4 5 6 7 8 9 10 11 12 (月)

Arrange memo

日もち：5〜10日
水揚げ：水切り
注意点：水揚げがやや悪いので水切りして深水をしてから生ける
相性のいい花材：
アンスリウム (P32)
エキナセア (P37)

ドライフラワー

シャクヤク

Chinese peony, Common garden peony

つぼみから大輪へと
ダイナミックに
変化する姿にも注目

昔から、「立てば芍薬（しゃくやく）、座れば牡丹（ぼたん）」といわれ、女性の美しさを形容する花として知られています。

一重咲きや八重咲き、ピンクのほかにも赤や白、めずらしい黄色系など種類も豊富。写真はバラ咲きの「滝の粧（たきのしょう）」で流通量が多く、人気が高い品種のひとつです。

存在感があるので一輪挿しにしても様になるし、和洋どちらの雰囲気のアレンジにも合います。つぼみの状態で飾って、大輪へと変化していく姿を楽しみましょう。

つぼみから咲きかけ、満開と、表情がドラマチックに変化する

花びらが何重にも重なって咲く

葉が多すぎる場合は整理してから生けると長もちする

滝の粧

Arrange memo

日もち：4～5日
水揚げ：水切り、燃焼
注意点：固いつぼみについた糊状の蜜を水洗いすると咲きやすくなる
相性のいい花材：
オーニソガラム (P41)
オクラレルカ (P251)

アレンジ実例

横長のガラスの花器に生けた大きなシャクヤクは、花の周囲に葉をまとめて束ねている

Data

植物分類：ボタン科ボタン属
原産地：中国、モンゴル、朝鮮半島北部
和名：芍薬（シャクヤク）
開花期：5～6月
流通サイズ：40cm～1m程度
花の大きさ：大輪
価格帯：200～600円

花言葉
はにかみ、内気、生まれながらの質素

出回り時期

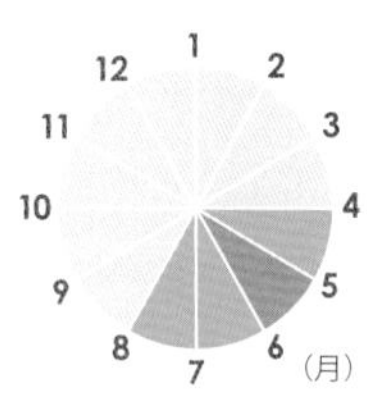

ジャスミン

Stephanotis floribunda

マダガスカルジャスミン、ステファノティス

Data

植物分類：トウワタ科 ステファノティス属
原産地：アフリカ（マダガスカル島）
開花期：6〜9月
流通サイズ：（花）4〜6cm程度
花の大きさ：小輪
価格帯：約5,000円（花25輪パック）

花言葉

清純、清らかな祈り

出回り時期

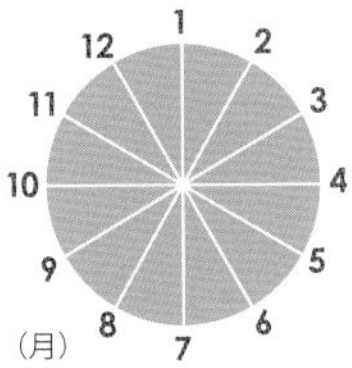

花びらがふっくらした花とグリーンは別々に流通ブライダルでの需要が多い

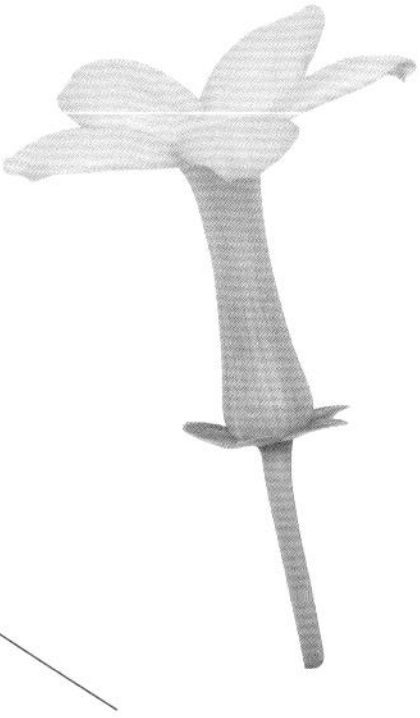

ふっくらと肉厚な花びら。変色していない純白のものを選ぶ

カットした花だけをパック詰めにして出回っている

数多くの種類があるジャスミンですが、ブライダルでブーケなどに多く使われる白い花は「マダガスカルジャスミン」という種類。学名から「ステファノティス」とも呼ばれています。

ふっくらと肉厚な花びらをもつ純白の花だけをパックにして販売されていることがほとんど。葉のついたつるは、グリーン花材として別に出回ります。

葉がついたつるは、グリーン花材として花とは別に出回る

Arrange memo

日もち：1〜3日（花）
水揚げ：水切り（葉）
注意点：花がしおれないうちに素早くブーケなどに加工する
相性のいい花材：

カスミソウ（P50）
レースフラワー（P196）

シュウメイギク

Japanese anemone

キクという名がついていますが、アネモネの仲間です。中国から渡来し、野生化したものが京都の貴船山(きふねやま)周辺に多く見られることから、「貴船菊」の和名もあります。

楚々とした佇まいの一重咲きは、秋の茶花（茶室に生ける花）や鉢物としても好まれます。ひょろひょろと伸びる茎のラインや先端の愛らしいつぼみがアレンジにリズムを出します。

優しいイメージを生かしましょう。

ひょろひょろとした細い茎が目を引く花茶花としても人気

細い茎の先につく玉のようなつぼみが愛らしい

花は散りやすいので扱いに注意して

Data

植物分類：キンポウゲ科アネモネ属
原産地：中国
和名：秋明菊（シュウメイギク）、貴船菊（キフネギク）
開花期：9～10月
流通サイズ：60cm～1.2m程度
花の大きさ：中輪
価格帯：150～300円

花言葉

薄れゆく愛、忍耐

出回り時期

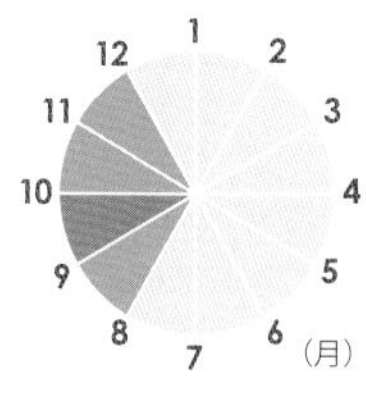

Arrange memo

日もち：5日～1週間
水揚げ：湯揚げ、燃焼
注意点：風にあたると水が下がりやすいので、置き場所に注意する
相性のいい花材：
フジバカマ (P155)
リンドウ (P192)

シュッコンスイートピー
サマースイートピー

Sweet pea

多年草で夏咲きのシュッコンスイートピーは、別名「サマースイートピー」とも呼ばれます。文字通り甘い香りがするのも特長です。
花びらは、マメ科特有のチョウの形をしており、ちょっと洋蘭のような華やかさも。茎は長く、葉や巻きひげがついた野趣あふれる姿も特長です。「門出」という花言葉と白い花色から、ウエディングブーケにもよく使われます。

スタンダードなスイートピーより野性味にあふれ元気な印象が魅力

巻きひげがついているものも多い

ひらひらとした丸みのある花びらはチョウのよう

長くて丈夫な茎はブーケにもぴったり

Data
植物分類：マメ科ラティルス属
原産地：地中海沿岸
和名：宿根スイートピー（シュッコンスイートピー）、広葉連理草（ヒロハレンリソウ）
開花期：6月
流通サイズ：30～50cm程度
花の大きさ：中輪
価格帯：150～300円
花言葉
門出、ほのかな喜び、優美、優しい思い出、青春の喜び、微妙
出回り時期

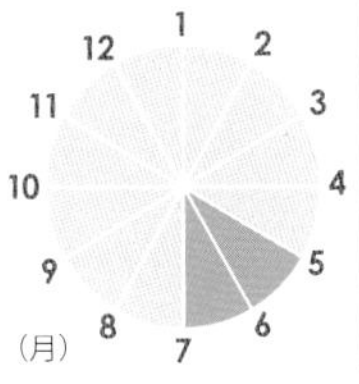

Arrange memo

日もち：3日～1週間
水揚げ：水切り
注意点：ひげの先端が切れないようていねいに扱う
相性のいい花材：
センニチコウ（P108）
マーガレット（P170）

押し花

アレンジ実例

切り分けたシュッコンスイートピーにマーガレットを合わせて、横に広がるアレンジに

ショウブ

Japanese iris

ハナショウブ

大輪で存在感があり主役になる花姿を生かしてシンプルに

端午（たんご）の節句に欠かせない花。存在感のある花の形が武士の兜（かぶと）を思わせ、「ショウブ」の音が「勝負」や「尚武」に通じることから、男子の成長や健康、幸運を願う花になりました。

一般に切り花として流通するのは、園芸種の「ハナショウブ」。つぼみの状態で出荷され、まれに咲かないことも。サヤの中には二番花のつぼみもあり、一番花の花殻を摘み取ると出てきます。

5月5日頃には「風呂ショウブ」と呼ばれる菖蒲湯に使う葉も流通します。ハナショウブはアヤメ科、風呂ショウブはサトイモ科で異なる植物です。

花はアヤメ科の植物の中でもっとも大きい。花びらの基部が黄色くなるのが特徴

つぼみは1本に2つあり、二番花のつぼみはサヤの中に隠れている

風呂ショウブ

「風呂ショウブ」と呼ばれる「葉ショウブ」は、ハナショウブの葉ではなく別の植物

Data
植物分類：アヤメ科 アヤメ属
原産地：日本、朝鮮半島～東シベリア
和名：花菖蒲（ハナショウブ）
開花期：6～7月
流通サイズ：50～80cm程度
花の大きさ：大輪
価格帯：200～500円

花言葉
優しい心、嬉しい知らせ、心意気

出回り時期

12 1 2 3 4 5 6 7 8 9 10 11 (月)

Arrange memo

日もち：5日～1週間
水揚げ：水切り
注意点：気温が低めの風通しのよい場所に飾る
相性のいい花材：
アイリス (P13)
スプレーマム (P105)

シレネ

Garden catchfly

コマチソウ、ムシトリナデシコ

シレネには数多くの種類があり、67ページの「グリーンベル」もシレネの仲間です。しかし、花屋さんで「シレネ」という名前で売られているのは、ほとんどが写真の花。日本でも「コマチソウ」や、虫がとまると茎の粘液で動けなくなるため「ムシトリナデシコ」という名で古くから親しまれてきました。風に揺れる草花風の雰囲気がもち味。ナチュラルなアレンジやブーケなどに似合います。

Data

植物分類：
ナデシコ科シレネ属
原産地：
ヨーロッパ中南部
和名：
小町草
（コマチソウ）、
虫捕撫子
（ムシトリナデシコ）
開花期：5～7月
流通サイズ：
30～40cm程度
花の大きさ：小輪
価格帯：
150～200円

花言葉

青春の愛、未練、しつこさ、裏切り、罠、あざむかれた人

出回り時期

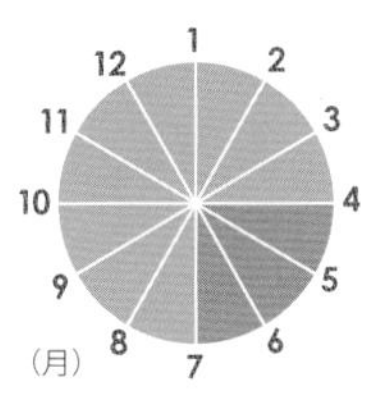

花屋さんで「シレネ」といえばこの花
野草風のアレンジが似合う

茎の先端に小さな花が集まって咲く

花の下や節下の茎から粘液が出る

桜小町

Arrange memo

日もち：5日～1週間
水揚げ：水切り
注意点：花の下や茎から粘液が出てベタベタするので扱いに注意
相性のいい花材：
イベリス（P35）
クレマチス（P71）

ジンジャー

Ginger

薬味でおなじみのショウガの仲間。葉はつややかで細長く、大きくひらひらとした華やかな花にはショウガ特有の強い香りがあります。乾燥や風に弱く、葉が丸まってしまうので、そうなった場合は、水切りをして再生させましょう。

南国的な花なので、その特長を生かしたアレンジに。トロピカルな花やグリーンと組み合わせるとおしゃれな雰囲気になります。

いかにも南国を思わせるトロピカルな姿が魅力
花にはショウガを思わせる芳香が

1本の花茎（かけい）に4〜10輪の穂状の花がつく

先がとがった形の葉が2列に交互につく

レッドジンジャー

アレンジ実例

Arrange memo

日もち：5日〜1週間
水揚げ：水切り
注意点：長くて水揚げが難しい場合は、茎を半分程度に切って水揚げを行う
相性のいい花材：
グロリオサ（P72）
ヘリコニア（P165）

精油

立てかけて使う試験管付きの花器2つに、ジンジャーの花と葉をそれぞれ入れ、細いひもをあしらう

Data

植物分類：ショウガ科ヘディキウム属
原産地：中央アジア、東南アジア
和名：縮砂（シュクシャ）
開花期：6〜11月
流通サイズ：60cm〜1m程度
花の大きさ：大輪
価格帯：300〜400円程度

花言葉

信頼、無駄なこと、豊かな心

出回り時期

1 2 3 4 5 6 7 8 9 10 11 12（月）

シンビジウム
Cymbidium

花にはロウ細工のようなツヤがあり
色のバリエーションも豊富
花をはずして水に浮かべても

鉢花のランとして根強い人気があるシンビジウムですが、近年は切り花も人気。この花特有のくすんだ淡い色に加え、赤や茶色などのシックな濃い色や白なども増えて多彩に。花もちがいいので、冠婚葬祭シーンにもぴったりです。茎が垂れ下がるタイプなどは、ウエディングブーケなどにもおすすめです。花を切り離して、水に浮かべるアレンジなども素敵です。

花びらがロウ細工のような質感

室温が上がらない場所に置くと長もちする

ロウ細工のような花びらと濃い色のリップが特徴

Data

植物分類：
ラン科
シンビジウム属
原産地：
日本、中国、
東南アジア、
南アジア、
オーストラリア
和名：
霓裳蘭
（ゲイショウラン）
開花期：11～3月
流通サイズ：
40～80cm 程度
花の大きさ：大輪
価格帯：
1,000～3,000円
花言葉
高貴な美人、
飾らない心、素朴
出回り時期

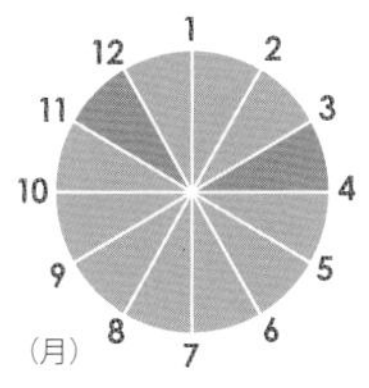

Arrange memo

日もち：1か月程度
水揚げ：水切り
注意点：室温が上がらない場所に置くと長もちする
相性のいい花材：
シキミア（P81）
タニワタリ（P258）

スイートピー

Sweet pea

豊富な花色と風に舞うような個性的な花姿が人気

花色が豊富で透明感があり、フリルのような個性的な花姿をしていることから、春らしい花束やアレンジなどによく使われます。

春咲き、夏咲き、冬咲きの3系統がありますが、もっとも多く出回るのは春咲きです。

「スイート・ピー」＝「甘い豆」という名は、甘い香りとマメ科独特の花の形から。品種改良が進んで花もちがよくなり、花落ちしにくくなりました。

花と花の間で茎を切り分けて使っても

日が経つと花びらが退色して薄くなってくる

スイートピー１種だけをたくさん生けるのも美しい。パステルカラーを混ぜてもきれい

アレンジ実例

Arrange memo

日もち：５日～１週間
水揚げ：水切り、湯揚げ
注意点：咲き終わった花から摘み取っていくと長もちする
相性のいい花材：
チューリップ（P113）
ラナンキュラス（P188）

Data

植物分類：マメ科ラティルス属
原産地：地中海沿岸
和名：麝香連理草（ジャコウレンリソウ）、花豌豆（ハナエンドウ）
開花期：３～５月
流通サイズ：30cm 程度
花の大きさ：中輪
価格帯：100 ～ 300 円

花言葉

門出、優しい思い出、青春の喜び、微妙、私を覚えていて、繊細、優美、デリケートな喜び

出回り時期

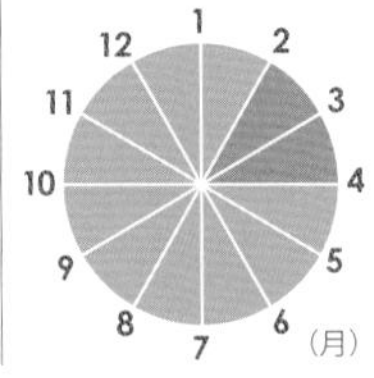

スイセン

Narcissus,Daffodil

凛とした佇まいと
甘い香りにうっとり
洋風に使っても素敵

学名の「ナルシサス」は、ギリシャ神話に登場する美少年の名前。"ナルシスト"の語源としても有名です。花びらを広げて凛とした姿で咲くスイセンは、ヨーロッパで品種改良が進み、現在は約2万種もあります。「雪中花」の別名を持つ、日本原産の「ニホンズイセン」は、冬に咲く貴重な花で、お正月の生け花として、よく使われています。和風のイメージが強い花ですが、数多くをまとめて茎をラフィアで束ねるなど、洋風に飾っても素敵です。

中央がラッパ型に咲くタイプがポピュラー

切り口から粘液が出るので、よく洗ってから生けて

フォーチュン

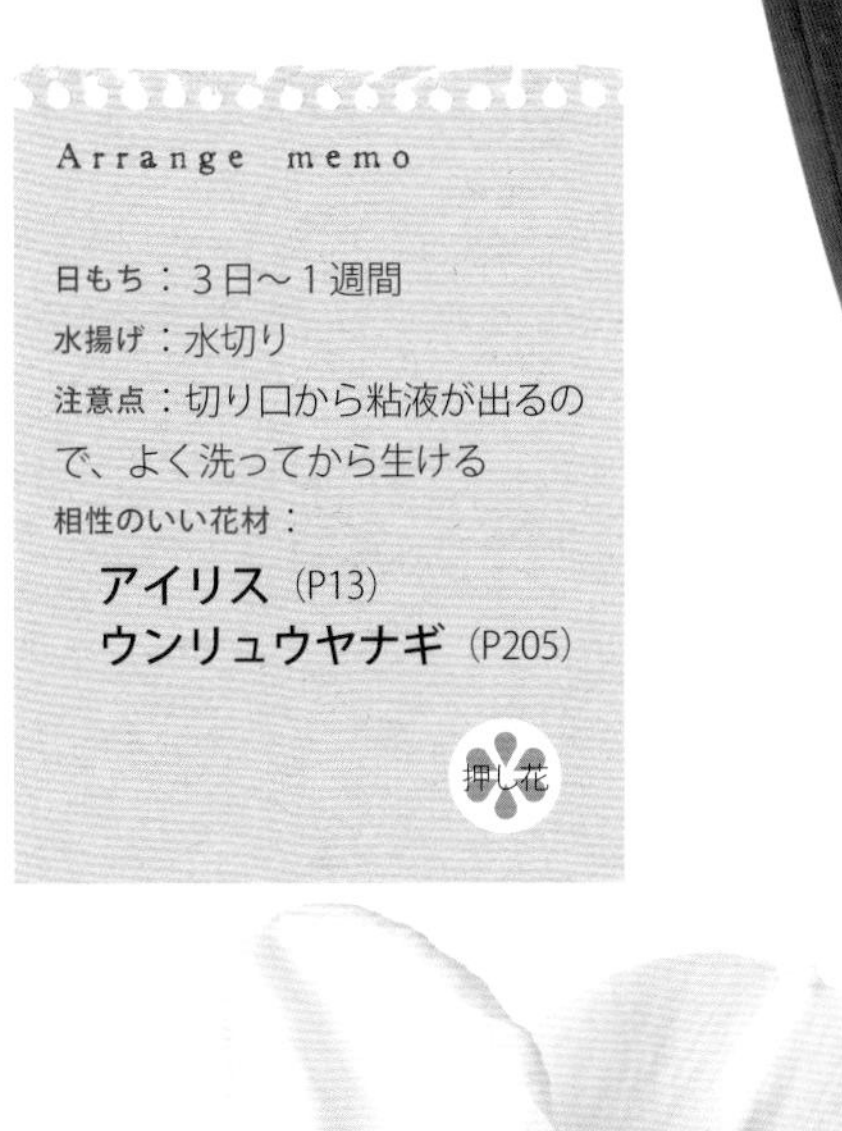

Arrange memo

日もち：3日～1週間
水揚げ：水切り
注意点：切り口から粘液が出るので、よく洗ってから生ける
相性のいい花材：
アイリス（P13）
ウンリュウヤナギ（P205）

押し花

Data

植物分類：
ヒガンバナ科
スイセン属
原産地：
ヨーロッパ、
地中海沿岸
和名：
水仙（スイセン）
開花期：11～4月
流通サイズ：
20～40cm 程度
花の大きさ：中輪
価格帯：
100～200円

花言葉

自己愛、自尊心、
うぬぼれ、気高さ、
愛をもう一度

出回り時期

12 1 2 3 4 5 6 7 8 9 10 11 （月）

スカビオサ

Sweet Scabious,Mourning-bride,Egyptian rose

細くてやわらかい茎のラインと、小さな花が集まって咲く存在感のあるエレガントな花が特長です。

花色は淡いパステルカラーを中心に豊富。花後に残るガクも魅力的で、「スカビオサ・ファンタジー」と呼ばれ、花材として用いられるほどです。

約80種類あるスカビオサ属の中でも、最近はビロードのような光沢があってシックな花色のものなど、個性的なタイプの人気が高まっています。

美しいラインの茎に存在感のある花が魅力的

花が重く向きを変えやすいので、ほかの花材などで固定して

水が下がったら新聞紙で包み湯揚げを

チリブラック

スカビオサ・ファンタジー

シックな花色のミックス

Arrange memo

日もち：3～5日

水揚げ：水切り、湯揚げ

注意点：湿気や蒸れに弱いので、葉を整理してから生ける

相性のいい花材：

トルコギキョウ（P124）

バラ（P137）

アレンジ実例

シックな花色のスカビオサミックスと赤い実を束ね、ハラン(P262)でくるくる巻いて、ガラスの花器に

Data

植物分類：マツムシソウ科スカビオサ属

原産地：西ヨーロッパ、西アジア

和名：西洋松虫草（セイヨウマツムシソウ）

開花期：6～11月

流通サイズ：1m 程度

花の大きさ：小輪

価格帯：100～250円

花言葉

風情、愛を失った、敏感、無からの出発

出回り時期

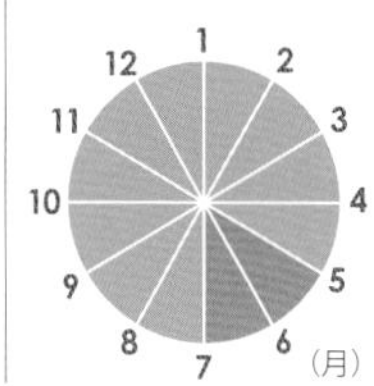

ススキ

Eulalia

十五夜の月見に大活躍
自然な姿を生かして
秋らしさを演出

アレンジに加えるだけで、ぐっと秋らしい雰囲気になるススキ。十五夜の月見にも欠かせない花材です。秋の野に咲く草花と組み合わせて飾りましょう。

日本の野山に自生していますが、園芸品種も豊富。写真の「タカノハススキ」はその葉の美しさが人気です。葉に白っぽい斑(ふ)が入っている姿が鷹の羽に似ていることから、この名前がつきました。

花穂は枯れると綿毛のようになる

硬い葉で手を切らないよう注意して

タカノハススキ

Data
植物分類：
イネ科ススキ属
原産地：
日本、中国、朝鮮半島
和名：
薄、芒（ススキ）、尾花（オバナ）
開花期：8～11月
流通サイズ：
1～1.2m程度
花の大きさ：
小輪（穂全体は大）
価格帯：
150～250円
花言葉
活力、精力、心が通じる、隠退
出回り時期

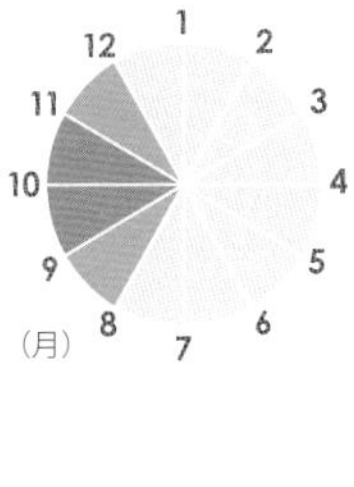

1 2 3 4 5 6 7 8 9 10 11 12 (月)

Arrange memo

日もち：5日～1週間
水揚げ：水切り、深水
注意点：葉は乾燥しやすいので、生ける前に深水に浸けておく
相性のいい花材：
キキョウ（P55）
リンドウ（P192）

ドライフラワー

アレンジ実例

たっぷりのススキと白いリンドウをブリキの大きな花器に投げ入れた秋らしいアレンジ

スズラン

Lily-of-valley

フランスでは「ミュゲ」と呼ばれ、「ミュゲの日」の5月1日にプレゼントすると、贈られた人に幸運が訪れるといわれています。

日本でも北海道に自生していますが、切り花として流通しているのはヨーロッパ原産の「ドイツスズラン」の改良種。香りがよく、涼しい場所に飾ると花が長もちします。

白い花と美しい緑色の葉のコントラストを生かし、1種だけを生けたり、小さなブーケを作っても素敵です。

可憐で清楚なイメージに似合わず、花、茎、葉には毒があります。アレンジ後は手をよく洗うようにしましょう。

小さなベル型の花が可憐
1種だけを束ねて
清楚なブーケなどに

Data

植物分類：ユリ科 スズラン属
原産地：日本、ヨーロッパ、北アメリカ
和名：鈴蘭（スズラン）、君影草（キミカゲソウ）
開花期：4～5月
流通サイズ：20～30cm 程度
花の大きさ：小輪
価格帯：150～300円

花言葉

純粋、純潔、再び幸せが訪れる

出回り時期

Arrange memo

日もち：3～5日
水揚げ：水切り
注意点：花や葉には毒があるので生けたあとは手を洗う
相性のいい花材：

カスミソウ (P50)
ワスレナグサ (P197)

押し花

スターチス

Statice,Sea lavender

リモニウム

花びらに見えるのは苞（ほう）ブラシのような姿が愛らしい

花のように見える部分は、実は苞です。さわると茎も含めてカサカサした感触で、生花のうちからまるでドライフラワーのよう。苞がブラシのように並ぶ昔ながらのタイプのほか、小花をつけた細い茎が細かく枝分かれするするタイプもあります。赤やピンク、紫色など鮮やかな花が多いですが、最近は茶色がかったシックな色も人気です。

水揚げがよく、花もちもいいので、花が少ない夏季には重宝。家庭でも簡単にドライフラワーになります。独特の匂いがあるので、使いすぎには注意しましょう。

花には独特の匂いがある

さわるとカサカサした感触

Data

植物分類：
イソマツ科
リモニウム属
原産地：
ヨーロッパ、
地中海沿岸
和名：
花浜匙
（ハナハマサジ）
開花期：６～７月
流通サイズ：
30～80cm 程度
花の大きさ：小輪
価格帯：
100～300円

花言葉

私は永遠に
変わらわない、
変わらぬ愛、
永久不変

出回り時期

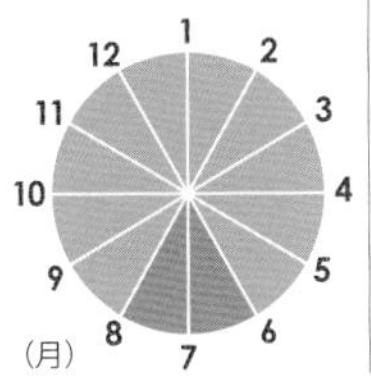

Arrange memo

日もち：２週間程度
水揚げ：水切り
注意点：独特の匂いがあるので使いすぎに注意
相性のいい花材：
トルコギキョウ（P124）
ユリ（P181）

ドライフラワー

品種カタログに続く

スターチス品種カタログ

キノブラン

細かく枝分かれするタイプ。小さな花が全体に散っていて、枝分けして使いやすい

サマーローズ

細い茎が枝分かれしている人気のタイプ。ピンクの小花が甘やかなアレンジに向く

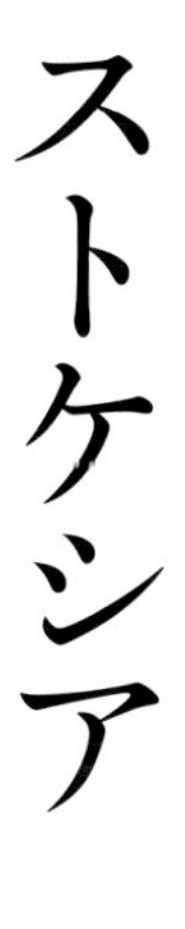

ストケシア

Stokesia

涼しげな色合いが人気で切り花としての出荷量も増加中

紫色やブルーの涼しげな花の色は、初夏にぴったり。ブーケやアレンジのアクセントになります。

日本には大正時代に渡来し、花色から「瑠璃菊」や「江戸紫」と呼ばれてきました。強くて育てやすく、鉢植えや庭植えとして愛されていますが、近年は切り花の出荷量も増加。ピンクや白の花も見かけるようになりました。

花が終わったら、花殻をすぐに摘み取ると、つぼみもよく咲きます。

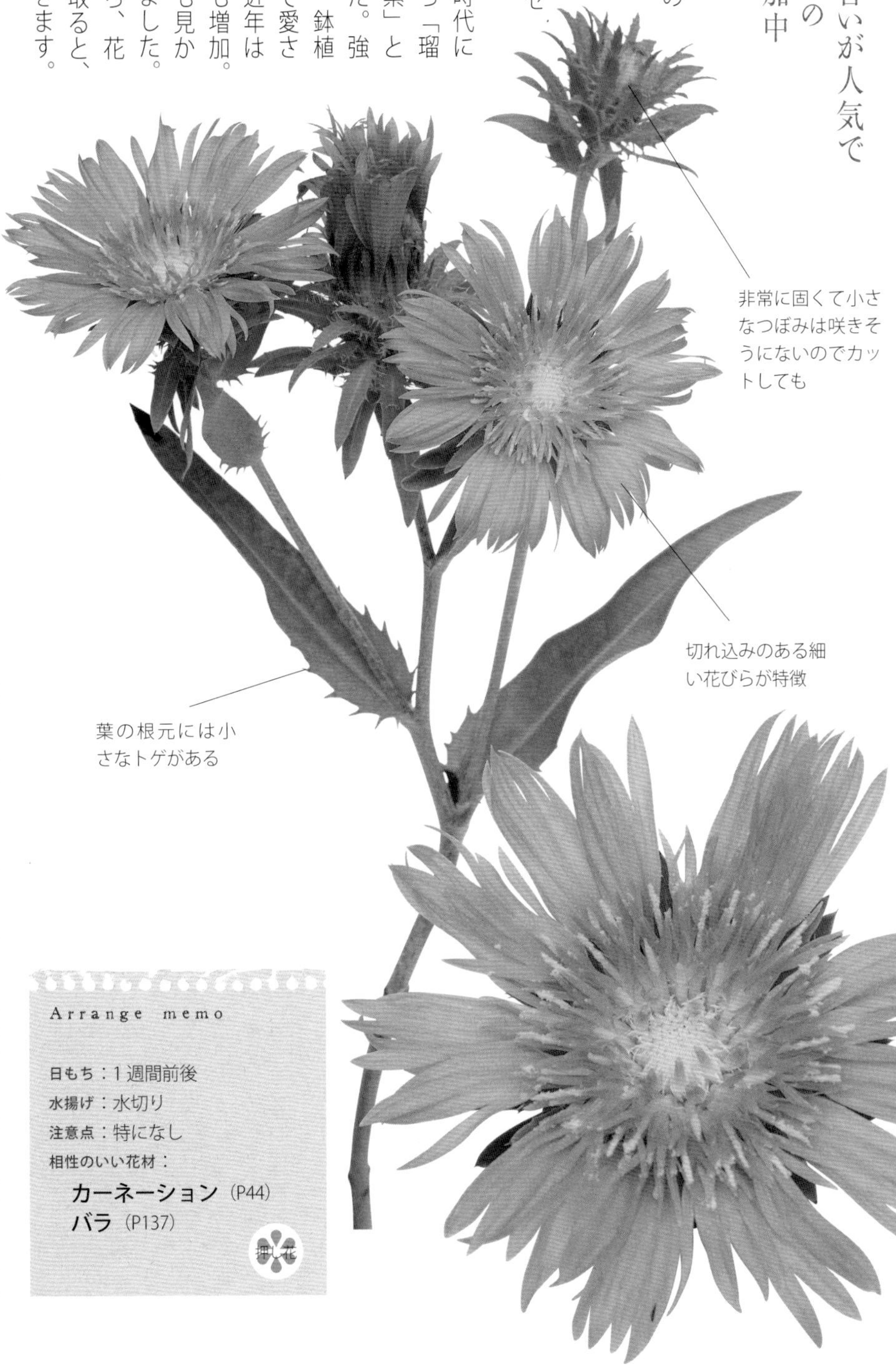

非常に固くて小さなつぼみは咲きそうにないのでカットしても
切れ込みのある細い花びらが特徴
葉の根元には小さなトゲがある

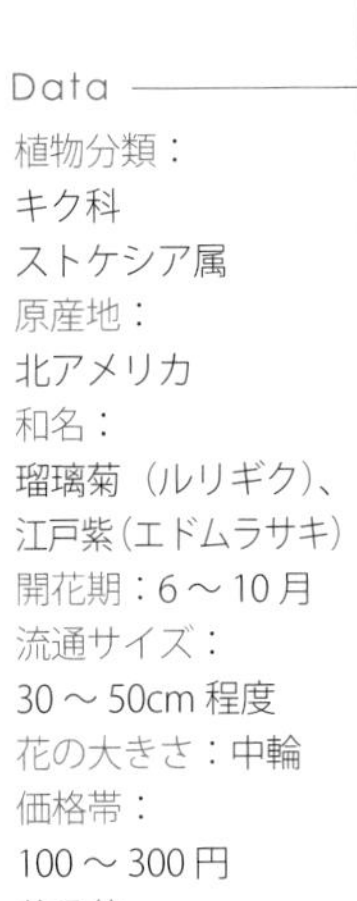

Data

植物分類：
キク科
ストケシア属
原産地：
北アメリカ
和名：
瑠璃菊（ルリギク）、
江戸紫（エドムラサキ）
開花期：6～10月
流通サイズ：
30～50cm程度
花の大きさ：中輪
価格帯：
100～300円

花言葉

追想、清楚

出回り時期

1
2
3
4
5
6
7
8
9
10
11
12
(月)

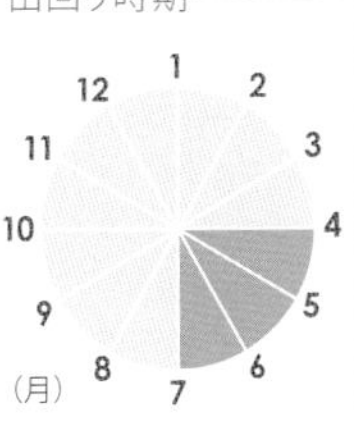

Arrange memo

日もち：1週間前後
水揚げ：水切り
注意点：特になし
相性のいい花材：
カーネーション（P44）
バラ（P137）

押し花

ストック

Brampton stock,Common stock

「ストック」は英語名で、「しっかりとした茎」という意味ですが、意外にも折れやすいので扱いに注意。白やパステルトーンの花が集まって咲き、春の到来を感じさせます。甘い香りも特長です。

大きな花束に向く八重咲きのタイプのほか、アレンジしやすいスプレータイプや一重咲きなどもあります。

歴史は長く、ギリシャ時代には薬草として栽培されていました。

太い茎に優しい色合いの花が密集して咲く

花と花の間隔が開いていないものを選んで

茎や花首は太くても折れやすいので扱いに注意

ホワイトカルテット（スプレー咲き）

Arrange memo

日もち：5日～1週間
水揚げ：水切り、湯揚げ
注意点：茎が折れやすいのでていねいに扱う
相性のいい花材：

カーネーション （P44）
チューリップ （P113）

Data

植物分類：アブラナ科マッティオラ属
原産地：南ヨーロッパ
和名：紫羅蘭花（アラセイトウ）
開花期：2～4月
流通サイズ：30～80cm程度
花の大きさ：中輪
価格帯：200～400円

花言葉

永遠の美しさ、求愛、永遠に続く愛の絆、豊かな愛、愛の結合

出回り時期

1 2 3 4 5 6 7 8 9 10 11 12（月）

ストック品種カタログ

ローズアイアン

マリンアイアン

アプリコットアイアン

パープルアイアン

チェリーアイアン

ホワイトアイアン

ピンクアイアン（一重）

一重咲きは花びらが４枚。八重咲きの花よりも全体に華奢でアレンジしやすい

アレンジ実例

ストックとカーネーション、アスター(P20)を中心に集めて生け、大きなクッカバラ(P252)の葉で広がりを出した

ストレリチア

Bird-of-paradise, Crane flower

鳥のような花姿とエキゾチックな雰囲気お正月の花としても人気

南国生まれの花にふさわしく、個性的なフォルムをしています。

花びらの外側はオレンジ色、内側は青紫色と、夕闇がせまる夕焼け空のようなエキゾチックな色合いも魅力的。

また、花の形が翼を広げた鳥の姿に似ていることから、和名は「極楽鳥花（ゴクラクチョウカ）」といい、その華やかな姿と縁起のいい名前から、お正月の花としても人気です。

同じような南国生まれの花やグリーンと合わせてアレンジすると素敵です。

花びらの外側はオレンジ色

花びらの内側は青紫色

太い茎は丈夫で折れにくい

Arrange memo

日もち：10～12日
水揚げ：水切り
注意点：寒さに弱いので暖かい室内に飾る
相性のいい花材：
グロリオサ（P72）
ヘリコニア（P165）

Data

植物分類：バショウ科ストレリチア属
原産地：南アフリカ
和名：極楽鳥花（ゴクラクチョウカ）
開花期：通年
流通サイズ：80cm～1.5m程度
花の大きさ：大輪
価格帯：300～600円

花言葉

寛容、気取った恋、おしゃれな恋

出回り時期

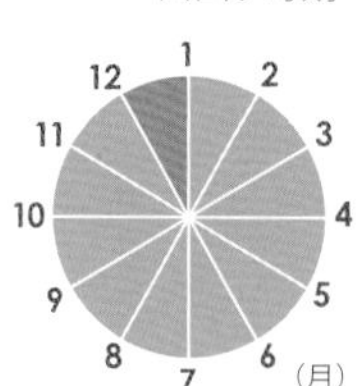

ストロベリーキャンドル

Crimson clover

「ストロベリーキャンドル」という名前は、赤い花穂がイチゴの果実やローソクの炎を連想させるところからつきました。シロツメグサの花を縦に長くしたような白い花穂もあります。野の花のような素朴な姿を生かして、ナチュラルにアレンジしましょう。

茎が光に向かってカーブして伸びます。そのラインの先で揺れる花穂がアレンジに動きを出します。茎は、新聞紙などにくるんで湯揚げすることでまっすぐにもできます。

イチゴの実やローソクの炎を思わせる赤い花穂がアレンジに動きを出す

小さな花が集まって5～8cmの花穂に。下から順に咲いていく

葉は水が下がりやすいので元気がない場合は整理して

赤い花穂がイチゴの実やローソクの炎を思わせる

Data

植物分類：
マメ科
トリフォリウム属
原産地：
ヨーロッパ
和名：
紅花詰草
(ベニバナツメクサ)
開花期：5～7月
流通サイズ：
40～60cm程度
花の大きさ：小輪
価格帯：
150～300円
花言葉
私を思い出して、
人知れぬ恋、
胸に灯がともる、
素朴なかわいらしさ
出回り時期

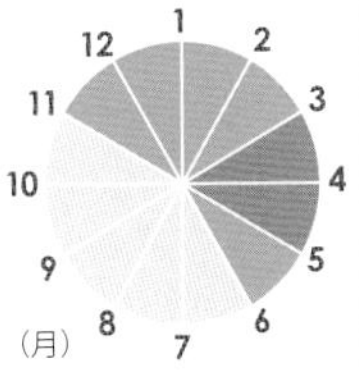

アレンジ実例

ストロベリーキャンドルの花を生かすため、合わせたのはグリーン花材のヘリクリサム(P265)

Arrange memo

日もち：5日～1週間
水揚げ：水切り
注意点：葉は水が下がりやすいので生ける前に整理する
相性のいい花材：
ブルースター (P160)
マーガレット (P170)

スノーボール

Arrowwood

ビバーナム

黄緑色から白へと花色が徐々に変化
初夏らしいさわやかなアレンジに

正式には「ビバーナム・スノーボール」といいますが、花屋さんでは単に「スノーボール」と呼ばれることが多い花。小花がたくさん集まって、アジサイを小さくしたような球状の花をつけます。

咲き始めは黄緑色をしていますが、時間が経つにつれて、だんだん白く変化していきます。スノーボールという名前も、花が咲ききった姿が雪の玉のようにみえることからついたのでしょう。

さわやかな色合いは、組み合わせる花を選ばず、アレンジを明るく仕上げてくれます。

花色は黄緑色から白へと変化。枝先にまとまって咲く

水が下がりやすいので根元には割りを入れて

Data
植物分類：スイカズラ科カマズミ属
原産地：東アジア、ヨーロッパ
和名：西洋手毬肝木（セイヨウテマリカンボク）
開花期：4～5月
流通サイズ：60cm～1m程度
花の大きさ：小輪
価格帯：500～1,500円

花言葉
茶目っ気、大きな期待、私だけを見て

出回り時期

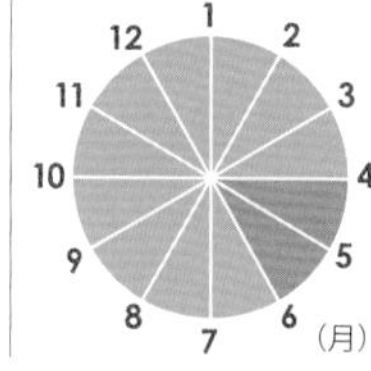

アレンジ実例

ガラスの花器にスノーボール１種類だけを大きく生け、手前の花器にはブルースター（P160）を

Arrange memo

日もち：５日～１週間
水揚げ：水切り、根元割り
注意点：根元に割りを入れると水揚げがよくなる
相性のいい花材：
白やグリーンの花
カラー（P52）

スプレーマム

Florist's chrysanthemum

数多くの品種があり、日本では供花のイメージが強かった菊ですが、ヨーロッパやアメリカで品種改良が進み、最近では、明るいピンクやさわやかな緑色など、パステルカラーでスプレー咲きの西洋菊が人気です。

花型は、一重咲き、八重咲き、ストロー咲き、カーネーション咲き、ポンポン咲きなどさまざま。花が多すぎる場合は、少し間引いてから、アレンジしましょう。

供花(きょうか)のイメージが一新 明るいパステルカラーの花がどんどん登場

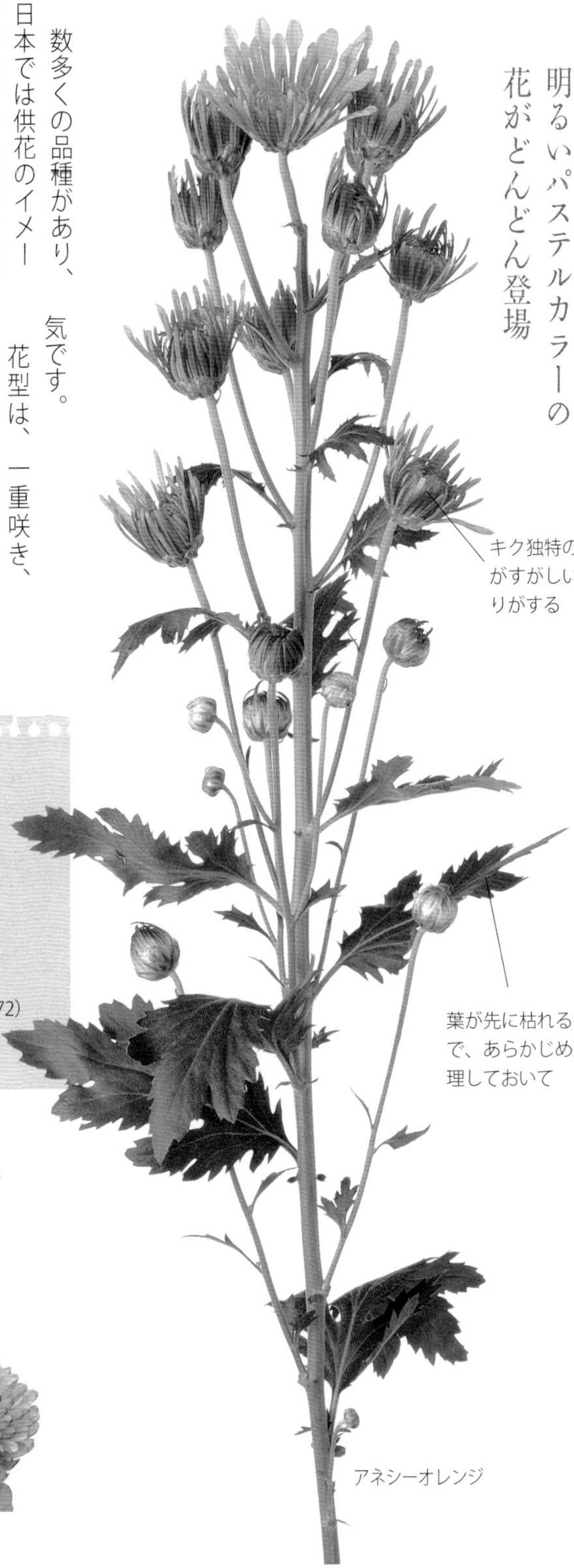

キク独特のすがすがしい香りがする
葉が先に枯れるので、あらかじめ整理しておいて
アネシーオレンジ

Arrange memo

日もち：10日～2週間
水揚げ：水折り
注意点：刃ものを嫌うので、水揚げは水の中で茎を折るだけでOK
相性のいい花材：
マリーゴールド（P172）
ユリ（P181）

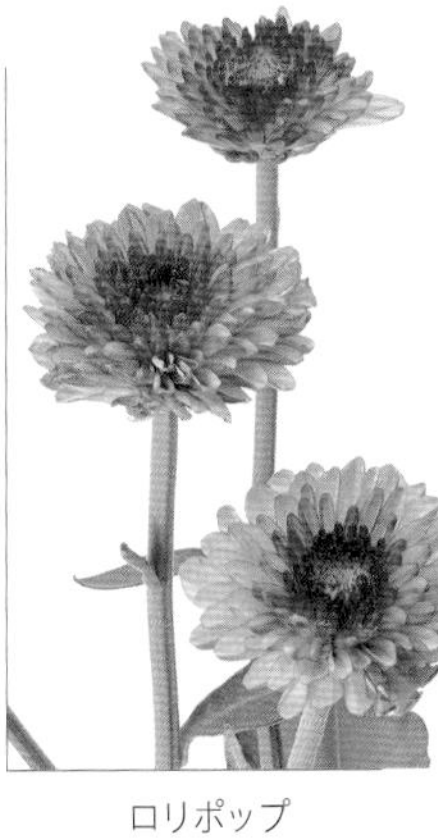

ロリポップ

Data

植物分類：
キク科キク属
原産地：
ヨーロッパ、アメリカ、中国
和名：
スプレー菊（スプレーギク）
開花期：9～11月
流通サイズ：
30cm～1m程度
花の大きさ：中輪
価格帯：
100～300円

花言葉

真実、高貴、高潔、女性の愛情

出回り時期

1
2
3
4
5
6
7
8
9
10
11
12
(月)

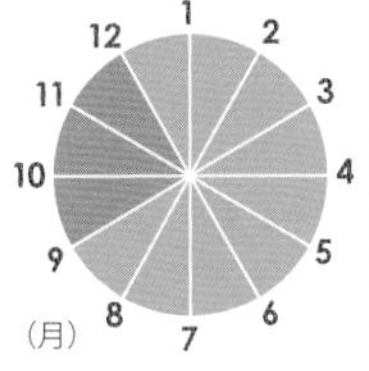

スモークツリー ケムリノキ

Smoke tree

Data

植物分類：ウルシ科ハグマノキ属

原産地：南ヨーロッパ〜ヒマラヤ〜中国

和名：白熊の木（ハグマノキ）煙の木（ケムリノキ）

開花期：6〜7月

流通サイズ：80cm〜1m程度

花の大きさ：小輪

価格帯：300〜1,500円

花言葉

煙に巻く、賢明、にぎやかな家庭、後悔

出回り時期

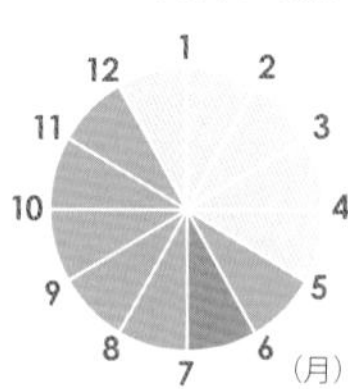

ふわふわと煙が出ているかのようなユニークな姿からこの名がつきました。雄株（おかぶ）と雌株（めかぶ）があり、煙状になるのは雌株だけ。初夏、雌株に目立たない花が咲いたあと、花柄が伸びて実をつける際、結実しなかったものから綿毛のような花糸（かし）が出てきます。この花糸が煙の正体です。

切り花として出回っているものは、出荷されてからの時間によってふわふわ具合が変わります。水分が抜けて、ドライフラワーのような質感で出回ることも。

アレンジに加えると1本でもボリュームが出て、ナチュラルな雰囲気になります。

綿毛のような花糸はふわふわしてナチュラルな雰囲気

ふわふわした花穂が煙を連想させるボリュームアップに最適

花柄の先端についている黒くて小さなものは実

葉は卵型でやわらかい

Arrange memo

日もち：1週間前後

水揚げ：水切り、根元割り

注意点：葉はしおれやすいので整理してから生ける。水揚げが悪い場合は根元割りをする

相性のいい花材：

アジサイ (P17)

カラー (P52)

ドライフラワー

セルリア

Blushing-bride

ブラッシングブライド

白く透明感のある花びらが幾重にも重なって見えるのは、実は苞（ほう）です。花の外側は、さわるとしっかりとした硬さがありますが、中はふわふわとしたさわり心地です。

時間が経つにつれて、クリーム色の苞の中央が、ピンクに染まってきて、その変化も楽しみのひとつです。英名をブラッシングブライド（頬を染めた花嫁）というのも納得。もちろん、ブライダルフラワーとしても人気があります。

花が咲くにつれて、中央がピンクに染まってくる

透明感のある花姿からブライダルフラワーとしても人気

葉がしっかりしたものが長もちする

Data

植物分類：ヤマモガシ科セルリア属
原産地：南アフリカ
開花期：4～6月
流通サイズ：30～40cm 程度
花の大きさ：大輪
価格帯：300～500円

花言葉

ほのかな思慕、可憐な心、優れた知識

出回り時期

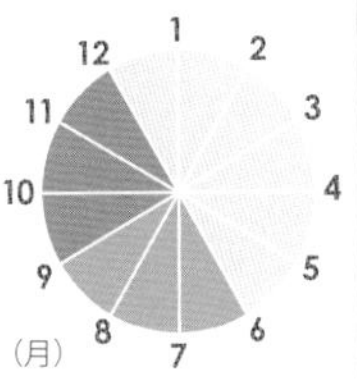

Arrange memo

日もち：5日～1週間
水揚げ：水切り、湯揚げ
注意点：水が下がりやすいので、しっかり水揚げしてから生ける
相性のいい花材：
ブバルディア（P156）
ウーリーブッシュ（P250）

ドライフラワー

センニチコウ

Globe amaranth

細く伸びた茎の先についたころんと丸い花がキュートカジュアルなアレンジに

細く長い茎の先に、小花が集ってイチゴの実のように咲く姿が、かわいらしい。花色はピンクの濃淡のバリエーションが豊富です。

かつては供花(きょうか)の印象が強かったのですが、品種改良が進み、今ではキュートな花姿と明るい色が人気。カジュアルなブーケやアレンジに入れるとアクセントになります。

和名は「千日紅」と書きますが、長い期間赤い花色を楽しめることに由来しています。

花首が垂れやすいのでしっかり水揚げを

実物大

ころんと丸い花が茎の先につく。小花が集って咲く

Arrange memo

日もち：1週間～10日
水揚げ：水切り
注意点：ドライフラワーにする時は、花がポロポロ落ちる前に乾燥させるといい
相性のいい花材：
マトリカリア（P171）
シュガーバイン（P255）

ドライフラワー

アレンジ実例

さりげないアレンジが向いている花。シュガーバインとガラスの保存びんに

Data

植物分類：ヒユ科 センニチコウ属
原産地：熱帯アメリカ、南アジア
和名：千日紅（センニチコウ）
開花期：6～10月
流通サイズ：30～50cm程度
花の大きさ：小輪
価格帯：100～200円

花言葉

不朽、変わらぬ愛情、不変の愛、安全、終わりのない友情

出回り時期

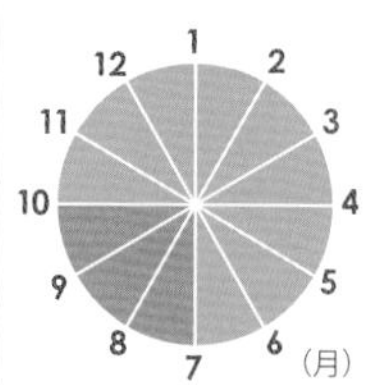

ソリダゴ

「アキノキリンソウ」や「アワダチソウ」と呼ばれることもある秋の花。以前はよく似た「ソリダスター」も多く出回っていましたが、最近はあまり見かけなくなりました。

茎の上部が細かく枝分かれし、そこに黄色の小花が咲きます。切り分けると使いやすく、どんな花とも合わせやすいのが特長。ブーケやアレンジなどのすき間を埋める脇役として重宝します。

日もちしない葉はあらかじめ整理してから生けましょう。

元気が出る黄色の小花はアレンジの名脇役
枝分けして使って

小さな黄色の花は和風のイメージ

日もちしない葉は水切りの前に整理しておくこと

Arrange memo

日もち：5日～1週間
水揚げ：水切り
注意点：風にあてると水が下がりやすいので注意する
相性のいい花材：
ヒマワリ（P150）
ユリ（P181）

ドライフラワー

アレンジ実例

自然素材で編んだかごの中にびんを入れ、片側に寄せてソリダゴを生ける

Data

植物分類：
キク科ソリダゴ属
原産地：
北アメリカ
和名：
大泡立草
（オオアワダチソウ）
開花期：7～10月
流通サイズ：
50cm～1m程度
花の大きさ：小輪
価格帯：
150～300円
花言葉
用心、警戒、予防、私に振り向いて
出回り時期

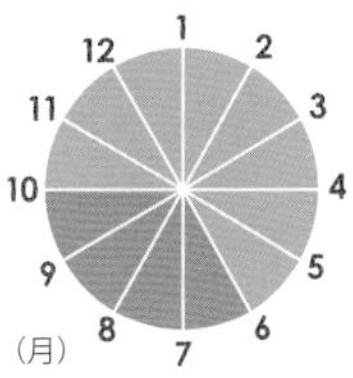

ダリア

Dahlia

もっともダリアらしい咲き方は、幅広の舌状の花びらがたくさん重なって咲くタイプ

個性的な赤黒い花がブームの火つけ役に次々と新品種が登場

昔からある花ですが、近年一躍、切り花としての人気が急上昇。赤黒いシックな花色の「黒蝶」という品種がダリアブームの火つけ役になりました。洋風のようでいてどこか東洋的、ノスタルジックでありながらモダンな佇まいが人気の秘密。

次々と新しい品種が登場し、幅広の舌状の花びらが重なって咲くタイプから球状のボール咲きやポンポン咲き、一重咲きなど、色も咲き方も多種多様です。大輪のものには圧倒的な存在感があります。

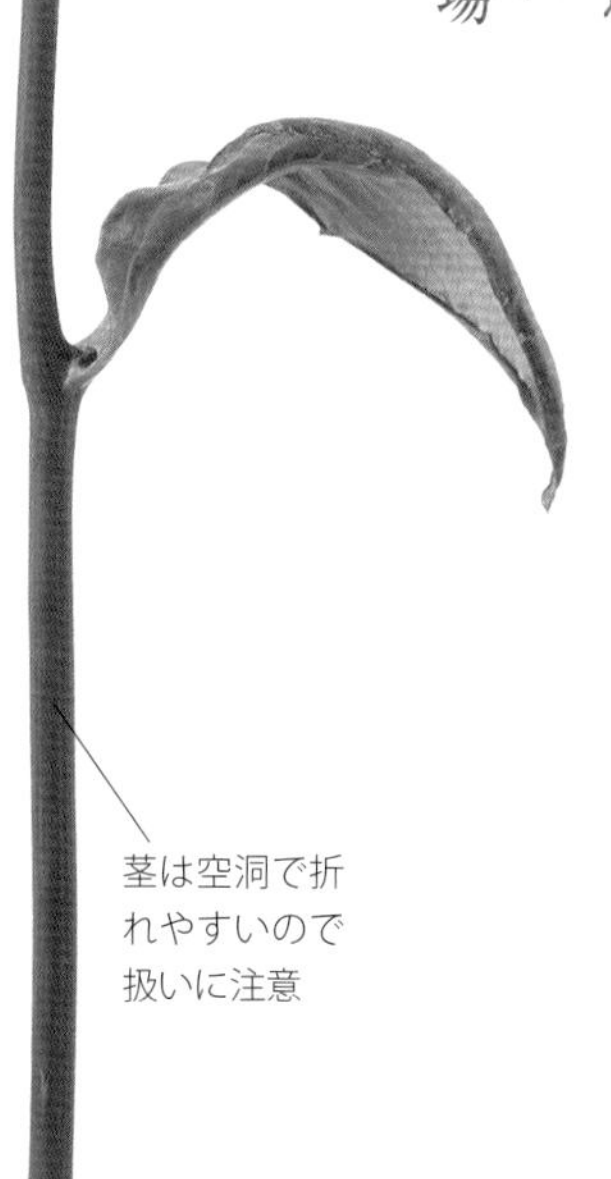

茎は空洞で折れやすいので扱いに注意

黒蝶

Arrange memo

日もち：5日～1週間
水揚げ：水切り、湯揚げ
注意点：花びらと葉は傷みやすく、茎は折れやすいので、扱いはていねいに
相性のいい花材：
キク （P56）
ケイトウ （P73）

華やかで存在感のある花なので、一輪だけ飾っても様になる。ガラスのティーカップに

Data

植物分類：キク科ダリア属
原産地：メキシコ、グアテマラ
和名：天竺牡丹（テンジクボタン）
開花期：5～11月
流通サイズ：30cm～1.2m程度
花の大きさ：中・大輪
価格帯：200～500円

花言葉

華麗、優雅、移り気、威厳

出回り時期

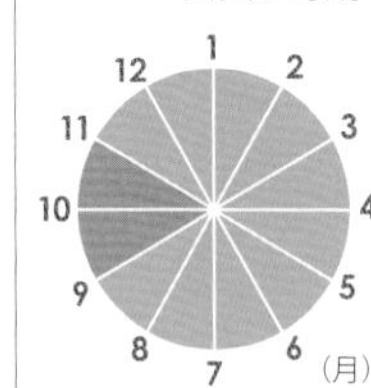

花びらの端が内側に巻いてボール状に咲く「ラララ」

幅広の舌状の花びらがたっぷり重なる華やかな「熱唱」

赤黒いシックな色の花が個性的で茎が太い「黒い稲妻」

花びらの先端がねじれて咲く「ブリストラストライク」

チューベローズ

Tuberose

夜に強く香るので「月下香」の名をもつラインを生かしたアレンジに

長く伸ばした茎の上部にクリーム色がかった白い花を2輪ずつ咲かせる球根植物。夕方から夜にかけて強く漂う甘い香りは神秘的で「月下香（ゲッカコウ）」の名も。香水やアロマオイルの原料にも使われています。

香りのよさと白い花色から、ブライダルに使われることも多い花材。切り花では八重咲のものが多く流通し、切り分けて花嫁のブーケやコサージュ、ヘッドドレスなどによく使われます。

ラインを生かしたアレンジにもおすすめ。固いつぼみは咲かないので、なるべく花が開いた状態のものを選びましょう。

花は下から順に２輪ずつ咲いていく。咲き終わった花殻は摘み取ると上まで咲きやすい

葉は傷みやすいので先に取り除いておく

茎は腐りやすいので水替えの際に切り戻す

Arrange memo

日もち：５日～１週間

水揚げ：水切り

注意点：茎が腐りやすいので水替えはまめに行う

相性のいい花材：

セルリア（P107）

ユリ（P181）

Data

植物分類：
キジカクシ科
ゲッカコウ属

原産地：
メキシコ

和名：
月下香（ゲッカコウ）、
和蘭水仙
（オランダスイセン）

開花期：7～9月

流通サイズ：
40～80cm 程度

花の大きさ：小輪

価格帯：
300～500円

花言葉
冒険、
危険な楽しみ

出回り時期

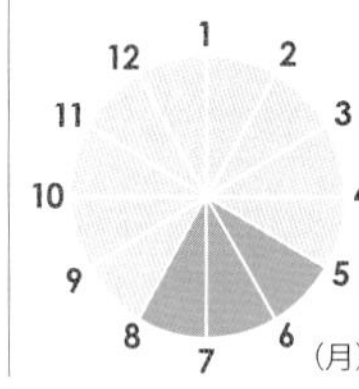

チューリップ

Tulip

クリスマス前後から花屋さんの店先を彩る春の球根花の代表選手

花の名前に疎い人でも、真っ先に思い浮かぶ花といえばチューリップかもしれません。毎年、新しい品種が次々と登場し、冬の寒い時期から花屋さんの店先をにぎわせます。

一重咲き、八重咲き、ユリ咲き、パーロット咲き、フリンジ咲きなど、花型は変化に富み、花色も豊富。どんなアレンジにも向きますが、光や温度によって、開いたり閉じたりを繰り返し、イメージががらりと変わります。チューリップだけを1種、あるいは種類を混ぜて、ガラスの花器などに生けても素敵です。

光や温度によって花びらを開いたり閉じたり、花の向きを変えたりする

飾っている間にも茎がどんどん伸びる

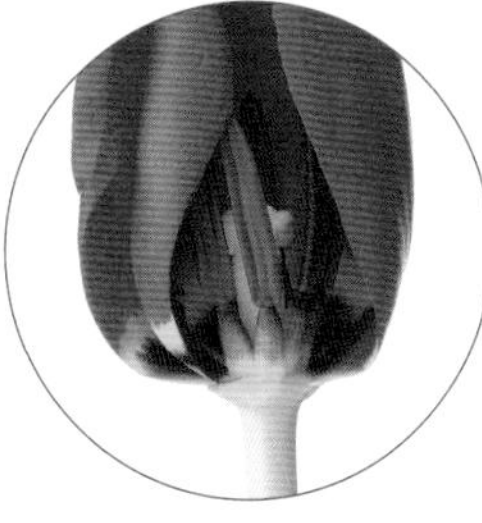

花びらが開くにつれて、中の黒っぽいおしべが見えてくる

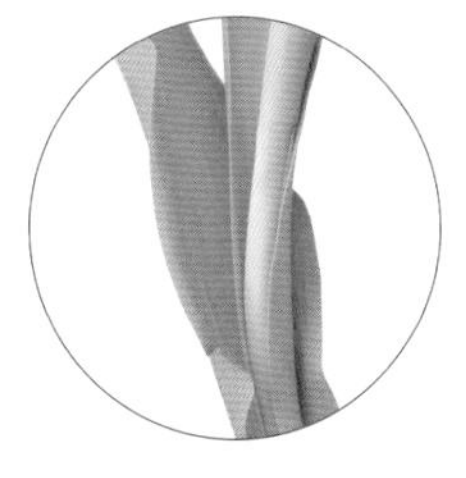

葉は茎を包み込むようにしてついている

Data

植物分類：
ユリ科チューリップ属
原産地：
小アジア、北アフリカ
和名：
鬱金香（ウッコンコウ）
開花期：3〜4月
流通サイズ：
20〜50cm 程度
花の大きさ：
中・大輪
価格帯：
200〜500円
花言葉
博愛、名声、恋の告白、失恋、片思い、望みなき愛、思いやり
出回り時期

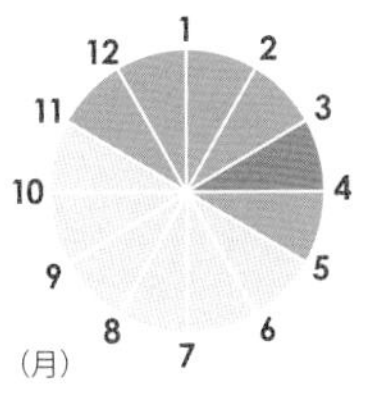

Arrange memo

日もち：5日程度
水揚げ：水切り
注意点：暖房に弱いので涼しい場所に飾る
相性のいい花材：
スイートピー（P92）
フリージア（P159）

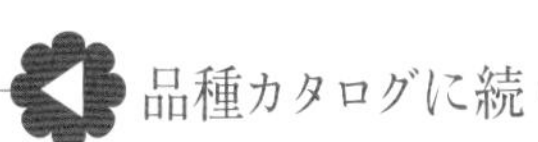
品種カタログに続く

チューリップ品種カタログ

開ききるとシャクヤクのように迫力がある八重咲きの「モンテオレンジ」

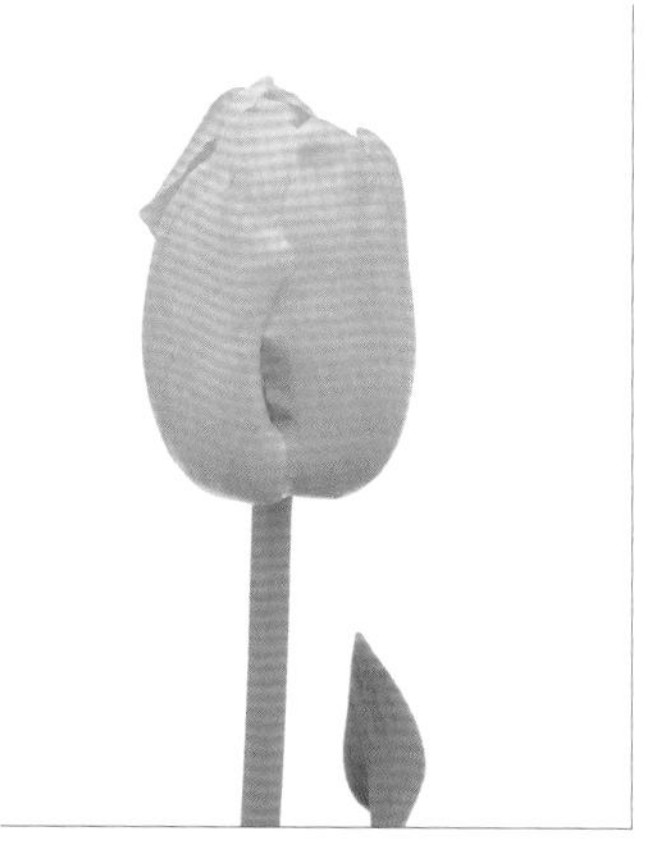
花びらの表面がツヤツヤしている「ピンクダイヤモンド」

花びらの先にギザギザの切れ込みが入るフリンジ咲きの「ベルソング」

白から淡いピンク、黄緑色のグラデーションが美しい「アンジェリク」

こちらもオレンジ色のユリ咲きで、香りもよくて人気の「バレリーナ」

とがった花びらが開くとユリに似ている、ユリ咲きの「フライアウェイ」

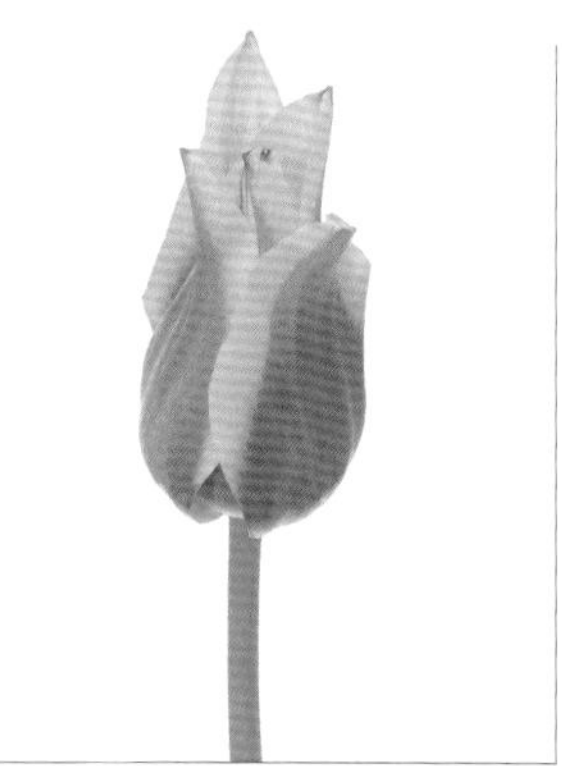
ピンクと白のコンビネーションが美しいユリ咲きの「バラード」

ピンクにうっすら黄緑色のグラデーションが入った「クリスマスドリーム」

八重咲きの白いチューリップはウエディングブーケにも。「モンディアル」

花は大きくないが、黒に近い濃い紫色が個性的な「クイーンオブナイト」

オレンジ色から黄色にかけてのグラデーションが特徴の「ブラッシングレディ」

ふっくら楕円型の一重咲き。少し紫がかったピンクにグラデーションが入る「アリビ」

濃いピンクのユリ咲きの花は愛らしい女性を思わせる「プリティーウーマン」

深みのある美しい赤い花びらが開くと、黒っぽいしべが現れる。「ベンバンザンテン」

八重のフリンジ咲きで、開くととても華やかな印象になる「チャット」

アレンジ実例

黄色と白の一重咲きのチューリップを短く切り、スイートピーと四角い花器にアレンジ

次のページに続く

花びらがオウムの羽のようなパーロット咲きの「フレミングパーロット」

濃いピンクにうっすらと黄緑色が入っている「クリスマスエキゾチック」

花びらの外側が白、内側がピンク。開くと印象がずいぶん変わる「アップピンク」

オレンジ色の一重咲きで、甘い香りが漂う「オレンジモナーク」

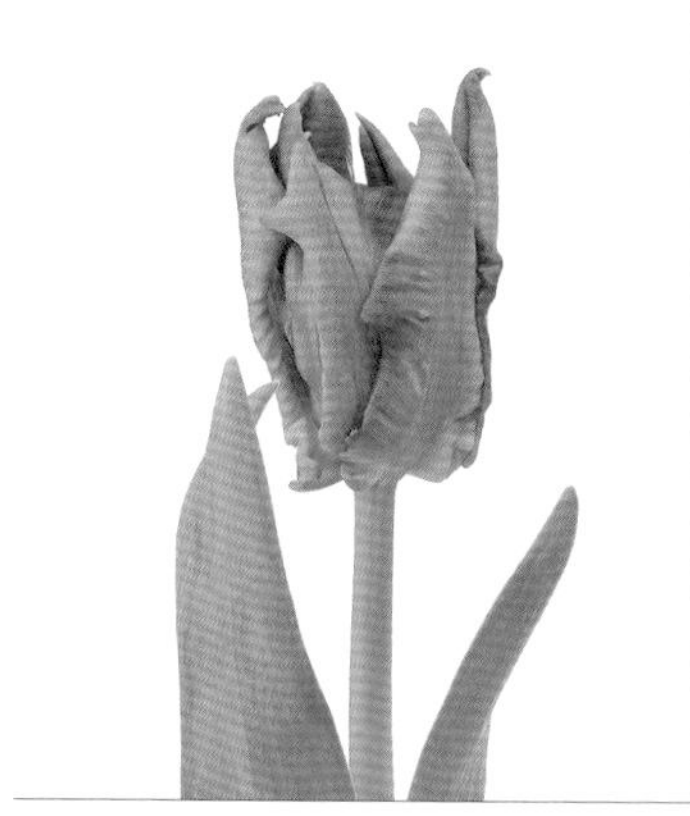

オレンジ色の花びらの一部が茎や葉と同じ色をしている個性的な「フルメックス」

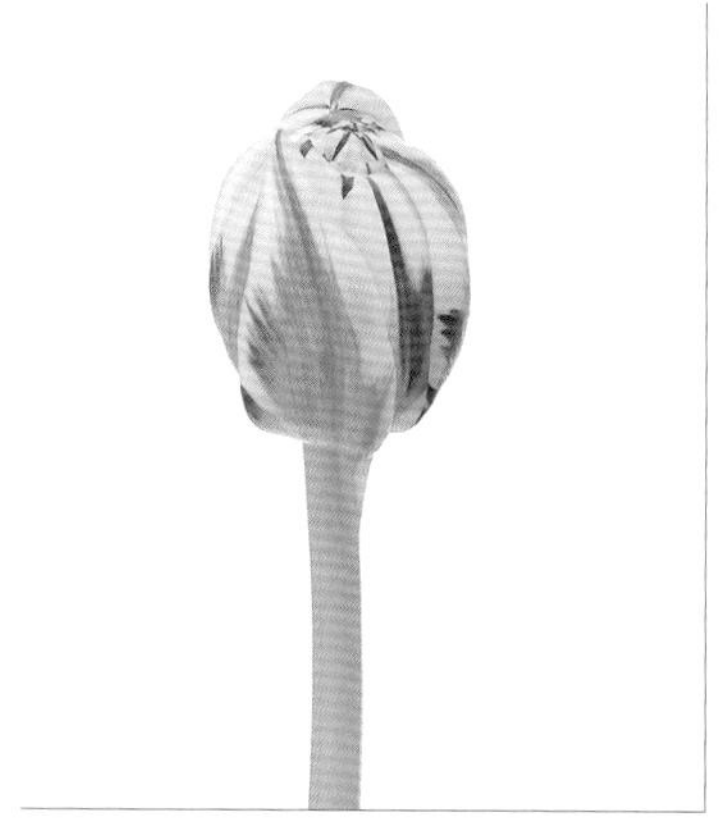

花は小輪で、白、ピンク、緑色と、複雑なグラデーションが入る「カーニバルデニオ」

アレンジ実例

花と同じ色の器に、花びらに切れ込みの入る赤いチューリップを。それぞれの花の向きを変えて動きを出して

明るいオレンジ色はブルーの花と組み合わせても。「オレンジクイーン」

なんともいえない微妙な色合いが美しい「クリームアップスター」

チョコレートコスモス

Chocolate cosmos

花色も香りもまるでチョコレートのようバレンタインデーにも活躍

コスモス（75ページ）の一種ですが、花色が違うとずいぶん雰囲気が変わります。チョコレートを思わせるような赤黒い花色は、大人っぽいシックな花束やアレンジにぴったり。花が小ぶりの原種は、香りまでチョコレートに似ていることもあって、バレンタインデーにも活躍します。

細く長い茎のラインとシックな花色を生かして、繊細で軽やかなイメージにアレンジしましょう。最近は、赤味が強い品種や黒に近い色の品種など、品種改良も進んでいます。

Data

植物分類：
キク科コスモス属
原産地：
メキシコ
和名：
チョコレート秋桜
（チョコレートコスモス）
開花期：5～11月
流通サイズ：
40～60cm 程度
花の大きさ：中輪
価格帯：
300～400円
花言葉
恋の思い出
出回り時期

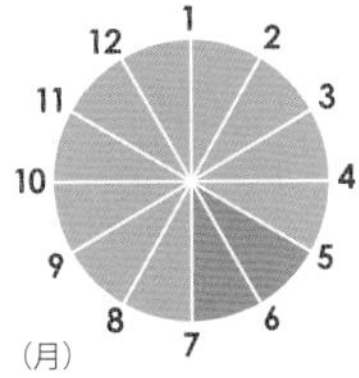

Arrange memo

日もち：5日～1週間
水揚げ：水切り、湯揚げ
注意点：固いつぼみは開かないことが多いので整理してから生ける
相性のいい花材：
グリーンベル（P67）
リキュウソウ（P268）

アレンジ実例

同じ形の花器を3個並べ、チョコレートコスモスを1～2本ずつ茎を交差させてアレンジ

ツルバキア

Sweet garlic,Pink agapanthus

線香花火のような花が可憐
甘い芳香があるので
贈っても喜ばれそう

ユリ科の球根植物、ツルバキアにはいろんな品種がありますが、花材として多く出回っているのは「ツルバキア・フレグランス」という品種。その名のとおり甘くて上品な香りを漂わせ、ブーケやアレンジに入れて贈っても喜ばれます。

細く長い茎の先に、小さな星型の花が10～30輪ほど。その花姿はまるで、線香花火のようです。アレンジやブーケの脇役として使えば、繊細な雰囲気をプラスできます。

花びらが星型に開く筒状花が茎の先端に数多くつく

茎は手でしごくとカーブさせやすい

Arrange memo

日もち：5日～1週間
水揚げ：水切り
注意点：咲き終わった花はまめに摘み取るとつぼみも咲く
相性のいい花材：
ラナンキュラス (P188)
ミスカンサス (P266)

横から見たところ。筒状の花が放射状についている

花の先端は、6枚の花びらが星型に開く

Data
植物分類：ユリ科 ツルバキア属
原産地：南アフリカ
和名：瑠璃二文字(ルリフタモジ)
開花期：3～4月
流通サイズ：40～60cm程度
花の大きさ：小輪
価格帯：150～300円

花言葉
落ち着きある魅力、小さな背信、残り香

出回り時期

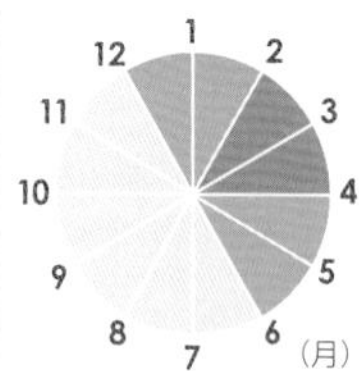

デルフィニウム

Delphinium

太く長い茎に八重咲きの花をびっしりつけるジャイアント・パシフィック系はボリュームがあって、豪華なアレンジにぴったり。細い茎に一重咲きの花をつけるベラドンナ系はエレガントな雰囲気で、どんなアレンジにも。ほかにスプレー状に咲くタイプもあります。

いずれのタイプも、透明感のある鮮やかなブルー系の豊富な花色が特長。ピンク系や、紫色系などのシックな花色も。花をひとつずつ切り離して、水盤に浮かべたりしても涼しげです。

透明感のあるブルー系の花色が魅力
花だけをはずして使っても

時間が経つと花びらが透けてくる

咲きそうもないつぼみはカットする

葉は整理してからアレンジするといい

フォルカフレーデン（ベラドンナ系）

Arrange memo

日もち：５日〜１週間
水揚げ：水切り
注意点：咲き終わった花を摘み取ると長もちする
相性のいい花材：
ブルーレースフラワー (P161)
リキュウソウ (P268)

押し花

Data

植物分類：
キンポウゲ科
デルフィニウム属
原産地：
ヨーロッパ、
アジア、
北アメリカ、
アフリカ
和名：
大飛燕草
（オオヒエンソウ）
開花期：６〜８月
流通サイズ：
50cm 〜 1m 程度
花の大きさ：中輪
価格帯：
300 〜 800 円
花言葉
清明、高貴、慈悲、傲慢、浮薄、移り気
出回り時期

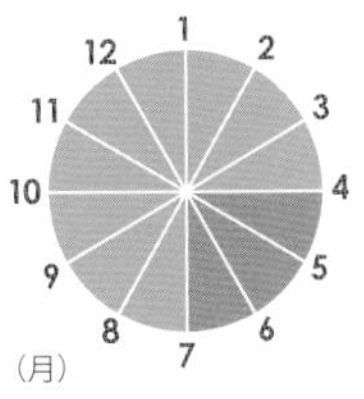

品種カタログに続く

デルフィニウム品種カタログ

ジャイアント・パシフィック系は、長い茎に八重咲きの花がゴージャスにつく

スプレー咲きの「パールブルー」。この花ならではの透明感のある水色が美しい

スプレー咲きの「シュガーピンク」は花も茎も繊細な印象。枝分けして使う

デンファレ

Denphalae

流通量第1位のラン
水揚げや花もちがよく
ウエディングにも重宝する

数あるランの中でも価格が手頃、花のサイズも大きすぎなくて使いやすいのも魅力です。水揚げや花もちもよく、家庭でも、咲き終わった花を摘み取りながら長く楽しめます。南国風のグリーンと組み合わせて、オリエンタルなアレンジにしても。
白い品種はウエディングにも大活躍。そのほかの冠婚葬祭のシーンでもフォーマルな印象を与えてくれます。

花は下から順に咲く。咲き終わった花は摘み取ると先端のつぼみまで咲きやすい

ビッグホワイト

ソニア

Data

植物分類：
ラン科
デンドロビウム属
原産地：
チモール諸島
開花期：８〜９月
流通サイズ：
40 〜 70cm 程度
花の大きさ：中輪
価格帯：
150 〜 500 円

花言葉
お似合い、有能、誘惑に負けない、わがままな美人

出回り時期

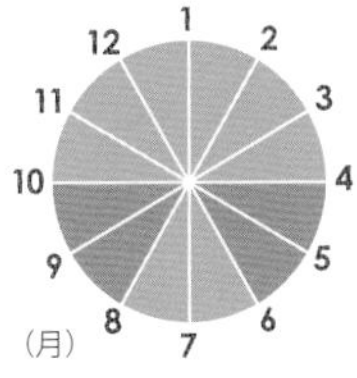

アレンジ実例

花を一輪ずつ切り離して、トクサやレザーファンと黒い花器にアレンジ。オリエンタルな雰囲気に

Arrange memo

日もち：１週間〜 10 日
水揚げ：水切り
注意点：咲き終わった花は摘み取ると、つぼみまで咲きやすい
相性のいい花材：
カラー (P52)
トクサ (P259)
レザーファン (P269)

トラノオ

Speed well

ベロニカ、クガイソウ

ブルーや白の花穂が涼しげ
ナチュラルでさわやかな
夏らしいアレンジに

花茎（かけい）の先に虎の尾を思わせるような10〜20㎝の花穂をつけます。夏の野原で、花穂が風に揺れているようすをイメージさせるナチュラルな雰囲気の草花。同じ系統の草花と組み合わせてかごなどに生けると、野原の一角を切り取ったような印象になります。和風にも生けられます。ブーケに入れても、動きが出てきれいです。秋になって花が終わると、葉が美しく紅葉し、茶花としても用いられます。

花穂はゆるやかにカーブ。小さな花が下から順に咲く

楕円型の葉は周囲に切れ込みがある

Arrange memo

日もち：５日程度
水揚げ：水切り、湯揚げ
注意点：水が下がってきたらまめに切り戻す
相性のいい花材：
ルリタマアザミ（P195）
ワレモコウ（P200）

白い花をつける「シロトラノオ」

Data

植物分類：ゴマノハグサ科ベロニカ属
原産地：東アジア
和名：瑠璃虎尾（ルリトラノオ）
開花期：６〜８月
流通サイズ：40cm〜１m 程度
花の大きさ：小輪（花穂としては大）
価格帯：200〜300円

花言葉

達成、信頼、誠実、あなたに私の心を捧げます

出回り時期

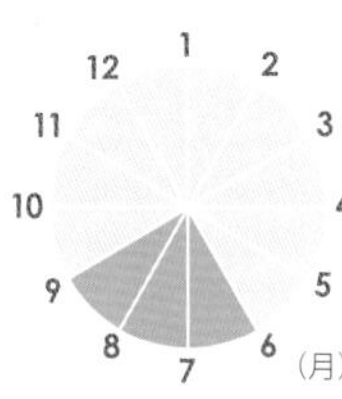

トリトマ

Torch lily

トーチリリー

「トリトマ」の名前で親しまれていますが、これは旧属名で、現在は別の属（クニフォフィア属）に分類されています。花茎（かけい）の先に、赤やオレンジ色、黄色の花穂をつけた姿を松明（たいまつ）に見立てた「トーチリリー」という別名もあります。

ラッパ型の花が下から順番に咲いて花穂になるのが特徴。オレンジ色のつぼみが咲くと黄色になり、きれいなグラデーションカラーに。購入する際は、つぼみが多い状態のものを選ぶと長く楽しめます。ユニークな花の形を生かして、個性的なアレンジにするとよいでしょう。

太い茎の先にユニークな形の花穂が終わった花は摘み取って

ラッパ型の花が下から順に咲いていく

下の部分の終わった花はまめに摘み取る

茎は太くて長い。よじれるように曲がっていく性質がある

Data

植物分類：ツルボラン科クニフォフィア属
原産地：南アフリカ
和名：赤熊百合（シャグマユリ）
開花期：6～9月
流通サイズ：80cm～1.2m程度
花の大きさ：小輪
価格帯：150～300円

花言葉

恋の苦しさ、あなたを想うと胸が痛い

出回り時期

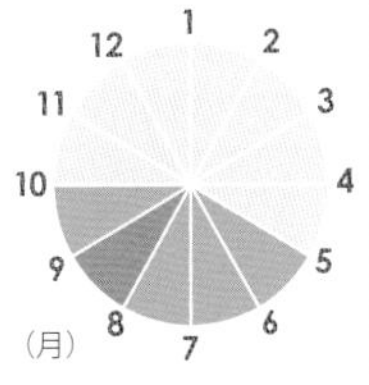

Arrange memo

日もち：5日～1週間
水揚げ：水切り
注意点：しっかり上まで花を咲かせるには花延命剤などを使う
相性のいい花材：
クラスペディア（P66）
ラケナリア（P187）

トルコギキョウ

Prairie gentian

リシアンサス

アレンジのお助け花材
多彩な色と種類が魅力で
つぼみもよく咲く

日本で品種改良が進み、数多くの種類が1年中出回っています。花色が豊富で、ひらひらした花びらが愛らしく、バラ咲きやフリンジ咲きなどの華やかな品種が多いのも魅力。そのうえ、水揚げや花もちもよく、価格も手ごろとくれば、人気が高いのもうなずけます。ほとんどがスプレー咲きで出回り、切り分けて使うとアレンジにボリュームも出せます。花茎（かけい）が途中でカットされているのは、咲きそうもないつぼみをあらかじめ取り除いているためです。

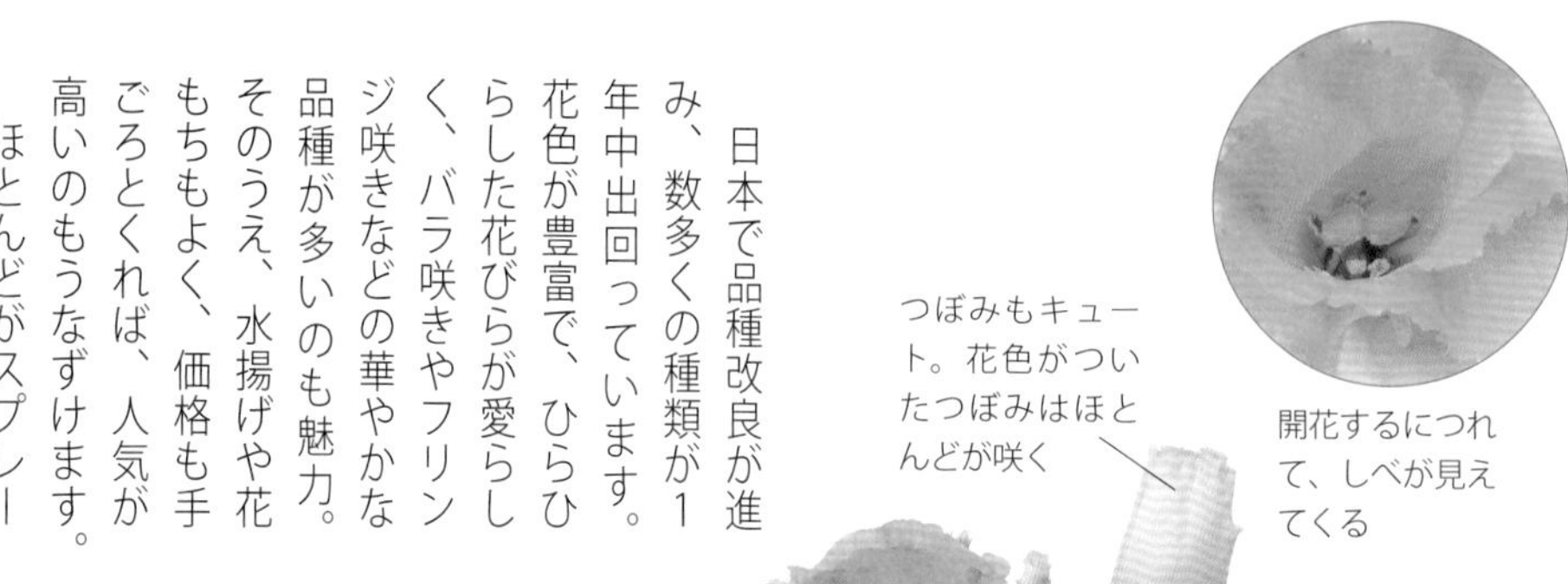

開花するにつれて、しべが見えてくる

つぼみもキュート。花色がついたつぼみはほとんどが咲く

一番外側の花びらにシワがないものを選ぶと鮮度が高い

ソフトクリームのような巻きが入るつぼみ

あらかじめ脇枝がカットされていることも多い

エクレア

Arrange memo

日もち：5日程度
水揚げ：水切り
注意点：葉の根元が折れやすいので、扱いはていねいに
相性のいい花材：
バラ （P137）
ブプレウルム （P157）

アレンジ実例

さまざまな色のトルコギキョウをギュッと集めて束ね、かごの中の小さな花器に生けて

Data

植物分類：リンドウ科ユーストマ属
原産地：北アメリカ
和名：トルコ桔梗（トルコギキョウ）
開花期：6～8月
流通サイズ：20～90cm程度
花の大きさ：中輪
価格帯：150～800円

花言葉

優美、希望、楽しい語らい、すがすがしい美

出回り時期

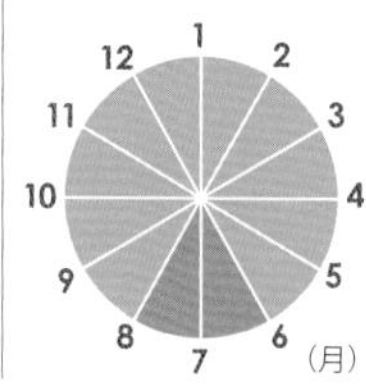

八重咲きの白い花をたくさんつける「ユキボタン」

優しいラベンダー色でバラのように咲く「シルクラベンダー」

花びらに細かい切れ込みが入った八重咲きの「ムースグリーン」

明るいクリーム色の「ボヤージュイエロー」

次のページに続く

アプリコット色の花びらが人気の「ムースアプリコット」

華やかな花はアレンジの主役に。「ムースティアラピンク」

近年、大人気のトルコギキョウといえば「クラリスピンク」

豪華なカーネーションのような咲き方の「ムースマンゴー」

つぼみが開くと色が濃くなる「カルメンルージュ」

白と紫色の複色が美しい「マホロバブルーフラッシュ」

白とラベンダー色の複色「マホロバラベンダー」

アレンジ実例

緑色のトルコギキョウをアスター（P20）やスイートピー（P92）などの白い花と合わせてアレンジ

次のページに続く

花びらの表裏で色が違う「アンバーダブルマロン」

咲くとグリーンから白へ。「ピッコローサグリーン」

花びらの内側がシックなワイン色の「ダブルワイン」

ゴージャスな八重咲きの「ムースブルー」

ナデシコ

Pink

ダイアンサス

ナデシコの英名は「Pink」。ピンクという色名は、この花の色から来ているのだとか。確かに、カーネーションを一重咲きにしたようなピンクの可憐な小花が印象的です。もっとも花色は豊富で、赤や黄色、紫色なども。花びらがなくてガクだけの「テマリソウ」という品種も出回っていて、グリーン花材としても活躍しています。

上を向いて咲くものが多いので、アレンジする時はできるだけ、花の顔が見えるようにすると、愛らしさを強調できます。

色名の「ピンク」はこの花から可憐な花の顔が見えるアレンジを心がけて

終わった花はまめに摘み取るとつぼみが次々に咲く

テマリソウ

ピンク～白のグラデーションが入った花びら

茎の節でポキンと折れやすいので注意して

ソネットイエス

Data

植物分類：ナデシコ科ナデシコ属

原産地：ヨーロッパ、アジア、アフリカ

和名：撫子（ナデシコ）

開花期：5～7月

流通サイズ：20～80cm 程度

花の大きさ：中輪

価格帯：150～300円

花言葉

貞節、純粋な愛、才能、思慕

出回り時期

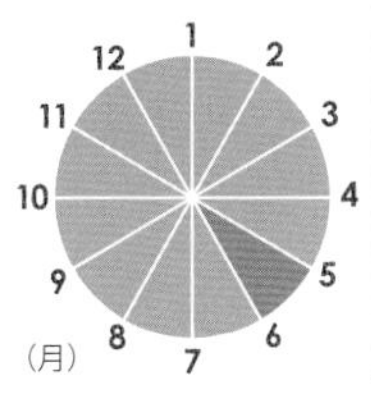

Arrange memo

日もち：5日程度

水揚げ：水切り

注意点：茎の節が折れやすいので、ていねいに扱う

相性のいい花材：

カーネーション（P44）
ブバルディア（P156）

押し花

ナノハナ

Field mustard

ナバナ、ハナナ

いち早く春の訪れを告げる花
ひな祭りには
モモと飾るのが定番

花の黄色と葉の緑色のコントラストが美しい春の花。花屋さんなどでこの花を見かけると、外はまだ寒くても春が近づいていることを感じます。

3月3日のひな祭りには、ピンクのモモと一緒に飾るのが定番。鮮やかな色が春らしい組み合わせです。

茎が太く、葉が密についたタイプが切り花として出回ります。花を生かすため、葉は生ける前に少し整理しておきましょう。

花はつぼみがついたものを選ぶと長もちする

葉の緑色が濃いものが新鮮

Data

植物分類：アブラナ科アブラナ属
原産地：東アジア、ヨーロッパ
和名：菜花（ナバナ）、花菜（ハナナ）
開花期：2～4月
流通サイズ：30cm～1.2m程度
花の大きさ：小輪
価格帯：150～300円

花言葉

活発、快活、豊かさ、財産

出回り時期

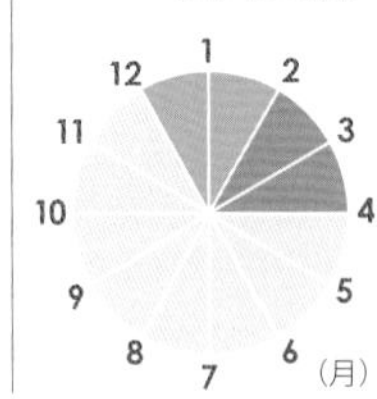

Arrange memo

日もち：5日程度
水揚げ：水切り
注意点：花は太陽のほうを向き、時間が経つと茎が伸びるので、適宜、調整を
相性のいい花材：
フリージア (P159)
モモ (P224)

アレンジ実例

土っぽい質感の花器に入れると、地面からそのままの姿で生えているようにナチュラル

ニゲラ

Fennel flower,Love-in-a-mist

花びらのように見えるのは、実はガク。糸状に切れ込みのある苞(ほう)に包まれ、独特の雰囲気がある花です。羽状に細かく切れ込んだ葉もソフトな印象で、全体に楚々としたはかなげな風情をかもし出しています。

水揚げや花もちもいいのでアレンジには使いやすいのが特長。単品をガラスの花器などにふわっと入れるのも涼しげです。花が終わったあとは、ふくらんで球状になる実も楽しめます。

はかなげな雰囲気の草花
ソフトな印象の葉も
上手に生かして

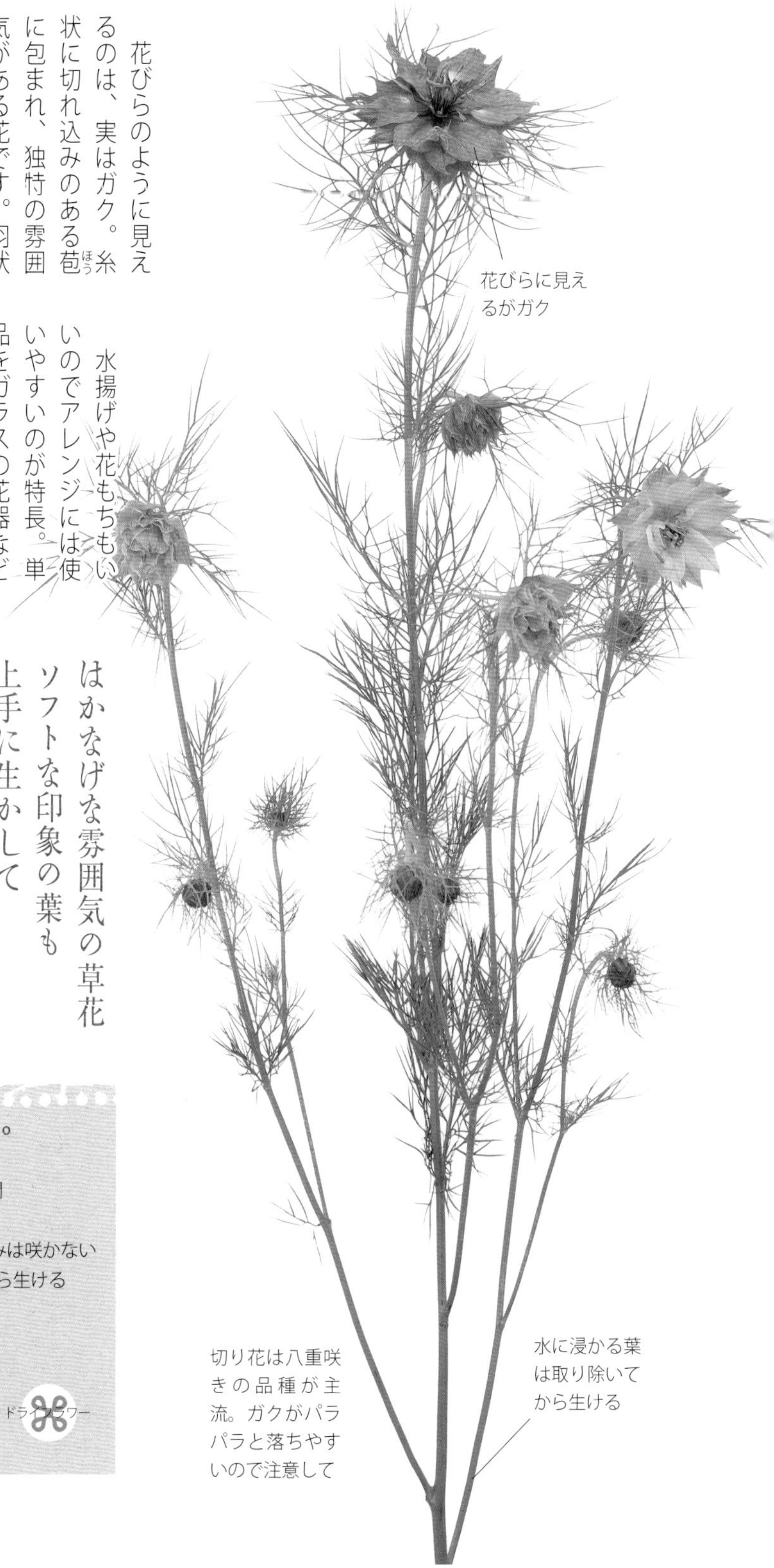

花びらに見えるがガク

切り花は八重咲きの品種が主流。ガクがパラパラと落ちやすいので注意して

水に浸かる葉は取り除いてから生ける

Data

植物分類：
キンポウゲ科
クロタネソウ属
原産地：
ヨーロッパ、
西アジア
和名：
黒種草
（クロタネソウ）
開花期：５～６月
流通サイズ：
40 ～ 80cm 程度
花の大きさ：中輪
価格帯：
200 ～ 400 円

花言葉

夢の中の恋、未来、ひそやかな喜び、当惑

出回り時期

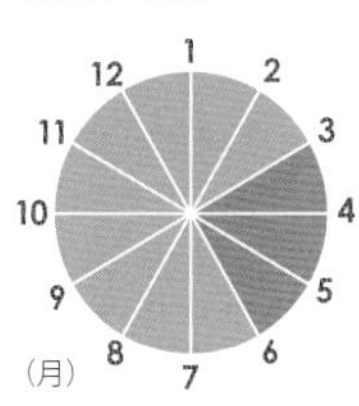

Arrange memo

日もち：5 日～ 1 週間
水揚げ：水切り
注意点：小さなつぼみは咲かないので、摘み取ってから生ける
相性のいい花材：
バラ (P137)
ミント (P266)

ドライフラワー

ネリネ

Nerine,Diamond lily

ダイヤモンドリリー

細くて丈夫な花茎（かけい）の先に、8〜10輪ほどの花を咲かせます。くるっとカールした花びらに光沢があってキラキラする種類は「ダイヤモンドリリー」の別名も。花びらが細くて小ぶりな花をつける品種やヒガンバナに似た赤い品種なども出回っています。

水揚げも花もちもよく、手間をかけずに長く楽しめるのも魅力。薄紙のような茶色のガクを取り除いてから生けると花がきれいに見えるのでおすすめです。どの花とも合いますが、単品で使っても素敵。

カールした花びらがキュート
茶色のガクを取り除くと
花がきれいに見える

花びらは折れやすいので扱いに注意

細い花茎の先に花びらがカールした花を複数個つける

花びらやおしべが繊細なタイプ

Data

植物分類：ヒガンバナ科ネリネ属
原産地：南アフリカ
和名：姫彼岸花（ヒメヒガンバナ）
開花期：9〜11月
流通サイズ：20〜50cm程度
花の大きさ：中輪
価格帯：300〜400円

花言葉

また会う日まで、幸せな思い出、かわいい、輝き、箱入り娘、忍耐

出回り時期

1 2 3 4 5 6 7 8 9 10 11 12（月）

アレンジ実例

ネリネ2本は高低をつけて生け、花器の口元にアンスリウムの葉とニューサイランを

Arrange memo

日もち：5日〜1週間
水揚げ：水切り
注意点：花びらが折れやすいので、扱いはていねいに
相性のいい花材：

アンスリウムの葉 （P32）
スカビオサ （P94）
ニューサイラン （P261）

バーゼリア

Berzelia

クリスマスを中心に出回る丸い実のような花 長もちするのも魅力

クリスマスが近づくと、花屋さんの店先に並びます。枝の先に丸い実がたくさんついているように見えますが、実は、これが花。水がかかると黒ずんでしまうので、注意して扱いましょう。

花に近い位置にある細かい葉は取り除いてからアレンジの低い位置に入れると、花の丸い形や色が強調できます。色も大きさもいろいろな種類が出回るので、用途によって使い分けましょう。

直径5mm～2cmの球状の花。つぼみの時は緑色だが、咲くと色が変わる

杉に似た短い針状の葉

花の拡大。小さい花が無数についている

Arrange memo

日もち：10日～2週間

水揚げ：水切り、根元割り

注意点：花に水がかかると黒ずむので注意する

相性のいい花材：

フランネルフラワー (P158)

クジャクヒバ (P207)

ドライフラワー

アレンジ実例

ヒバやフランネルフラワーなどと一緒に、こんもりとしたシックなアレンジに

Data

植物分類：ブルニア科 バーゼリア属

原産地：南アフリカ

開花期：周年

流通サイズ：50～60cm程度

花の大きさ：小輪

価格帯：150～300円

花言葉

情熱、小さな勇気

出回り時期

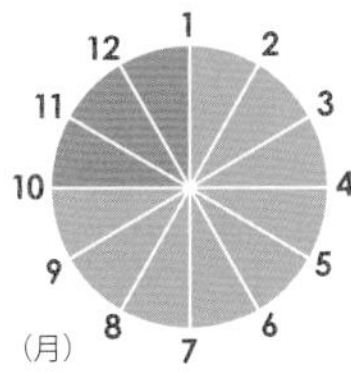

バイモ

Fritillary

バイモユリ

うつむいて咲く花の楚々とした姿を生かしたナチュラルなアレンジに

花びらの内側が濃い紫色の網目模様、外側は淡い緑色の花がうつむき加減に咲きます。茎は細くて葉先がくるんと巻きひげ状にカールしているのも特徴。楚々として上品な印象の姿は茶花として好まれますが、洋風のアレンジにも合います。ひかえめな花色が生きるように脇役の花材は白や強い色を。ナチュラルな雰囲気のアレンジに。かごや土ものの花器などが似合います。

葉の先端がくるんとカールしていて絡みつきやすい

花びらの内側に濃い紫色の網目模様がある

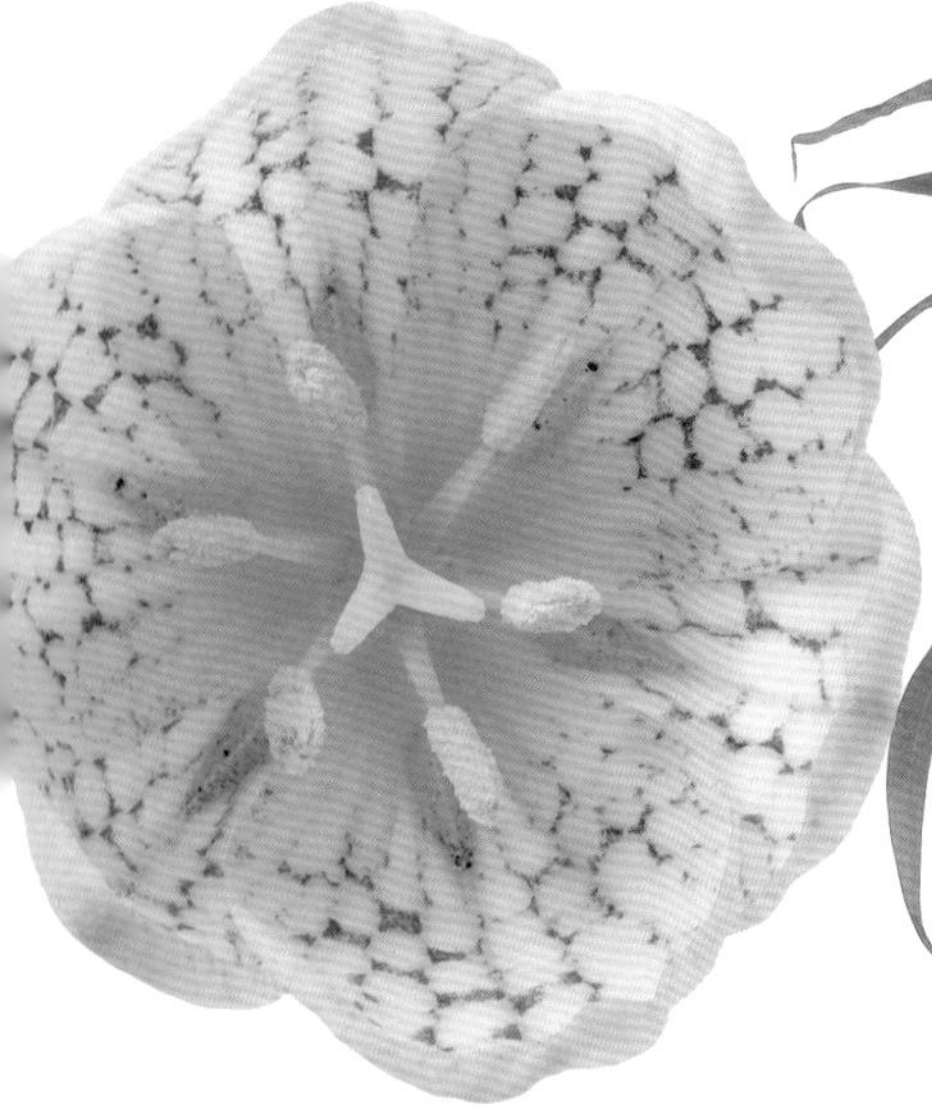

Data

植物分類：ユリ科 フリチラリア属
原産地：中国
和名：貝母百合（バイモユリ）、編笠百合（アミガサユリ）
開花期：4～5月
流通サイズ：30～80cm 程度
花の大きさ：中輪
価格帯：300～400円

花言葉

威厳、謙虚な心、凛とした姿

出回り時期

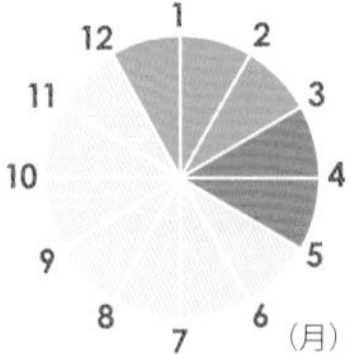

Arrange memo

日もち：1週間程度
水揚げ：水切り
注意点：特になし
相性のいい花材：

サンダーソニア（P79）
ユリ（P181）

パフィオペディラム

Cypripedium,Lady's-slipper

近年人気急上昇の
ひときわ個性的なラン
一輪でも存在感大

「パフィオペディラム」という名前は、ギリシャ語で「女神の履き物」という意味。確かに、中央の袋状の部分がスリッパに似ています。英語では「レディース・スリッパ」とも呼ばれているランです。写真は、白地に緑色のストライプが美しい「ワーディ」という品種。ほかにも赤紫色や白、複色などの品種も出回っていますが、どれも丈が短いわりには花が大きいのが特徴です。花もちがよく、和風のアレンジにも合います。

白地にグリーンのストライプが美しい

スリッパのような形状の唇弁（しんべん）

花の大きさのわりに茎は短い

ワーディ

花を横から見たところ

Data

植物分類：
ラン科
パフィオペディラム属

原産地：
中国、東南アジア

和名：
常盤蘭（トキワラン）

開花期：12～6月

流通サイズ：
30cm 程度

花の大きさ：大輪

価格帯：
700～1,500円

花言葉
思慮深さ、
責任感の強い人、
変わりやすい愛情、
気まぐれ、
際立つ個性

出回り時期

1 2 3 4 5 6 7 8 9 10 11 12 （月）

Arrange memo

日もち：10日～2週間

水揚げ：水切り

注意点：花材数を抑えてアレンジすると引き立つ

相性のいい花材：

オーニソガラム（P41）
シンビジウム（P91）

アレンジ実例

同じランの仲間で緑色が美しいシンビジウムや南国風のグリーンと合わせておしゃれに

ハボタン

Flowering cabbage

お正月アレンジでも人気
花が少ない冬場の
お助け花材として活躍

花の少ない冬の花壇の彩りとして人気の「ハボタン」が、近年、切り花としても出回るように。中心のピンクや白い部分は、キャベツの仲間の葉なのですが、まるで大輪の花のように見えるため、この名前がつきました。
園芸種に比べ、茎が長くてアレンジしやすいのが特長。マツやセンリョウなどと合わせて、お正月のアレンジにも人気です。

花びらのように見えるのは葉

園芸種に比べると茎が長くてアレンジしやすい

Arrange memo

日もち：2週間程度
水揚げ：水切り
注意点：茎が見えないよう低くアレンジする
相性のいい花材：
マツ（P220）
サンキライ（P233）
センリョウ（P236）

アレンジ実例

サンキライの赤い実少々とリキュウソウ（P268）を合わせ、金銀の水引きを飾ってお正月に

Data
植物分類：アブラナ科アブラナ属
原産地：ヨーロッパ
和名：葉牡丹（ハボタン）、花キャベツ（ハナキャベツ）
開花期：1～3月
流通サイズ：20～80cm 程度
花の大きさ：大輪
価格帯：300～400円

花言葉
祝福、利益

出回り時期

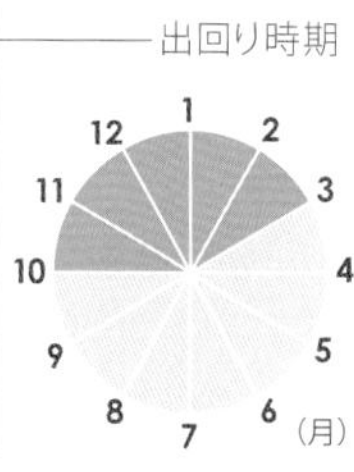

バラ

Rose

言わずと知れた「花の女王」
水揚げをしっかりして
美しい花を長く楽しんで

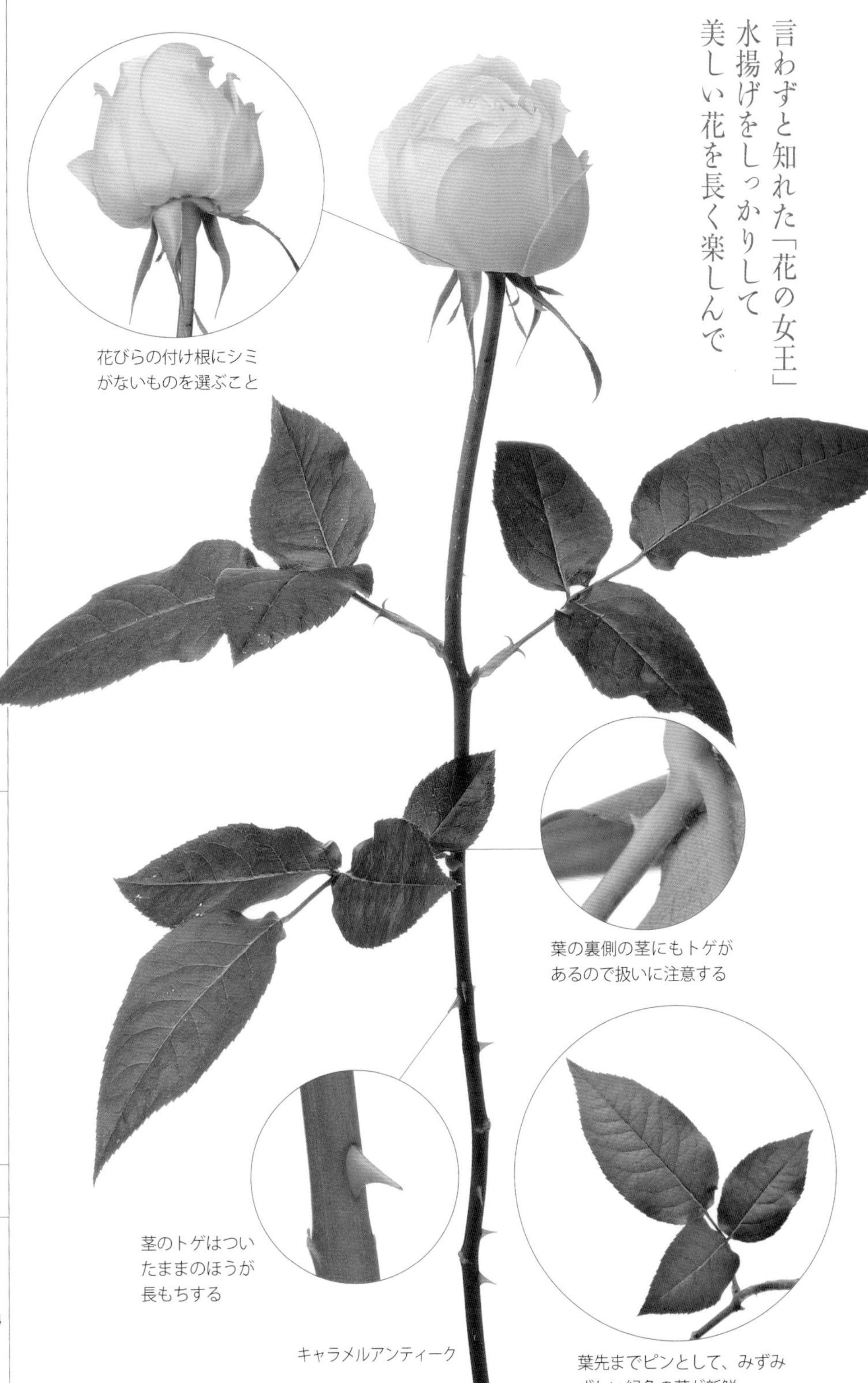

花びらの付け根にシミがないものを選ぶこと

葉の裏側の茎にもトゲがあるので扱いに注意する

茎のトゲはついたままのほうが長もちする

キャラメルアンティーク

葉先までピンとして、みずみずしい緑色の葉が新鮮

Data

植物分類：
バラ科バラ属
原産地：
ヨーロッパ、アジア
和名：
薔薇
（バラ・ショウビ）
開花期：5〜11月
流通サイズ：
30cm〜1m程度
花の大きさ：
小・中・大輪
価格帯：
300〜800円

花言葉

情熱、熱烈な恋

出回り時期

次のページに続く

世界中でもっとも愛されている花、といっても過言ではありません。ナポレオンの時代からすでに始まっていたという品種改良によって、新しい品種が次々と誕生。現在、市場に出回っているものだけでも3万種を超えるといわれています。

あらゆる花色が揃い、花の大きさも大輪から小花までさまざま。最近は、ころんとしたカップ咲きや中心の花びらがギュッと詰まっているロゼッタ咲きなど、クラシカルなタイプが人気です。

水揚げによって、花もちが大きく変わってきます。水切りでしっかり上がらない場合は湯揚げや燃焼を。茎が長いと水が下がりやすいので、飾っているうちに水が下がったら、思いきって茎を短く切り戻しましょう。

いく重にも重なった花びらの奥にはしべが

Arrange memo

日もち：5日～1週間
水揚げ：水切り、湯揚げ、燃焼
注意点：トゲで手を傷つけないよう注意する
相性のいい花材：

カラー（P52）
ユリ（P181）
ほとんどのグリーン

精油

大輪の白バラ「アバランシェ」。開くにつれて花びらが外側にカールしていく

緑色がかった白が人気の「ティネケ」。開くと花の中心が高く、大輪になる

カップ咲きの白バラ「ブルゴーニュ」。ウエディングブーケにも人気

外側が淡い緑色で内側がピンクのグラデーションの「オールドダッチ」

外側の花弁が緑色がかったベージュ色の「デザート」

「オートクチュール」。花びらのフリルと緑色がかった白が魅力

咲き始めは濃いベージュ色なのが、咲くとだんだん薄くなる「カフェラテ」

ベージュ系のシックな花色とウェーブのかかった咲き方が人気の「ジュリア」

オレンジ色〜ピンクの複色で、形も愛らしい「ベビーロマンティカ」

次のページに続く

明るいピンクが女性らしいバラ「マイガール」。トゲが少ないのも特長

ブライダルの定番品種、ピンクの「タイタニック」。バラらしい芳香も人気

明るいピンクのグラデーションが特長で、人気の大輪バラ「スイートアバランシェ」

ラナンキュラスのように何重にもなった丸い花びらの「レモンラナンキュラ」

大輪のバラ「ピーチアバランシェ」。淡いオレンジ色が美しい

「ジャンヌダルク」は優しい雰囲気のカップ咲き。石鹸のような香りがする

花びらの先に傷がついていないものを選ぶこと

アプリコットオレンジの豪華なフリル咲きが個性的な「ラ・カンパネラ」

鮮やかな黄色が特長の「ゴールドストライク」。開ききった姿も美しい

古代ギリシャ・ローマ時代から愛されてきた紫色のバラ。「ドラマチックレイン」

ピンクの濃淡グラデーションが特徴的な「ハロウィン」はブライダルでも人気

中輪の新種のバラ「ラベンダーガーデン」。深みのある色はほかにあまりない色

カップ咲き、芳香、濃いピンクが、バラ好きの心をとらえる「イブピアッチェ」

大輪の紫色のバラ「クールウォーター」。花もちがよく、長く楽しめる

花びらのピンクが内側にいくにつれて薄くなる「タージマハル」

アレンジ実例

四角いトレイに吸水性スポンジをセット。バラやガーベラ（P48)、チューリップ（P113）などをグループごとにアレンジ

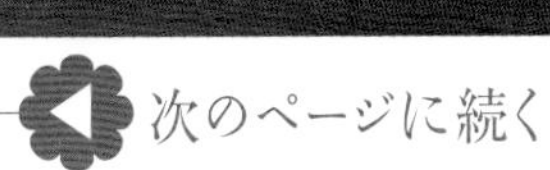

次のページに続く

花びらに光沢のあるのが特長。大輪の赤いバラ「サムライ'08」

周囲の花びらは大きく、中心の花びらは詰まって咲く「レッドラナンキュラ」

赤いバラといえばこれ、というほどポピュラーな「ローテローザ」

アレンジ実例

白や淡いピンクのバラを集めて。暗い色の葉ははずし、斑(ふ)入りのグリーンで軽く

深紅の花弁はビロードのような質感。開くと豪華な「ウォンテッド」

赤黒い色をした「ブラックバッカラ」は個性的なバラとして人気

愛らしいピンクのスプレーバラは「ローラ」。野草風の花とも合う

丸みを帯びた花型で、濃い赤のスプレーバラ。ブライダルにもよく使われる

白に近い薄いピンクのスプレーバラ「サントワマミー」。中輪で合わせやすい

複色のスプレーバラは「ビューティープリザーブ」。紅白でお祝いにも

つぼみの茶色が開くにつれてピンクに。ミニスプレーバラの「テディベア」

１本の茎が枝分かれして、数個の中輪の花をつける「アンティークレース」

次のページに続く

グレイがかった薄い紫色のスプレーバラ「リトルシルバー」。花は長もちする

濃いピンクに緑色がアクセントになっているスプレー咲きの「ラディッシュ」

ナチュラルな緑色の花弁ところんとした愛らしい形が人気の「エクレール」

アレンジ実例

同じバラでも雰囲気が違う、白い大輪「アバランシェ」と小ぶりの「エクレール」を並べて

緑色がかった白い花をたくさんつけるスプレー咲きの「グリーンアイス」

バルビネラ

Cat's tail

ブルビネラ

英名は「猫の尻尾」星型の小さな花が下から順に咲き進む

茎の先端にキャンドルのような穂状の花をつけます。3㎜くらいの小さな星型の花が下から順に少しずつ咲き進み、先端まで咲いた頃には、最初に咲いた下の花は枯れるのでまめに取り除いて。鮮やかなオレンジ色や黄色の花は、見る人を元気にしてくれます。

茎は適度に曲がっていて、表情が豊か。ラインを生かしてアレンジすると素敵です。生け花にも使われます。

花びら5枚の小さな花が下から順に咲き進む

適度にカーブした茎のラインを生かしたアレンジを

Data

植物分類：ユリ科ブルビネラ属
原産地：南アフリカ
開花期：11～3月
流通サイズ：50cm～1m程度
花の大きさ：中輪
価格帯：200～400円

花言葉
休息

出回り時期

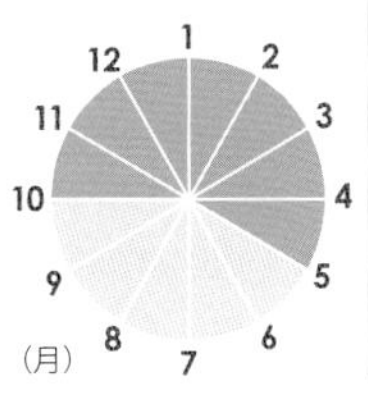

Arrange memo

日もち：1週間程度
水揚げ：水切り
注意点：終わった花から摘み取っていくと、長もちする
相性のいい花材：
チューリップ (P113)
フリージア (P159)

バンクシア

Banksia

インパクトが大きいオーストラリア原産のワイルドフラワー

オーストラリアが原産の野趣あふれる植物です。オーストラリアや南アフリカなどからの輸入品を中心に、国産も一部流通しています。

70～80種もあるバンクシア属ですが、写真の「バンクシア・プリオノート」や頭花がブラシのようになった「バンクシア・コクシネア」などが主流です。

小さな花が集まって大きな頭花を形成。1本で飾っても様になりますが、アレンジやトロピカルなアレンジやブーケにも。

もともと水分が少ないので、そのままドライフラワーに変化。長く楽しめる切り花です。

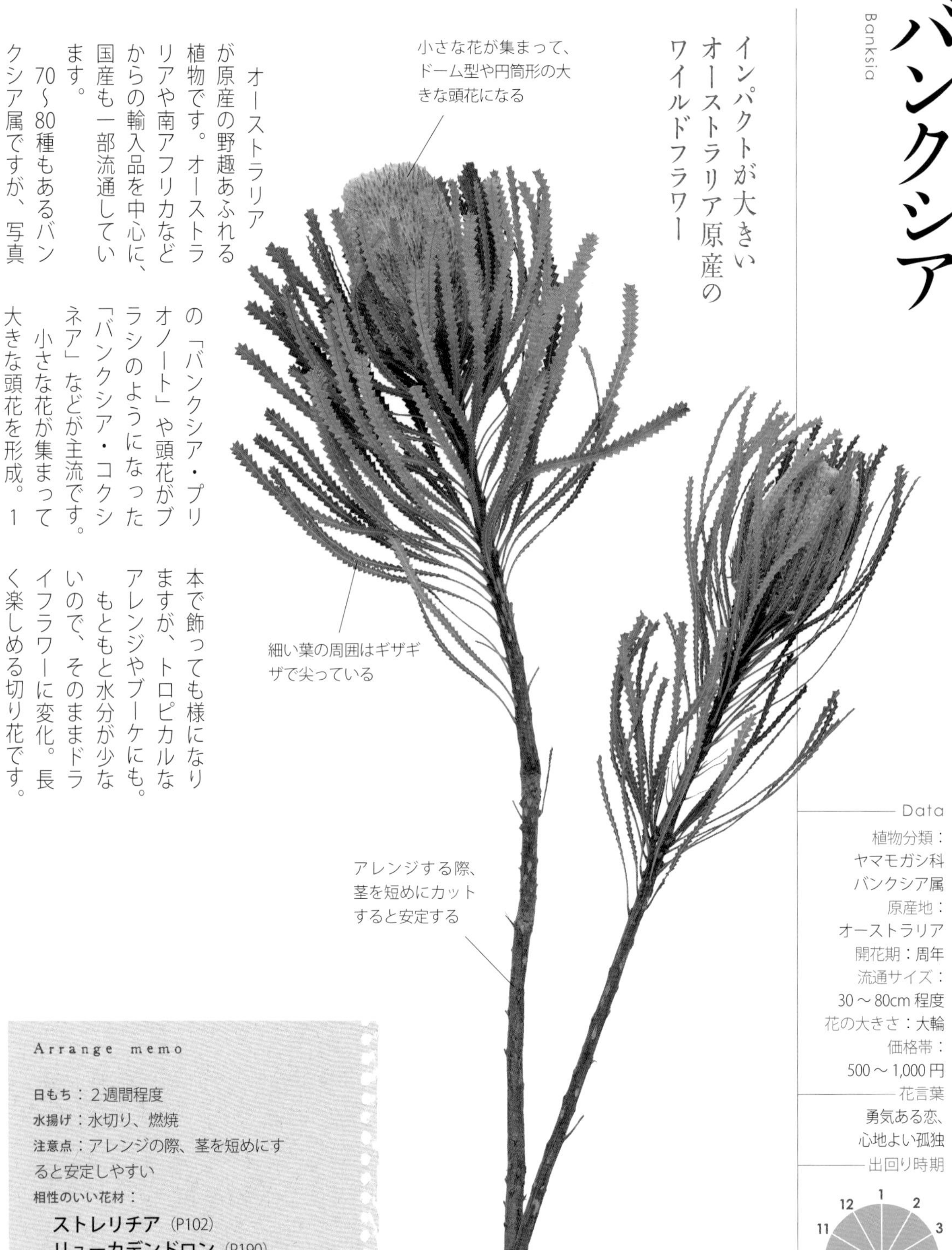

バンクシア・プリオノート

Data

植物分類：ヤマモガシ科バンクシア属

原産地：オーストラリア

開花期：周年

流通サイズ：30～80cm程度

花の大きさ：大輪

価格帯：500～1,000円

花言葉

勇気ある恋、心地よい孤独

出回り時期

1 2 3 4 5 6 7 8 9 10 11 12（月）

Arrange memo

日もち：2週間程度

水揚げ：水切り、燃焼

注意点：アレンジの際、茎を短めにすると安定しやすい

相性のいい花材：

ストレリチア（P102）

リューカデンドロン（P190）

ドライフラワー

パンジー

Pansy

まだ寒い冬の頃から花壇を明るく彩るパンジー。色とりどりの花をミックスした束が、切り花としても出回っていて人気です。

かわいいフリルとロマンチックな色彩、そして春らしい香りも魅力。そのまま英字新聞やワックスペーパーなどでくるみ、ラフィアなどで束ねたミニブーケにして、さりげなくプレゼントしても喜ばれそうです。

最近は品種改良が進み、光沢のある黒い花や、サイズが30㎝以上あるスプレー咲きのタイプなども出回っています。

かわいいフリルとロマンチックな色彩が魅力ミックスでミニブーケに

花の色が少しずつ違うミックス束で出回ることが多い

茎が細く短いものが多いので、リースアレンジにも向く

Data

植物分類：
スミレ科スミレ属
原産地：
ヨーロッパ、
西アジア
和名：
三色菫
（サンシキスミレ）
開花期：11～4月
流通サイズ：
15～20cm程度
花の大きさ：中輪
価格帯：
ミックス束で
300～400円

花言葉

純愛、ゆるぎない魂、思慮深い、物思い、誠実

出回り時期

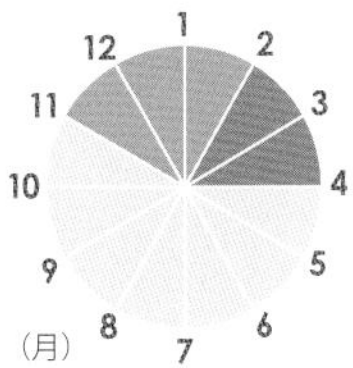

Arrange memo

日もち：3～6日
水揚げ：水切り
注意点：茎がやわらかくて折れやすいので、ていねいに扱う
相性のいい花材：
アリウム（P27）
マーガレット（P170）

バンダ

Vanda

「バンダ」という名前は、サンスクリット語の「バンダカ」から来ています。その意味は「まとわりつく」。東南アジアなどでは、高い木にまとわりついて生息することから、そう呼ばれるようになったようです。

品種はいろいろありますが、紫色の網目模様のタイプが切り花としては多く出回っています。ランにはめずらしい青みがかった紫色が人気です。トロピカルなグリーンをあしらって、シンプルで個性的なアレンジを楽しみましょう。

厚みがある大きな花が連なって咲く

紫色の網目模様が特徴

ランにはめずらしい花色と網目模様が人気
南国風のアレンジに

Arrange memo

日もち：10～15日
水揚げ：水切り
注意点：咲き終わった花から摘み取ると長もちする
相性のいい花材：
アジサイ（P17）
スチールグラス（P256）

アレンジ実例

ガラスの花器の内壁に沿わせるようにスチールグラスを入れ、バンダを一輪、水に浮かべる

花弁が細長く、花が少し小ぶりなタイプ

Data

植物分類：
ラン科バンダ属
原産地：
熱帯アジア、オーストラリア
和名：
翡翠蘭（ヒスイラン）
開花期：6～7月
流通サイズ：
15cm～1m程度
花の大きさ：
中・大輪
価格帯：
300～500円

花言葉

優雅、上品な美

出回り時期

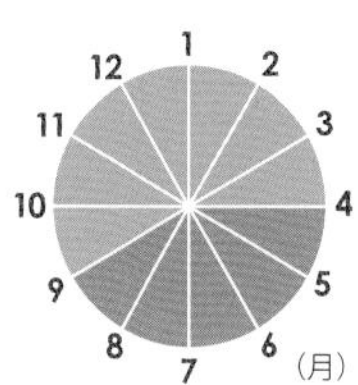

パンパス

Pampas grass

銀白色の花穂はススキに似ていますが、花穂が30㎝から1ｍにもなるのが違い。大きなアレンジに入れると野趣あふれるダイナミックな動きが出ます。秋の花材と合わせて、野山を感じさせるアレンジに。ドライフラワーにもなります。

雌雄異株の植物で雄株と雌株があり、花材となるのは雌株。開花前は銀白色の花穂は、完全に開花すると光沢が薄れてしまうので、開花前のものを使いましょう。

銀白色の花穂は
大きなアレンジ向き
開花すると光沢が薄れる

花穂は完全に開花すると光沢が薄れる

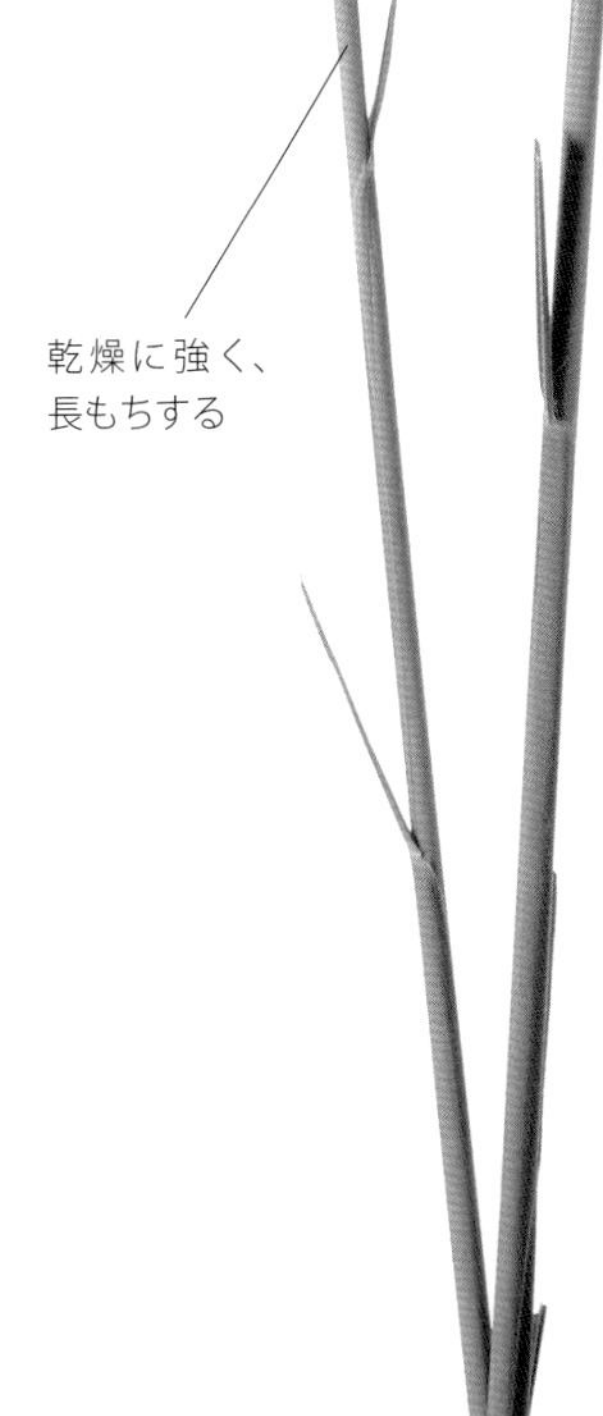

乾燥に強く、長もちする

Arrange memo

日もち：２週間程度
水揚げ：水切り
注意点：完全に開花すると光沢が薄れるので、開花前のものを使う
相性のいい花材：

アマリリス (P25)
フォックスフェイス (P243)

ドライフラワー

Data

植物分類：
イネ科
コルタデリア属
原産地：
南アメリカ
和名：
銀葭（シロガネヨシ）
開花期：７～９月
流通サイズ：
１～２ｍ程度
花の大きさ：
大（花穂）
価格帯：
300～500円
花言葉
光輝
出回り時期

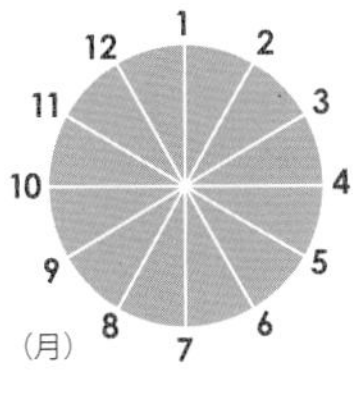

ヒマワリ

Sunflower

「サンフラワー」という英名どおり、太陽を思わせるインパクトのある花が大人気。品種改良が進み、花の大きさは大小さまざまで、花色も従来の黄色に加え、レモンイエローやクリーム色、オレンジ色、茶色に近いシックな色のものなどが出回っています。また、咲き方も一重咲きから八重咲きまで、たくさんの品種があります。

夏のイメージが強い花ですが、切り花は周年出回っているので便利。インパクトの強い花を生かしたアレンジを工夫しましょう。

中央の部分があまり咲いていないものを選ぶと長もちする

茎にはうぶ毛が密生している

葉が弱りやすいので、クタッとしおれた葉は早めに取り除く

色も咲き方もバラエティー豊か
夏のイメージが強いが
切り花は周年出回る

サンリッチオレンジ

Arrange memo

日もち：５日程度
水揚げ：水切り、湯揚げ
注意点：まめな水替えと切り戻しを行うと、長もちする
相性のいい花材：
ソリダゴ（P109）
トルコギキョウ（P124）

ドライフラワー

アレンジ実例

２種類のヒマワリ（サンリッチオレンジ・プラドレッド）で作ったブーケ

Data
植物分類：
キク科ヒマワリ属
原産地：
北アメリカ
和名：
向日葵（ヒマワリ）、
日輪草
（ニチリンソウ）
開花期：７～９月
流通サイズ：
20cm ～ 1.5m 程度
花の大きさ：
中・大輪
価格帯：
150 ～ 500 円

花言葉
崇拝、敬慕、
あなたを見つめる

出回り時期

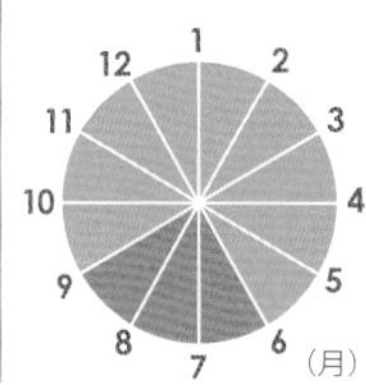

ヒマワリ品種カタログ

花全体がオレンジ色の花弁で覆われ、種の部分がほとんどない「東北八重」

細かい花びらが中心まで詰まっていて、種の部分が少ない「レモンオーラ」

花びらが明るいレモン色の「サンリッチレモン」

スプレー咲きの「ヒメヒマワリ」も丈夫で、暑い夏に重宝する

シックな茶系ヒマワリの「プラドレッド」は、秋色の花材と相性抜群

近年、人気の“絵画シリーズ”の一種、「ゴッホ」は花びらが特長

ヒメリョウブ

Virginia sweetspire

コバノズイナ、アメリカズイナ

白く清楚な花穂と明るい緑色の葉がアレンジに清涼感を

「姫(ひめ)リョウブ」の名前で流通していますが、花穂の形が似ているリョウブ科の「本(ほん)リョウブ」とは別の植物です。こちらはズイナ科ズイナ属の植物で、別名を「小葉髄菜(こばのずいな)」といいます。

初夏に、白く小さな花が集まって花穂をつけます。明るい葉色とともにアレンジに清涼感を演出できます。長い姿を生かして和風のアレンジにも、短く切り分けて洋風のアレンジにも合います。

小さな白い花が穂状になってつくが、ほとんどはつぼみの状態で出回る

葉はさわやかな緑色。多すぎる場合は整理してから生ける

Data

植物分類：ズイナ科ズイナ属

原産地：南アメリカ、北アメリカ

和名：姫令法（ヒメリョウブ）、小葉髄菜（コバノズイナ）

開花期：5～6月

流通サイズ：80cm～1.2m程度

花の大きさ：小輪

価格帯：250～800円

花言葉

少しの欲望

出回り時期

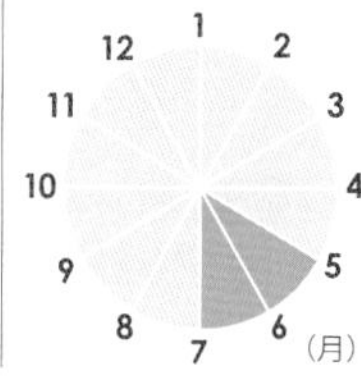

Arrange memo

日もち：1週間程度

水揚げ：水切り

注意点：水が下がってしまった時は切り戻して根元割りする

相性のいい花材：

シャクヤク (P84)

リューココリネ (P191)

ピンクッション

Pincushion

レウコスペルマム

「ピンクッション」とは「針山」のこと。針山に針がたくさん刺さっているような花姿から、この名前がつきました。花びらのように見えるのは、突出したおしべ。まるで針のように細くて、ツヤがあります。

花の部分が大きいので、短くアレンジして、花の面を見せるようにしましょう。もともとが熱帯植物なので、南国風のグリーンやオリエンタルなイメージの花材と組み合わせると相性がいいようです。

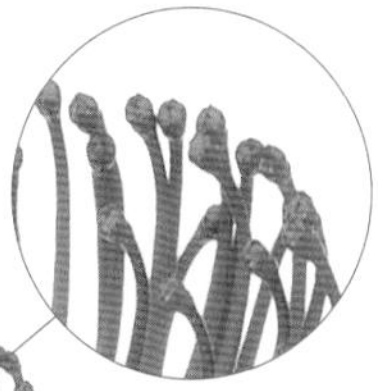

7～8cmの長く突出したおしべが花びらのように見える

花びらに見えるのはおしべ
花の面を見せるように
短くアレンジして

Data

植物分類：
ヤマモガシ科
レウコスペルマム属
原産地：
南アフリカ
開花期：5～7月
流通サイズ：
40～60cm程度
花の大きさ：大輪
価格帯：
300～400円
花言葉
どこでも成功を
出回り時期

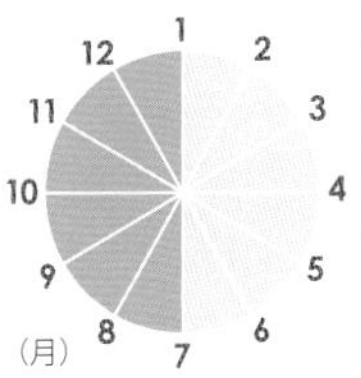

Arrange memo

日もち：7～10日
水揚げ：水切り
注意点：乾燥しやすいので、エアコンのそばなどには置かない
相性のいい花材：
アンスリウム（P32）
ガーベラ（P48）

ドライフラワー

アレンジ実例

ピンクッションと、同系色のアンスリウムの組み合わせは、南国風でありながらシック

フウセントウワタ

Milkweed ,Wind cotton

切り花として出回るのは花ではなく袋果の状態アレンジに加えて動きを

花が終わったあとの風船のような袋果をつけた状態で出回る、ユニークな花材。袋果の表面全体にはトゲがありますが、トゲといっても鋭くはなく、やわらかな突起です。袋果は黄緑色から次第に紫色に色づいてきます。

袋果のふんわりした丸いフォルムで、アレンジに動きが出ます。和風でも洋風でも合いますが、白い花や濃い色の花と組み合わせると引き立ちます。

茎を切ると白い汁が出ます。これが切り口をふさぐと水が上がりにくくなるので、洗い流してから生けましょう。毒性があるので、触れたら手を洗って。

葉はすぐにしおれるので取ってから生ける

中に綿状の毛に包まれた種が入った袋果。表面には柔らかいトゲがついている

茎を傷つけると白い汁が出る。切り口で固まると水揚げが悪くなる

Arrange memo

日もち：5日～1週間
水揚げ：水切り
注意点：水が下がってしまった時は切り戻す
相性のいい花材：

カラー (P52)
グロリオサ (P72)
ヒマワリ (P150)

ドライフラワー

Data

植物分類：ガガイモ科フウセイトウワタ属
原産地：南アフリカ
和名：風船唐綿（フウセントウワタ）
開花期：7～8月
流通サイズ：50～80cm 程度
花の大きさ：中輪
価格帯：200～400円

花言葉

隠された能力、多くの夢

出回り時期

1 2 3 4 5 6 7 8 9 10 11 12 (月)

フジバカマ

Thoroughwort

「秋の七草」のひとつに数えられ、昔は川べりや土手などによく咲いていたものですが、最近ではめっきり見かけなくなりました。

花屋さんで「フジバカマ」として売られているものは、切り花用に改良されたものが多いようです。

可憐でどことなくさびしげな花姿は、万葉の時代から日本人の心をとらえてきました。乾燥させた葉が芳香を発することから、中国では古くから香草として用いられ、葉を湯に入れたり、衣服や髪につけたりしてきたそう。

茶花としても親しまれているほか、ススキなどと合わせてお月見のアレンジにもおすすめです。

「秋の七草」のひとつとして古来より愛されてきた花
茶花としても活躍

淡い紫紅色の小花をたくさんつける

茎や葉はそのままでは無香だが、乾燥させると芳香を発する

Data

植物分類：
キク科フジバカマ属
原産地：
東アジア
和名：
藤袴（フジバカマ）
開花期：8〜10月
流通サイズ：
40cm〜1m程度
花の大きさ：小輪
価格帯：
150〜300円
花言葉
ためらい、
躊躇、遅延、
あの日を思い出す
出回り時期

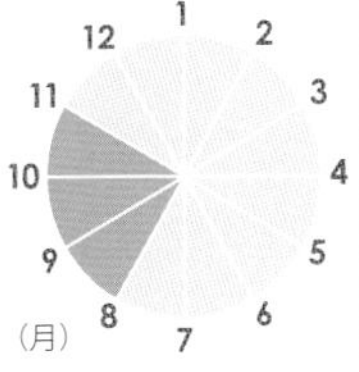

Arrange memo

日もち：5日〜1週間
水揚げ：水切り
注意点：水が下がりやすいのでまめに切り戻す
相性のいい花材：
キキョウ（P55）
シュウメイギク（P86）

ブバルディア

Bouvardia

ブバリア

花びらが４枚で、直径１㎝ほどの小花は、清楚で愛らしいたたずまいが人気。ほのかに甘い香りが漂います。

ポピュラーな白のほか、最近では赤や紫色などの濃い色や淡いピンクの八重咲きなどの品種も出回っています。

四角い形にふくらむつぼみも愛らしく、ナチュラルなブーケなどにも合いますが、水が下がりやすいのが欠点。水切りのあと深水に浸けるなどして。短めに使ったほうが水揚げがよくなります。

花びらが４枚の小花は長い花筒をもつ

つぼみはふくらむと四角になる

乾燥すると葉がカリカリになるので注意する

清楚で愛らしい小花はほのかに甘い香りがつぼみも愛らしい

Arrange memo

日もち：５日～１週間
水揚げ：水切り、深水
注意点：夏は日もちが悪くなるので、まめに水を替える。水が下がりやすいので、水切りのあと深水に浸ける
相性のいい花材：

バラ （P137）
ブルースター （P160）

Data

植物分類：アカネ科 ブバルディア属
原産地：中央アメリカ、南アメリカ
和名：寒丁字（カンチョウジ）
開花期：５～６月
流通サイズ：50～80cm 程度
花の大きさ：小輪
価格帯：200～400円

花言葉

誠実な愛、羨望、清楚、交わり、夢

出回り時期

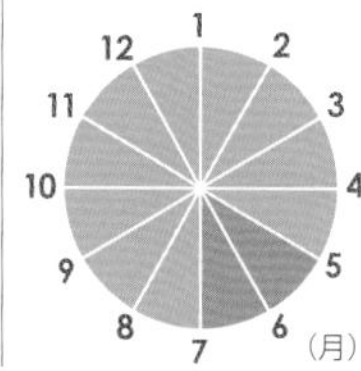

ブプレウルム

Hare's ear

ブプレニウム

枝分かれした茎の先に、星型の花をつけますが、本当の花は、中心のごく小さな黄色い部分。それを取り巻いている緑色の部分は苞（ほう）です。丸みを帯びた葉を、細くしなやかな茎が突き抜けている様も面白く、全体の明るい緑の色合いともあいまって優しい印象を与えます。

どんな花材とでも合わせやすく、アレンジやブーケを作る時に入れると、ボリュームが出せるので便利。グリーン花材のように使うとよいでしょう。

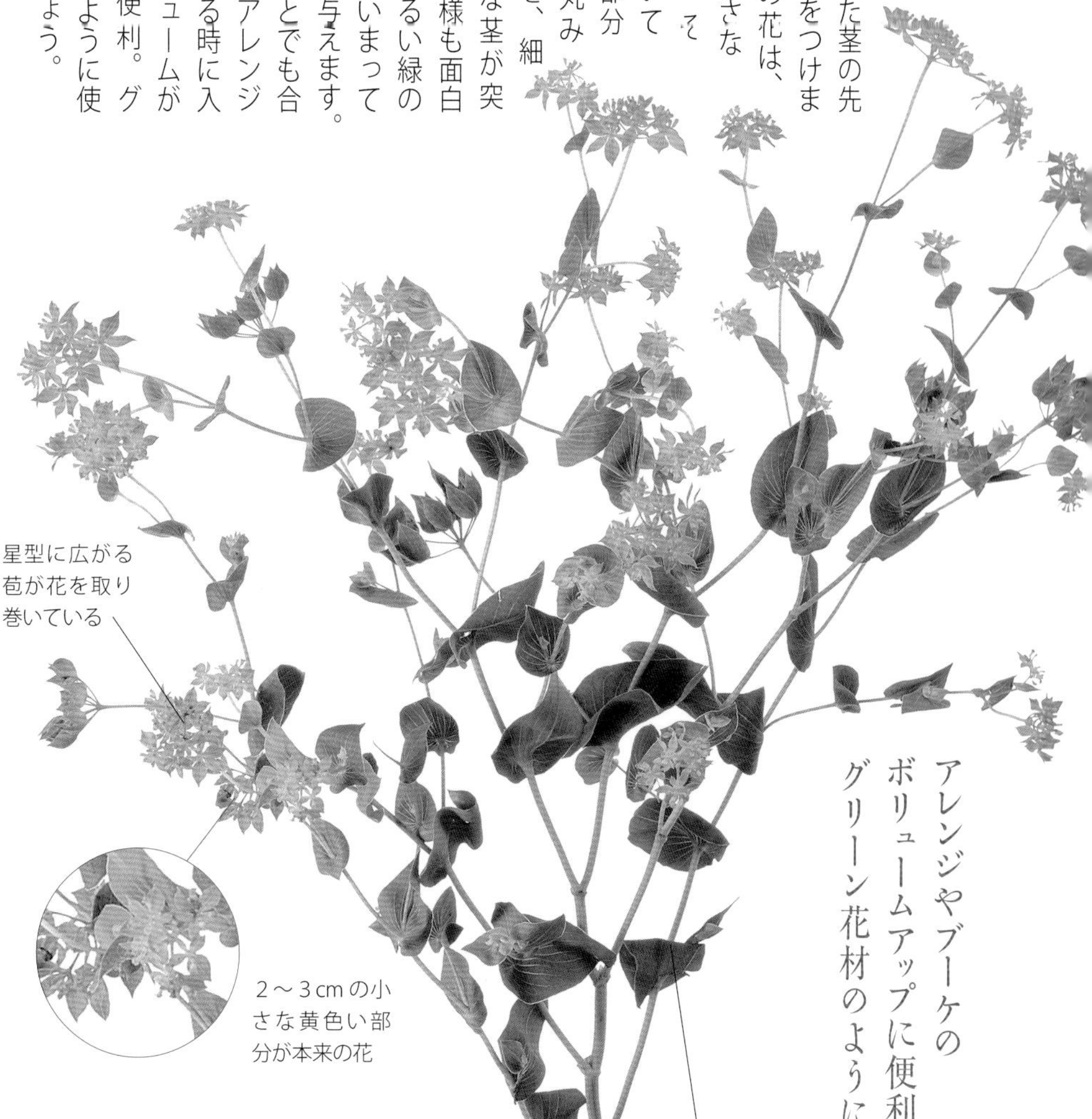

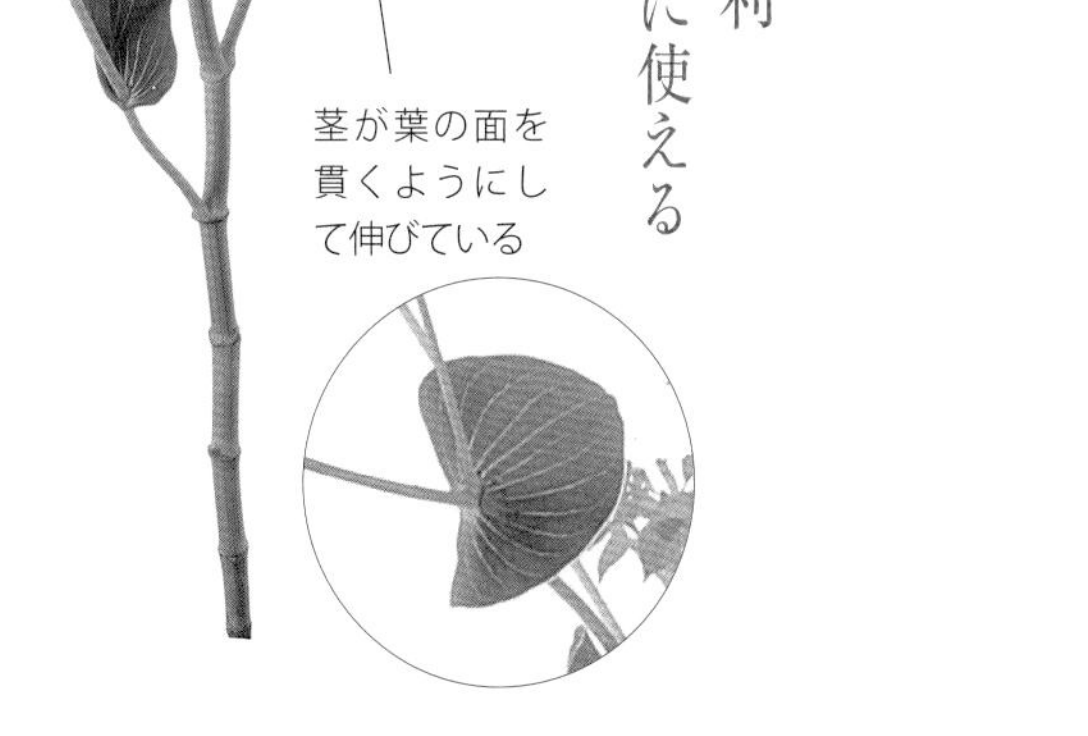

アレンジやブーケのボリュームアップに便利
グリーン花材のように使える

星型に広がる苞が花を取り巻いている

2～3cmの小さな黄色い部分が本来の花

茎が葉の面を貫くようにして伸びている

Data

植物分類：
セリ科
ブプレウルム属
原産地：
ユーラシア
和名：
突き抜き柴胡
（ツキヌキサイコ）
開花期：6～8月
流通サイズ：
70cm～1m程度
花の大きさ：小輪
価格帯：
200～400円
花言葉
初めてのキス
出回り時期

(月)

Arrange memo

日もち：1週間程度
水揚げ：水切り、湯揚げ
注意点：茎の先の部分は細く折れやすいので、扱いはていねいに
相性のいい花材：
ガーベラ（P48）
マトリカリア（P171）

ドライフラワー

フランネルフラワー

Flannel flower

花全体が白いうぶ毛に覆われ、フランネルの布のような質感があることから、この名前がつきました。

反り返った花びらのように見える部分は苞（ほう）で、やわらかい感触が魅力です。温かみのある風合いは、寒い時期のアレンジやブーケなどにぴったり。ウエディングシーンでもよく使われます。

以前は、オーストラリアからの輸入ものがほとんどでしたが、最近の人気で、花の大きい国内産の品種も出回るようになりました。

花びらのように見えるのは苞。フランネルの布のような質感

茎や葉も白い毛で覆われている。カーブした茎は優しい印象

フランネルのような
やわらかい質感が魅力
一躍人気の花に

Arrange memo

日もち：1週間程度
水揚げ：湯揚げ
注意点：水が下がりやすいので、まめに切り戻しを
相性のいい花材：
ブルースター（P160）
ラムズイヤー（P268）

ドライフラワー

アレンジ実例

フランネルフラワーを試験管風の花器に。隣に並べて生けたのは赤いシキミア（P81）

Data

植物分類：セリ科 アクティノータス属
原産地：オーストラリア
開花期：5～6月
流通サイズ：30～40cm程度
花の大きさ：中輪
価格帯：300～500円

花言葉
高潔

出回り時期

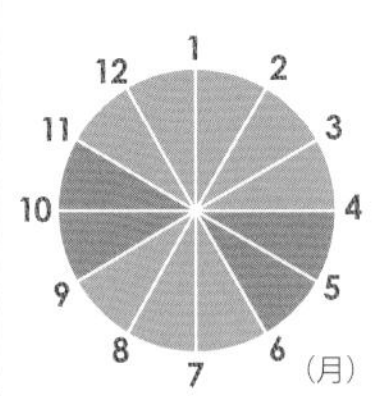

フリージア

Freesia

伸びやかな花茎（かけい）の先に、可憐な花を弓なりにつけます。品種改良されて、以前より1輪の花が大きくなりました。先端に向かって、つぼみが順に開いていくので、終わった花はまめに摘み取ること。そうすれば小さな先端のつぼみまで咲かせることができます。花のラインの美しさが生きるアレンジを心がけて。

フリージアといえば、甘くてすっきりとした香りも特長ですが、品種によってはほとんど香りがしないものもあります。香りが強いものは、黄色い品種に多いようです。

花のラインの美しさを生かしたアレンジを独特の甘い香りも魅力

花は先端に向かって順に咲いていく

小さなつぼみがついた枝もアレンジに使って

ブルーヘブン

アンバサダー

アラジン

Data

植物分類：
アヤメ科
フリージア属
原産地：
南アフリカ
和名：
浅葱水仙
（アサギズイセン）
開花期：3～4月
流通サイズ：
20～60cm程度
花の大きさ：中輪
価格帯：
150～300円

花言葉

あどけなさ、無邪気、純潔、親愛、期待

出回り時期

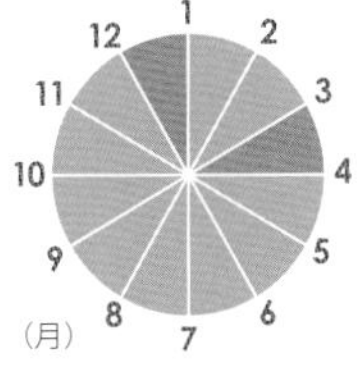

Arrange memo

日もち：5日～1週間
水揚げ：水切り
注意点：咲き終わった花から摘み取ると、つぼみが咲いてくる
相性のいい花材：
スイートピー （P92）
ラナンキュラス （P188）

ブルースター

Tweedia

オキシペタルム

透明感のある水色がもち味
切り口から出る白い粘液に注意して

透明感のある水色は、この花ならではのもち味。ピンクの花が咲く品種は「ピンクスター」、白い花は「ホワイトスター」の名前でそれぞれ流通しています。
やわらかな質感の花や葉は優しいイメージ。ナチュラルな雰囲気のアレンジやブーケのアクセントになります。

切り口からは白い粘液が出るので、切ったらすぐに洗い流すこと。あまり水揚げがよくないのが欠点。葉はしおれやすいので、少し間引いてから生けるようにしましょう。

ブルーの花は退色するとピンク色に変わってくる

切り口から白い粘液が出るので洗い流してから生ける

Arrange memo

日もち：5日〜1週間
水揚げ：水切り、湯揚げ、燃焼
注意点：切り口から白い粘液が出るので、洗い流してから生ける。葉は間引いてから生ける
相性のいい花材：
キルタンサス（P60）
リューココリネ（P191）

押し花

アレンジ実例

ブルースターとホワイトスターを口の広い花器に低くアレンジ。水色と白の組み合わせがさわやか

Data

植物分類：
ガガイモ科
トゥイーディア属
原産地：
中央・南アメリカ
和名：
瑠璃唐綿
（ルリトウワタ）
開花期：5〜10月
流通サイズ：
30〜50cm程度
花の大きさ：小輪
価格帯：
200〜300円

花言葉

信じ合う心、
幸福な愛、望郷

出回り時期

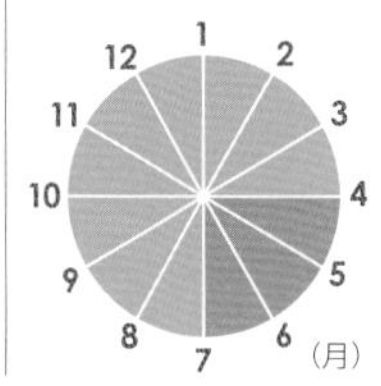

ブルーレースフラワー

Blue lace flower

くねくねと曲がった細い茎の先に、淡いブルー系の小花が集まって傘状の形に咲きます。白い花をつける「レースフラワー」（196ページ）とは、名前は似ていますが別品種。「ブルーレースフラワー」にも白い花をつけるものがあるので、区別して。

つぼみも愛らしいので、枝分けして使いましょう。野に咲くナチュラルな雰囲気の花と相性がよく、アレンジやブーケに入れると女性らしい優しげな雰囲気を演出できます。

淡いブルー系の小花とくねくねと曲がった茎が優しげなイメージ

小花が集まって傘状に咲く

カーブした茎は枝分かれして伸びる

Data

植物分類：セリ科トラキメネ属

原産地：オーストラリア、南太平洋

開花期：5～6月

流通サイズ：50～80cm程度

花の大きさ：小輪

価格帯：150～400円

花言葉

優雅なたしなみ、慎み深い人、無言の愛

出回り時期

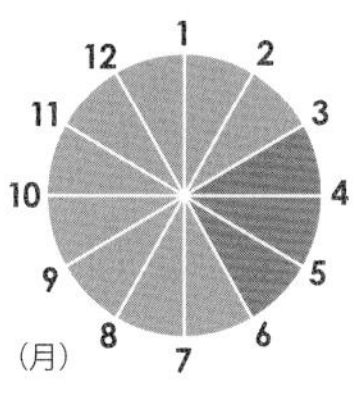

Arrange memo

日もち：5日～1週間

水揚げ：水切り

注意点：咲き終わると花がパラパラ散るので、飾る場所に注意

相性のいい花材：

スカビオサ（P94）
バラ（P137）

アレンジ実例

ブルーレースフラワーの茎のラインを生かして、ガラスの花器にふわっと入れる

ブルニア

Brunia

シルバーブルニア

茎に針状のスギのような葉をびっしりつけ、その先端に丸い実のような花をつけます。「バーゼリア」（133ページ）とよく似ていますが、こちらのほうが丈が短く、花は大きいのが特徴です。
花色はシルバー系のものがほとんど。冬に多く出回り、大人っぽいクリスマスのアレンジやリースなどによく使われます。リースにあしらうと、そのままドライフラワーにもなります。

シックでおしゃれな
シルバー系の色味は
クリスマスにも活躍

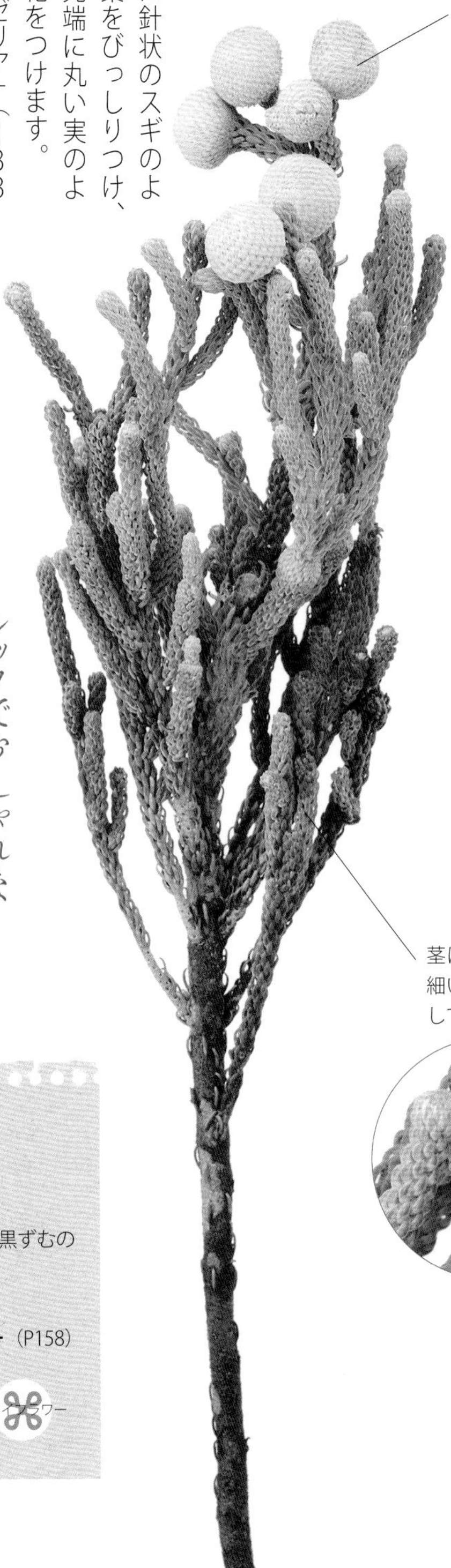

シルバーカラーがクリスマスアレンジ向き

小さな花が丸い実のように集まって咲く

茎には針状の細い葉が密集してつく

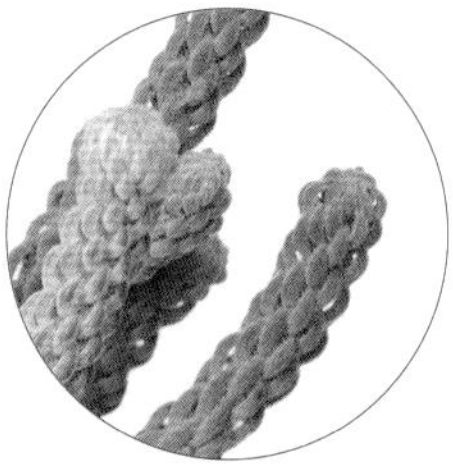

Data

植物分類：ブルニア科ブルニア属
原産地：南アフリカ
開花期：周年
流通サイズ：40～50cm程度
花の大きさ：中輪
価格帯：200～300円

花言葉

不変

出回り時期

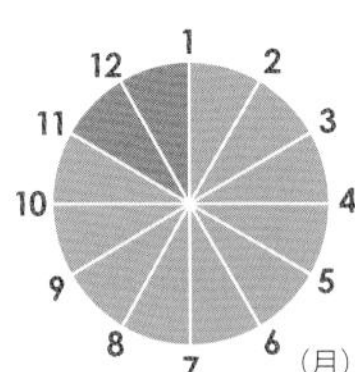

Arrange memo

日もち：1～2週間
水揚げ：水切り
注意点：花に水がかかると黒ずむので注意する
相性のいい花材：
フランネルフラワー（P158）
モミ（P223）

ドライフラワー

プロテア

Protea

硬い花びらのように見えるのは苞（ほう）。多くの小花が集まって咲く中央部を包み込んでいて、全体でひとつの花のように見えます。

原産地である南アフリカの国花にもなっている写真の「キング・プロテア」は大型の品種で、インパクトがあります。最近は、花全体の大きさが4〜5㎝の小ぶりな品種も登場。アレンジしやすくなりました。葉はすぐに黒くなるので、取ってから生けてもいいでしょう。

花びらのように見えるのは苞。ツヤがあるものが新鮮

葉は黒くなりやすいので取ってから生けたほうが長もち

エキゾチックな花はとても個性的小ぶりの品種もお目見え

キング・プロティア

Arrange memo

日もち： 1〜2週間

水揚げ： 水切り

注意点： 葉は黒くなるので、はずしてから使うか、黒くなったらはずす

相性のいい花材：

ジンジャー (P90)

リューカデンドロン (P190)

ドライフラワー

アレンジ実例

素焼きの鉢に葉つきのまま入れ、葉が黒くなったら取ってほかのグリーンをプラス

Data

植物分類：
ヤマモガシ科
プロテア属

原産地：
中央・南アフリカ

開花期：10〜12月

流通サイズ：
50cm〜2m程度

花の大きさ：大輪

価格帯：
2,000〜3,000円

花言葉

自由自在、
華やかな期待

出回り時期

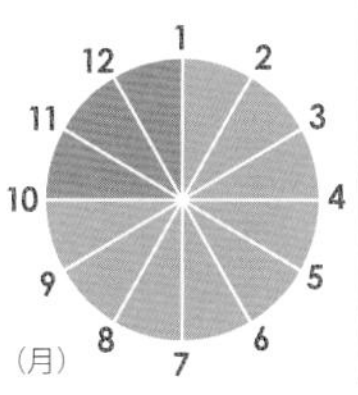

ベニバナ

Bastard saffron

アザミに似た黄色い球状の花を元気に咲かせ、花が少なくなる夏に重宝します。

和名を「末摘花（スエツムハナ）」といい、源氏物語に登場する姫の名はこの花が由来。赤い鼻をもつ姫を、古来より紅の原料として使われるこの花にたとえたのです。

黄色い花は退色するにつれて徐々に赤くなっていくのですが、最近では色が変わらない品種も。

アレンジなどで楽しんだあとは、そのままドライフラワーにもなります。

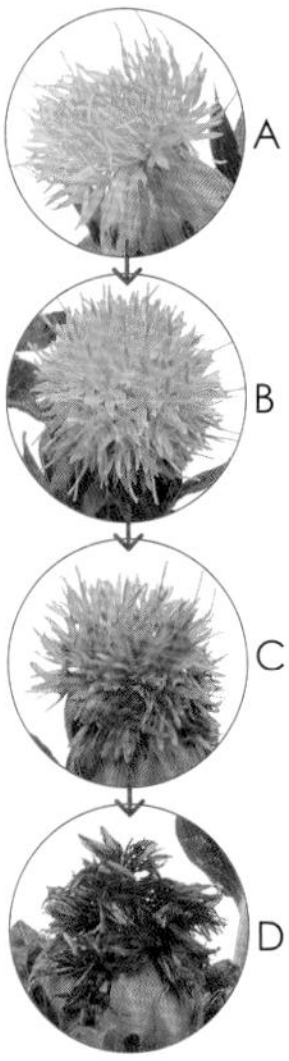

A
B
C
D

花は通常、黄色から赤に変色していく

葉の先にトゲがあるので扱いに注意して

花が少なくなる夏に重宝する元気な花
そのままドライフラワーにも

Data

植物分類：キク科カルタムス属
原産地：地中海沿岸、西アジア
和名：紅花（ベニバナ）、末摘花（スエツムハナ）
開花期：6～7月
流通サイズ：80cm～1m程度
花の大きさ：中輪
価格帯：150～300円

花言葉

包容力、熱狂、情熱、特別な人、装い

出回り時期

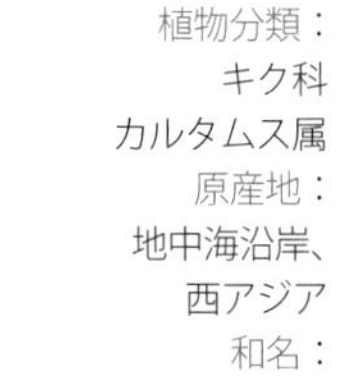

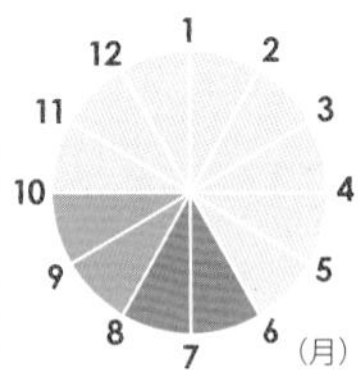

Arrange memo

日もち：3～5日
水揚げ：水切り
注意点：葉の先にトゲがあるので、扱いに注意する
相性のいい花材：
ヒマワリ (P150)
ヘレニウム (P166)

ドライフラワー

ヘリコニア

Heliconia

ロブスタークロー

トロピカルなイメージを
うまく生かして個性的なアレンジに

花も葉もトロピカルムード満点です。鮮やかな花色とシャープな造形を上手に生かして、個性的なアレンジを工夫しましょう。同じような南国風のグリーンを組み合わせても素敵です。

花のように見える部分は苞（ほう）。ロブスターの爪のようにも見えることから「ロブスタークロー」とも呼ばれます。実際の花は苞の中に10個前後つきます。

舟形の苞の中に小さな花がつく

花茎（かけい）は直立するタイプと下垂するタイプがある

Data

植物分類：
ストレリチア科
ヘリコニア属
原産地：
熱帯アメリカ、
南太平洋諸島
和名：
鸚鵡花
（オウムバナ）
開花期：6～10月
流通サイズ：
50cm～1m程度
花の大きさ：小輪
価格帯：
300～500円
花言葉
注目、脚光、
風変わりな人、
不寛容
出回り時期

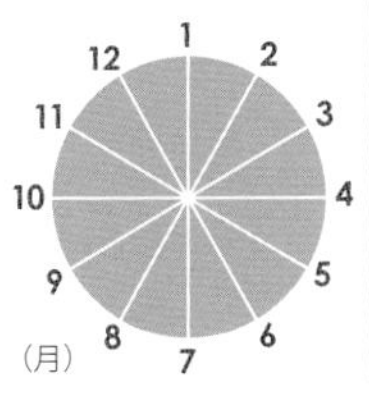

Arrange memo

日もち：1週間～10日
水揚げ：水切り
注意点：高温多湿な環境を好むので寒い場所は避ける
相性のいい花材：
グロリオサ（P72）
ダリア（P110）

アレンジ実例

ガラスの器に入れたヒメリンゴを花留めにして、ヘリコニアの花と葉をアレンジ

ヘレニウム

Sneeze Weed

ともすれば、供花（きょうか）のイメージもある地味な印象の花。アレンジのコツは、1本をそのまま入れずに切り分けて、ひとつひとつの花が引き立つようにすること。空きびんや空き缶などに、さりげなく飾るのもおすすめです。

花びらが散ったあとに残る中心部だけでもかわいらしい印象になります。この部分が団子のように丸く盛り上がっていることから、和名を「団子菊（ダンゴギク）」といいます。

中央の部分が半球状に盛り上がって咲く

水につく下のほうの葉は整理してから生ける

枝を切り分けてアレンジするのがコツ
花が散ったあとの中心部もかわいい

Data

植物分類：キク科ヘレニウム属
原産地：北アメリカ
和名：団子菊（ダンゴギク）
開花期：7〜10月
流通サイズ：50cm〜1m程度
花の大きさ：中輪
価格帯：150〜300円

花言葉

派手、上機嫌、絶望的な恋

出回り時期

Arrange memo

日もち：5日〜1週間
水揚げ：水切り、深水
注意点：茎を切った時に出る汁でかぶれる場合があるので、手につけないよう気をつける
相性のいい花材：
ヒマワリ（P150）
ベニバナ（P164）

ベロペロネ

Shrimp bush

ベルベロネ

花びらのように見える部分は苞（ほう）。うろこ状に重なってカーブしていて、エビの背中から尻尾の部分に似ているため、和名は「小海老草（コエビソウ）」、英名も「シュリンプブッシュ」といいます。緑色の苞は、だんだん赤く色づいてきます。

花としても、グリーンとしても、なかなか使い勝手がよく、アレンジが少しさびしい時や、ボリュームを出したい時などに大変重宝します。切り分けて使いましょう。

苞が重なってカーブした花穂を形成している

日が経つと花も葉も黒ずんでくる

花としても
グリーンとしても
使い勝手がよく重宝する

Data

植物分類：
キツネノマゴ科
ベロペロネ属
原産地：
メキシコ
和名：
小海老草
（コエビソウ）
開花期：6～7月
流通サイズ：
50cm～1m程度
花の大きさ：中輪
価格帯：
150～300円

花言葉

おてんば、
機知に富む

出回り時期

（月）8〜10（図）

Arrange memo

日もち：5日程度
水揚げ：湯揚げ、燃焼
注意点：茎は折れやすいので、ていねいに扱う
相性のいい花材：
ウィンターコスモス （P36）
キク （P56）

ベンケイソウ

Live-forever

セダム

乾燥に強く丈夫で長もち
アレンジのすき間を
埋める花材としても活躍

「ベンケイソウ」という名前の由来は、あの武蔵坊弁慶から。切った茎や葉をそのままに放置しておいても枯れない丈夫さを、強い武将の弁慶にたとえたのだとか。確かに、サボテンなどの多肉植物の仲間だけあって乾燥に強く、とても丈夫で長もち。暑さにも強いので、花が少なくなる夏のアレンジにもとても重宝します。

星型の小花が集まって咲くと、ボリュームたっぷり。小分けして、アレンジのすき間を埋めるのにも使えて便利です。

開花前の状態で出回る

葉と茎は、多肉植物ならではの独特の質感をもつ

Arrange memo

日もち：1～2週間
水揚げ：水切り、湯揚げ
注意点：湿気を嫌うので風通しのよい場所に置く
相性のいい花材：
クレマチス (P71)
トルコギキョウ (P124)

Data

植物分類：ベンケイソウ科 ヒロテレフィウム属
原産地：ヨーロッパ、シベリア、日本、中国、モンゴル、朝鮮半島
和名：弁慶草（ベンケイソウ）
開花期：7～10月
流通サイズ：30～60cm程度
花の大きさ：小輪
価格帯：200～300円

花言葉

強い心、信念、平穏、のどか

出回り時期

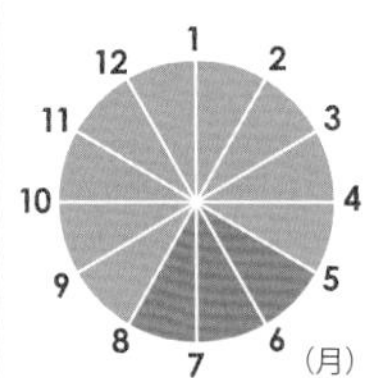

ホトトギス

Toad lily

秋の野に自生し、日本固有の品種も多い草花。可憐な花には和の情緒があり、古くから生け花や茶花としても親しまれてきました。花名は、花びらの斑（はん）点（てん）模様が鳥のホトトギスの胸の模様に似ていることから。模様の入らない黄色や白の花も流通しています。

キキョウやススキなどと相性ばつぐん。秋の野のような雰囲気で生けましょう。

花びらに独特の斑点模様がある花が上向きに咲く

葉や茎には産毛が生えている

地味ながら和の情緒あり
秋の野に咲いている
雰囲気のままに生けて

Arrange memo

日もち：5日〜1週間
水揚げ：水切り
注意点：和の雰囲気を生かしたアレンジにする
相性のいい花材：
キキョウ（P55）
ススキ（P95）
リンドウ（P192）

Data

植物分類：
ユリ科
ホトトギス属
原産地：
日本、東アジア
和名：
杜鵑草（ホトトギス）
開花期：8〜10月
流通サイズ：
30〜70cm 程度
花の大きさ：小輪
価格帯：
200〜400円
花言葉
永遠、永遠の若さ
出回り時期

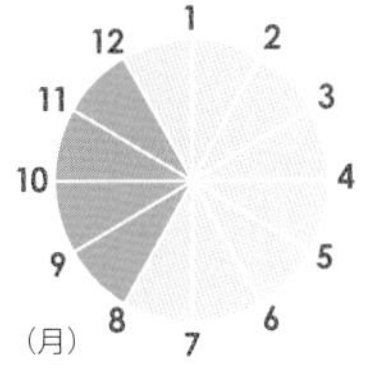

マーガレット

Paris daisy,Marguerite

花の名に疎い人でも、花びらを1枚ずつちぎって占う恋占いの花、と聞けば思い浮かぶのでは？

日本には明治時代の初めに伝わったといわれ、庭の花や鉢植えの花としても人気。清楚な白い花は、万人に好まれるようです。

一重咲きの白い花が一般的ですが、品種改良も盛んに行われ、八重咲きやピンク、オレンジ色、黄色などの花も次々と登場。花つきのいい小ぶりなタイプも人気です。

余分な葉を間引いて、水揚げをしっかりしておけば、小さなつぼみも咲きます。

一重咲きの白い花が一般的

葉には深い切れ込みが入っている

清楚な白い花は
万人に好まれる
品種改良も盛ん

Arrange memo

日もち：1週間〜10日
水揚げ：水切り、湯揚げ、燃焼
注意点：葉を適度に取り除くと、水揚げがよくなる
相性のいい花材：
シュッコン
スイートピー（P87）
チューリップ（P113）

押し花

アレンジ実例

シンプルなガラスの花器にマーガレットを生けて、日光が当たる窓辺に飾る

Data

植物分類：
キク科
アルギランセマム属
原産地：
カナリア諸島
和名：
木春菊
（モクシュンギク）
開花期：３〜４月
流通サイズ：
30〜60cm 程度
花の大きさ：中輪
価格帯：
150〜300円

花言葉

恋占い、恋の行方、誠実、心に秘めた愛、真実の友情

出回り時期

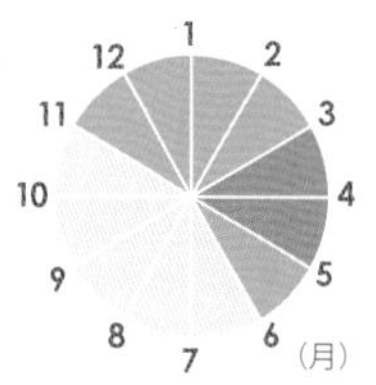

マトリカリア

Feverfew

フィーバーフュー

直径1～2㎝の小さな花がたくさん、枝分かれした細い茎の先につきます。一重咲きの白い花がポピュラーですが、半八重咲きや八重咲き、ポンポン咲き、黄色い花をつける品種なども。

一重咲きの花は、ハーブのカモミール（カミツレ）によく似ていますが、葉が違います。

可憐な雰囲気があり、枝分けしてアレンジやブーケのすき間を埋めるのに適しています。

水が下がりやすいので、余分な葉は整理して、しっかり水揚げしてから使いましょう。

花には、キクに似た強い香りがあります。

Data

植物分類：
キク科
マトリカリア属

原産地：
地中海沿岸、
西アジア

和名：
夏白菊
（ナツシロギク）

開花期：5～7月

流通サイズ：
30～90cm程度

花の大きさ：小輪

価格帯：
150～300円

花言葉

恋路、集う喜び、
忍耐、寛容、楽しむ

出回り時期

12 1 2 3 4 5 6 7 8 9 10 11（月）

直径1～2cmの小さな花には強い香りがある

葉には深い切れ込みがある

可憐な白い花をスプレー状につける
水が下がりやすいので注意

アレンジ実例

口が広いグラスに少ない本数を生ける時は、花を片側に寄せるとバランスがいい

Arrange memo

日もち：3日～1週間
水揚げ：水切り、湯揚げ
注意点：茎は折れやすく葉は傷みやすいので、扱いはていねいに。余分な葉は整理し、水揚げをしっかりする
相性のいい花材：

押し花

ストロベリーキャンドル（P103）
ルピナス（P194）

マリーゴールド

Marigold

黄色やオレンジ色のビビッドカラーで夏の花壇を彩る花ですが、切り花も出回っています。丈が長くて花も大きいアフリカ系と、丈の短い小輪のフレンチ系の2種類があります。最近では、白やクリーム色などの淡い色の花や、一重咲きなどのめずらしい品種も登場しています。

花が大型なアフリカ系は茎が中空で、花の下から折れやすいので扱いに注意して。また、独特の強い香りを発するため、使いすぎには気をつけましょう。

ビビッドカラーが印象的
香りが強いので
使いすぎないよう注意して

Arrange memo

日もち：5〜10日
水揚げ：水切り、湯揚げ
注意点：香りが強いので、使いすぎないこと
相性のいい花材：
カラー（P52）
ヒマワリ（P150）
ヘレニウム（P166）

ドライフラワー

アレンジ実例

同じ黄色のカラーやヘレニウムと組み合わせたブーケ。明るいグリーンをあしらって

Data

植物分類：キク科タゲテス属
原産地：メキシコ
和名：孔雀草（クジャクソウ）、万寿菊（マンジュギク）、千寿菊（センジュギク）
開花期：4〜10月
流通サイズ：15〜80cm程度
花の大きさ：中・大輪
価格帯：150〜300円

花言葉

可憐な愛情、友情、勇者、予言、健康、嫉妬、絶望

出回り時期

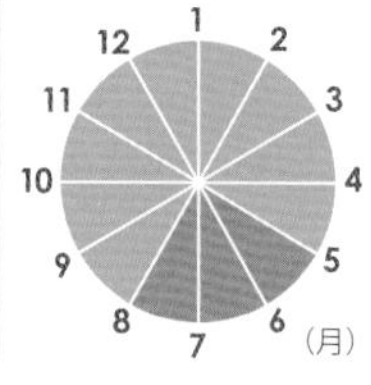

ミシマサイコ

Bupleurum root

「三島柴胡（ミシマサイコ）」という名前は、静岡県三島市付近が原産地とされているから。根を乾燥したものは「柴胡桂枝湯（さいこけいしとう）」と呼ばれる漢方薬の原料になり、解熱作用があることが知られています。

自生種は絶滅の危機にさらされていますが、秋になると、栽培された切り花が出回ります。

緑色がかった黄色の小花はひかえめな印象を与えますが、秋らしいナチュラルなアレンジなどの脇役として活躍します。枝分けして使いましょう。

秋の野山を思わせる
ひかえめな黄色い小花が
愛らしい

Data

植物分類：
セリ科
ブプレウルム属
原産地：
日本
和名：
三島柴胡
（ミシマサイコ）
開花期：８～９月
流通サイズ：
50～80cm 程度
花の大きさ：小輪
価格帯：
200～300円
花言葉
初めてのキス
出回り時期

12 1 2 3 4 5 6 7 8 9 10 11 (月)

Arrange memo

日もち：３日～１週間
水揚げ：水切り、湯揚げ
注意点：水が下がってしまったら、水切り後、湯揚げを
相性のいい花材：
リンドウ（P192）
ワレモコウ（P200）

ドライフラワー

ミヤコワスレ

Gymnaster

端正な姿に気品があり
丈夫で水揚げもいい
すっきり清楚なアレンジに

鎌倉時代、承久(じょうきゅう)の乱に敗れて佐渡へ島流しになった順徳院(じゅんとくいん)が、この花を見て慰められ、都を忘れることを誓ったのだとか。そこから「都忘れ」という名前がつきました。

端正な姿に気品があり、花の色や形を生かしてすっきりとアレンジするのが似合います。枝ものや野草風の花材ともよく合います。

丈夫で水揚げがよいのも特長。小さなつぼみを整理してから生けると、色づいたつぼみまで咲きます。

茎の先に数個の花がつく

葉の周囲はギザギザにとがっている

Arrange memo

日もち：3～5日
水揚げ：水切り、湯揚げ
注意点：茎がしっかりした花を選ぶと長もちする。余分な葉や固くて小さなつぼみは整理する
相性のいい花材：
ワスレナグサ (P197)
コデマリ (P208)

Data
植物分類：
キク科
ミヤマヨメナ属
原産地：
日本
和名：
都忘れ
（ミヤコワスレ）、
野春菊
（ノシュンギク）、
深山嫁菜
（ミヤマヨメナ）
開花期：4～6月
流通サイズ：
20～50cm程度
花の大きさ：中輪
価格帯：
100～300円

花言葉
別れ、
しばしの憩い、
強い意志

出回り時期

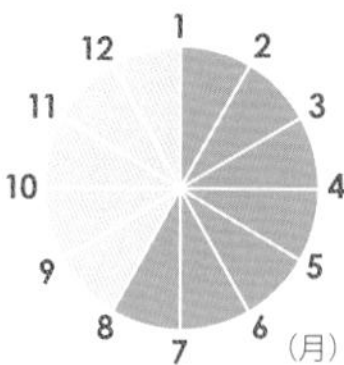

ムギ

Barley

ハナムギ

ムギにはいろんな種類がありますが、切り花として出回るのは主にオオムギ。青々とした穂をつけたものは、春らしい花材と組み合わせて、ブーケなどによく使われます。

きれいな緑色の葉は、すぐに黄色く変色してしまうので、ブーケやアレンジなどに使う際は最初から取り除いておいてもいいでしょう。

秋になると、黄金色に色づいたものも出回ります。実りの秋をイメージさせるアレンジなどにおすすめです。

青々とした穂は
春の花材として活躍
カジュアルなブーケに
よく使われる

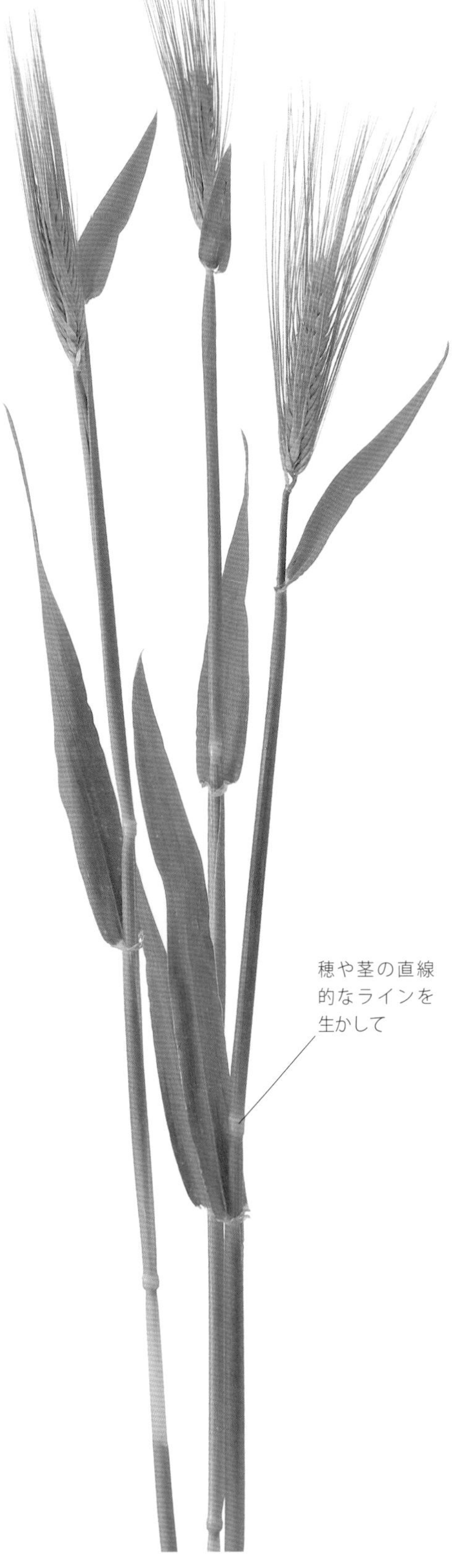

穂や茎の直線的なラインを生かして

Data

植物分類：
イネ科オオムギ属
原産地：
中東
和名：
麦（ムギ）
開花期：4～6月
流通サイズ：
60cm 程度
穂の大きさ：中
価格帯：
100～200円

花言葉
富、繁栄、
希望、豊作

出回り時期

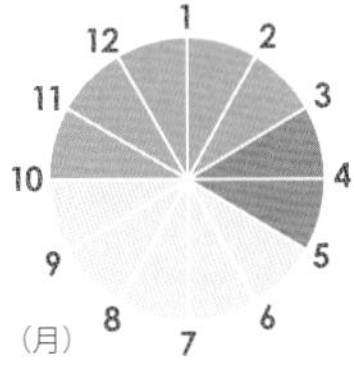

Arrange memo

日もち：5日～1週間
水揚げ：水切り
注意点：葉は変色しやすいので、取り除いても
相性のいい花材：

チューリップ（P113）
ナノハナ（P130）

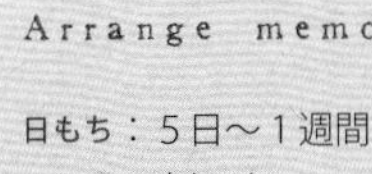

ドライフラワー

ムスカリ

Grape hyacinth

ブドウヒヤシンス

初春を告げる球根植物
ブルー系の色が美しく
強い芳香をもつ品種も

小さなブドウの房のような可憐な花を茎の先端につけます。ヒヤシンスの仲間の球根植物で、英名は「グレープヒヤシンス」。「ムスカリ」という名前は、ムスクの香りに似ていることからついたのだとか。花にさわやかで強い芳香をもつ品種もあります。

ブルー系や白、緑色に近い色も出回っていますが、ムスカリらしい色といえば、なんといってもブルー。濃淡いろいろあって、甘い春色のブーケなどに入れるとアクセントになります。

3～5mmほどの小花が茎先に連なって咲く

緑色がかった色も人気

Data

植物分類：ユリ科ムスカリ属
原産地：地中海沿岸、南西アジア
和名：葡萄風信子（ブドウフウシンシ）
開花期：3～4月
流通サイズ：10～30cm程度
花の大きさ：小輪
価格帯：100～150円

花言葉

寛大なる愛、黙っていても通じる私の心、失望、失意

出回り時期

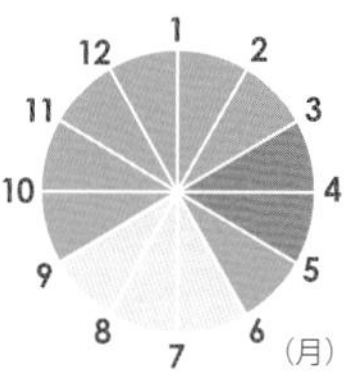

Arrange memo

日もち：5日～1週間
水揚げ：水切り
注意点：花と花との間が詰まっている新鮮なものを選ぶ
相性のいい花材：
アネモネ（P23）
スイセン（P93）

モカラ

Mokara

ビビッドな色と花もちのよさ
価格も手ごろで
カジュアルなランとして人気

多くの品種があるランの中でも、近年人気を集めているのが、この「モカラ」。バンダ属、アラクニス属、アスコセントラム属の3種のランを掛け合わせて作った人工種で、おもに東南アジアから切り花として輸入されています。黄色やオレンジ色、紫色、ピンクなどのビビッドな色が豊富で花もちもよく、価格も手ごろです。

そのまま生けて華やかさを演出したり、数輪を水に浮かべたりしても素敵。まめに水を替え、茎を切り戻すと長もちします。

花は乾燥に弱いので、霧吹きで水分補給を

1本の茎に花がたくさんつく

花の中心には小さいながらもラン特有のリップが

Arrange memo

日もち：1〜2週間
水揚げ：水切り、湯揚げ
注意点：寒さに弱いので、冬期は温かい場所に置く。乾燥しないよう、花の裏側から霧吹きで水分補給
相性のいい花材：
ガーベラ (P48)
バンダ (P148)

アレンジ実例

葉先を丸めたドラセナ (P260) を花留めにして、2色のモカラとキイチゴ (P206) の葉をアレンジ

Data
植物分類：ラン科モカラ属
原産地：熱帯アジア、オーストラリア
開花期：7〜11月
流通サイズ：20〜30cm程度
花の大きさ：中輪
価格帯：200〜300円
花言葉
優美、優雅、気品、美人
出回り時期

1 2 3 4 5 6 7 8 9 10 11 12 (月)

モナルダ

Monarda,wild bergamot

ベルガモット、タイマツバナ

夏に赤やピンク、紫色などの花を咲かせるモナルダ。さわやかな香りをもつ品種もあり、その香りが柑橘類のベルガモットに似ていることから「ベルガモット」とも呼ばれます。

花びらのように見えるのは「苞(ほう)」。放射状に広がり、中から花芯(かしん)が飛び出してきます。この姿が燃えさかる火のように見えることから、日本では「松明花（タイマツバナ）」と呼ばれてきました。

ハーブ類などと組み合わせた、ナチュラルな雰囲気のアレンジが似合います。水が下がりやすいので、元気がない時は湯揚げするのがおすすめです。

柑橘系の香りをもつ品種が人気
野趣あふれるアレンジに

花びらに見えるのが苞。その中から花芯が飛び出している

葉がいきいきしているものを選ぶとよい

Data

植物分類：シソ科モナルダ属
原産地：北アメリカ
和名：松明花（タイマツバナ）、矢車薄荷（ヤグルマハッカ）
開花期：6～9月
流通サイズ：50～70cm 程度
花の大きさ：中輪
価格帯：150～300円

花言葉

安らぎ、豊かな感受性、燃え続ける思い

出回り時期

12 1 2 3 4 5 6 7 8 9 10 11 (月)

Arrange memo

日もち：5日～1週間
水揚げ：水切り、湯揚げ
注意点：水が下がった場合は湯揚げすると上がりやすい
相性のいい花材：

ケイトウ (P73)
ハーブゼラニウム (P262)
ミント (P266)

ドライフラワー　ポプリ　精油

ヤグルマギク

Bachelor's button, Bluebottle

花の形が、矢を放射状に丸く並べた「矢車」という古くからの意匠に似ていることから、この名前がつきました。寒い冬のうちから出回る早春の花です。

濃いブルーの花は、古代エジプトのツタンカーメン王の墓からの出土品にも描かれていたそう。ドイツの国花で、独身の人が襟元につける花とされているなど、世界中で親しまれています。

深い切れ込みのある細い花びらが繊細な印象。細い茎のラインを生かして、野の花風の優しい雰囲気のアレンジに使いましょう。

切れ込みのある細い花びらが繊細な印象
茎のラインを生かして

茎や葉は白い綿毛に覆われている

愛らしいつぼみは水揚げすれば咲く

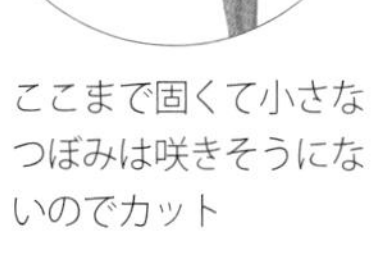

ここまで固くて小さなつぼみは咲きそうにないのでカット

Data

植物分類：
キク科
ケンタウレア属
原産地：
ヨーロッパ東南部、小アジア
和名：
矢車菊（ヤグルマギク）、矢車草（ヤグルマソウ）
開花期：４〜６月
流通サイズ：
30〜60cm 程度
花の大きさ：中輪
価格帯：
100〜300円
花言葉
幸福、幸運、教育、信頼、デリカシー、優雅、繊細、独身生活
出回り時期

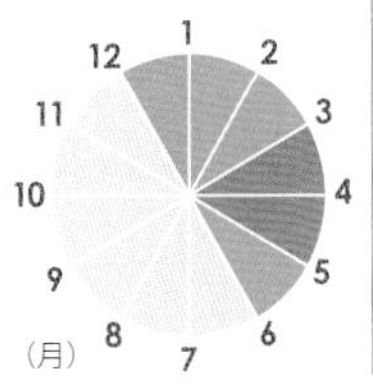

Arrange memo

日もち：５日〜１週間
水揚げ：水切り
注意点：茎は腐りやすいので毎日まめに切り戻す
相性のいい花材：
グリーンベル（P67）
ブプレウルム（P157）

ユウギリソウ

Blue throatwort

和の印象が強いが短く切り分けると洋のアレンジにも重宝

わずか2〜3㎜の小さな花が密集して咲く、キキョウ科の植物。紫色が一般的で、花が盛りになると輪郭が夕霧にかすんだような雰囲気に見えることから、この名がつきました。

通常はつぼみの状態で出回ります。流通量が少ない白やピンクのほか、写真のようなオランダ産のグリーンの品種も周年で手に入ります。

和の印象が強い花ですが、短く切り分けて使うとアレンジの隙間を埋めるのに重宝し、洋風のアレンジにも違和感なく使えます。

茎を切ると白い液が出るので、アレンジする前にきれいに洗い流しましょう。

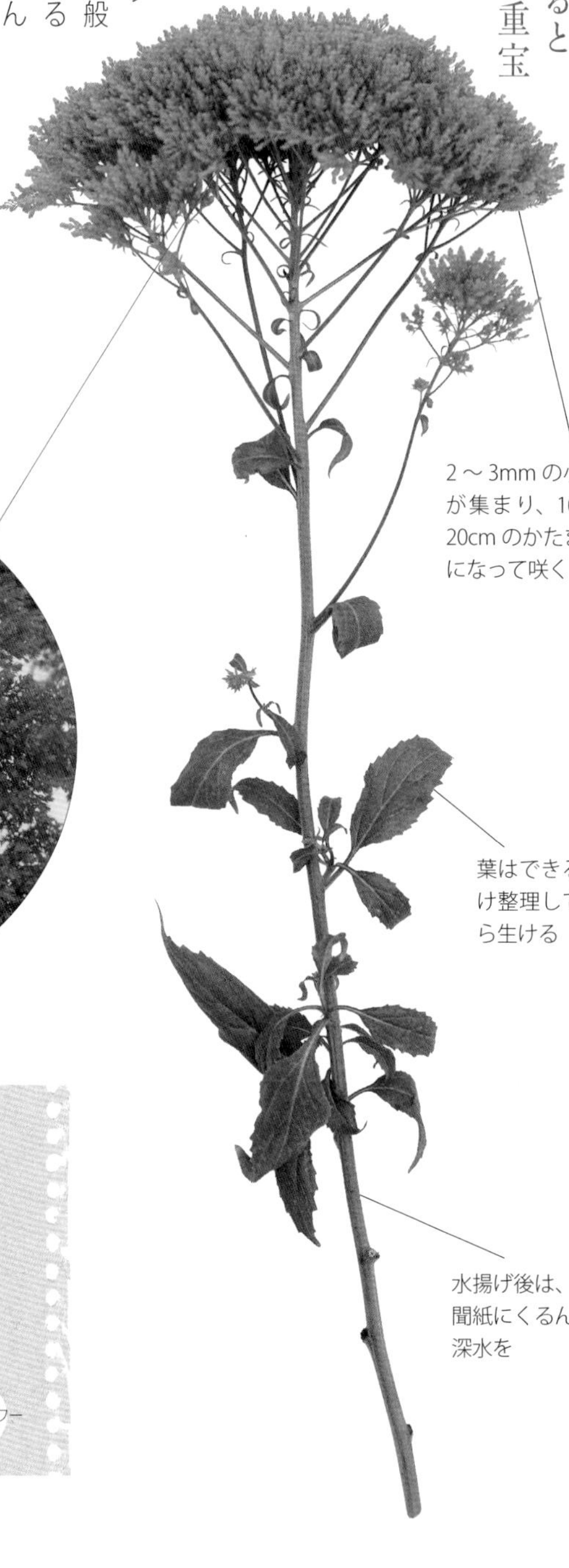

2～3mmの小花が集まり、10～20cmのかたまりになって咲く

葉はできるだけ整理してから生ける

水揚げ後は、新聞紙にくるんで深水を

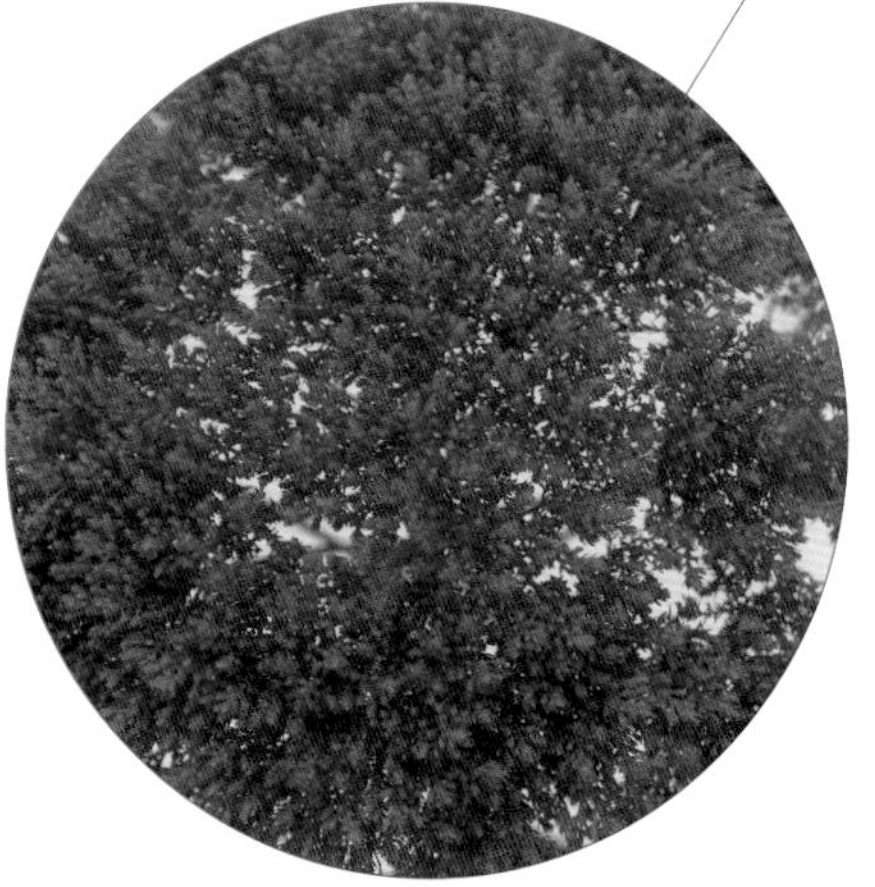

Data

植物分類：キキョウ科トラケリウム属

原産地：地中海沿岸

和名：夕霧草（ユウギリソウ）

開花期：6～10月

流通サイズ：30～70cm程度

花の大きさ：小輪

価格帯：300～400円

花言葉

はかない恋、優しい愛情

出回り時期

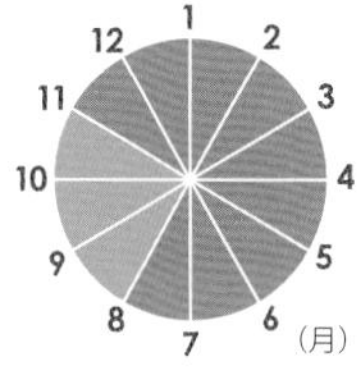

Arrange memo

日もち：5日～1週間

水揚げ：水切り、湯揚げ

注意点：水揚げ後は必ず深水する

相性のいい花材：

エリンジウム (P39)
トラノオ (P122)
トルコギキョウ (P124)

ドライフラワー

ユリ Lily

昔から、「立てば芍薬（しゃくやく）、座れば牡丹（ぼたん）、歩く姿は百合（ゆり）の花」と、美人の姿を形容する花としても使われるユリ。切り花として出回っているものは、四方に広がって咲く大輪のオリエンタルハイブリッド系、丈夫で成長が早いLAハイブリッド系、黄色やオレンジの大輪が多いOTハイブリッド系、ササユリやヤマユリ、テッポウユリなどの原種系などに大きく分かれます。

強い芳香があり、優雅で華麗、純白の大きな「カサブランカ」や「コンスタンス」は、オリエンタルハイブリッド系の代表種。結婚式のブーケとしても人気です。ブーケに使用する時は、花びらにつかないよう花粉は取っておくこと。また、咲くまでに時間がかかるので、当日に開くよう時間を調節して。

芳香と優雅な花姿が魅力的な冠婚葬祭の定番花 花粉が花びらにつかないよう注意

時間が経つと花びらの先にシワが入り、透明になってくる

つぼみが多いものを選ぶと長く楽しめる

つぼみが開いたら花粉は取っておく

コンスタンス
（オリエンタルハイブリッド系）

ほとんどのつぼみは咲くので、つぼみが多いものを

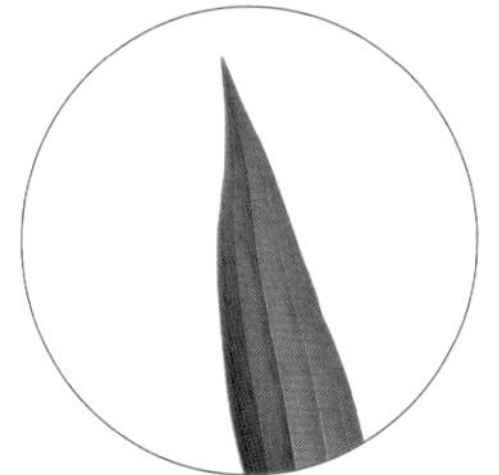

葉先までピンとしてみずみずしいものが新鮮

Data

植物分類：
ユリ科ユリ属
原産地：
北半球の
亜熱帯～亜寒帯
和名：
百合（ユリ）
開花期：５～８月
流通サイズ：
20cm ～ 1m 程度
花の大きさ：
中・大輪
価格帯：
200 ～ 3,000 円

花言葉

純潔、威厳、
無垢、自尊心

出回り時期

12 1 2 3 4 5 6 7 8 9 10 11（月）

品種カタログに続く

ユリ品種カタログ

オリエンタルハイブリッド系

花びらの周囲の白が中心部の赤を際立たせる「パラデロ」はボリューム満点

ピンクから白へのグラデーションが美しい「ウィルケアベルディ」

「カサブランカ」に匹敵する高級白ユリの「クリスタルブランカ」

濃いピンクの花が上を向いて咲く「タランゴ」。花弁は硬い

ピンクにうっすら白が入った「ロビナ」。花は大型でエレガント

白地に濃いピンクが入った「ソルボンヌ」。存在感があり、華やか

Arrange memo

日もち：1週間〜10日

水揚げ：水切り

注意点：服などにつくと落ちにくいので花粉はあらかじめ取っておく

相性のいい花材：

ハイブリッド系には

ダリア (P110)

トルコギキョウ (P124)

原種系には

トラノオ (P122)

ドウダンツツジ (P214)

アレンジ実例

ピンクのユリを主役に。つぼみは高く、花は低く生けるとバランスがいい。三角形に生けて

原種系

ラッパに似た白い花を横向きに咲かせる「テッポウユリ」は清楚さが魅力

「テッポウユリ・ドゥーサン」は、グリーンと白の葉やつぼみが個性的

小輪でオレンジ色の花が可憐な印象の「ヒメユリ」。ナチュラルなアレンジに

OT（オーティー）ハイブリッド系

黄色の大輪「イエローウィン」はブライダルなどでも人気

白と黄色のコントラストが美しい大輪の「シェルブール」も人気の品種

八重咲き新品種

希少な八重咲きで、日本の高知県でしか生産されない「ノーブルリリー」。中心はこのまま開花しない

LA（エルエー）ハイブリッド系

オレンジ色の「ロイヤルトリニティ」。花びらが大きくは広がらない

ピンク系の「サムール」。花が巨大にならず、ほかの花材とも合わせやすい

アレンジ実例

花の色と同じ白い花器を並べて、テッポウユリとテッポウユリ・ドゥーサンを

ラークスパー

Larkspur

チドリソウ、ヒエンソウ

長く伸びた細い茎の上部に2〜3cmの小花をたくさんつけます。5枚の大きな花びらに見えるものは「苞（ほう）」で、実際の花びらは中央に合着している2枚です。「ラークスパー」の意味は、ひばりの蹴爪。上部の苞の後ろについている「距（きょ）」と呼ばれる長い筒の形が似ていることから、名づけられました。花が千鳥や燕（つばめ）の飛ぶ姿にも似ているため、「千鳥草（チドリソウ）」や「飛燕草（ヒエンソウ）」とも呼ばれます。

ラインを生かしてアレンジするほか、必要な長さに切り分けてフィラーフラワー（274ページ）として使うのもおすすめです。

花びらに見えるのは「苞」。上部の苞の後ろから長い筒状の「距」が伸びている

つぼみは開きにくいのでよく日に当てる。花延命剤を使うのもよい

一重咲きのほか、八重咲きの花がつく種類も

鳥を連想させる花がキュート
短く切り分けて
アレンジのすき間を埋めても

Data
植物分類：キンポウゲ科コンソリダ属
原産地：南ヨーロッパ、北アメリカ、アジア、アフリカ
和名：千鳥草（チドリソウ）、飛燕草（ヒエンソウ）
開花期：5〜7月
流通サイズ：50〜60cm程度
花の大きさ：小輪
価格帯：200〜300円

花言葉
陽気、快活、軽やか

出回り時期

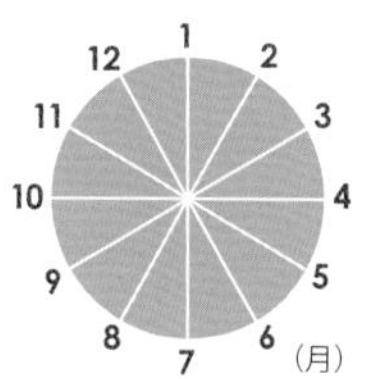

Arrange memo

日もち：5日〜1週間
水揚げ：水切り
注意点：しっかり水揚げしてから生ける
相性のいい花材：
ブプレウルム（P157）
レースフラワー（P196）

ドライフラワー
押し花

ライスフラワー

Rice flower

米粒状のつぼみが密集し
咲くと優しい雰囲気に
ボリュームを出すのに最適

オーストラリア原産のワイルドフラワーの一種で、現地では3mもの高さになるといいます。

密集した小さなつぼみが米粒のような形状をしていることが名前の由来。つぼみの状態で出回りますが、揺らすとポロポロと落ちやすいので注意して扱いましょう。切り分けてアレンジに使うと、ボリュームを出せます。

花が開くと印象が変わり、ふんわりと優しい雰囲気に。ラベンダーやバラを思わせるような個性的な香りも特長です。つぼみの状態のままドライフラワーにしても、長く楽しめます。

乾いた風合いの米粒状のつぼみが密集

水に浸かる葉は落とし、浅めの水で生ける

Data

植物分類：
キク科
オゾタムヌス属
原産地：
オーストラリア
開花期：4～5月
流通サイズ：
50～70cm程度
花の大きさ：小輪
価格帯：
300～400円
花言葉
豊かな実り
出回り時期

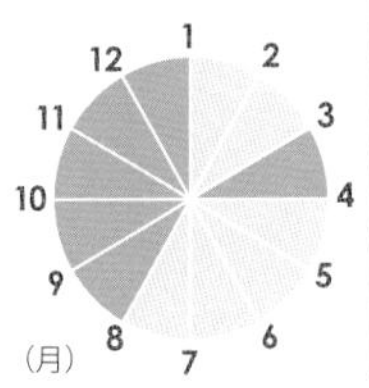

Arrange memo

日もち：1週間程度
水揚げ：水切り
注意点：水に浸かっている茎が傷みやすいので水は浅めにする
相性のいい花材：

バンクシア (P146)
リューカデンドロン (P190)
ユーカリ (P267)

ドライフラワー

ラグラス

Rabittail grass

ラビットテイル、バニーテイル

ギリシャ語で「ウサギの尾」ふわふわした穂を生かして動きのあるデザインに

「ラグラス」とは、ギリシャ語で野ウサギの尻尾を意味します。英名の「ラビットテイル」や和名の「兎の尾（ウサギノオ）」も同様で、ふっくらとして丸みがある穂が愛らしいイネ科の植物です。穂の動きを生かして、アレンジやブーケのアクセントにしましょう。

春の出始めの頃は、穂が若緑色をしていて光沢がありますが、次第に穂が大きく、セピア色のものが出回るようになります。

元来とても丈夫で、水揚げもよいのが特長。そのままドライフラワーにもなります。細い茎は折れやすく、穂についた種がポロポロと落ちやすいのでていねいに扱いましょう。

ふっくらと丸みがあってふさふさした穂は、ウサギの尻尾を思わせる

葉は黄色く変色しやすいので、できるだけ整理する

茎は細くて折れやすいので、ていねいに扱う

Arrange memo

日もち：5日〜1週間
水揚げ：水切り
注意点：茎が折れやすく種も落ちやすいのでていねいに扱う
相性のいい花材：
アネモネ（P23）
スイートピー（P92）
ルピナス（P194）

ドライフラワー

Data

植物分類：イネ科ラグラス属
原産地：地中海沿岸
和名：兎の尾（ウサギノオ）
開花期：4〜7月
流通サイズ：20〜50cm 程度
花穂の大きさ：中
価格帯：100〜200円

花言葉

感謝、私を信じて

出回り時期

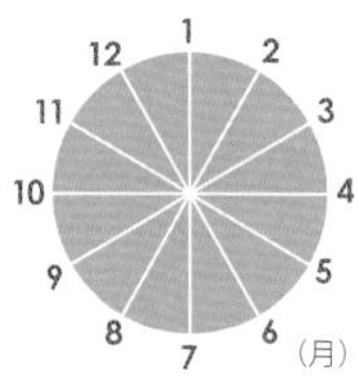

ラケナリア

Cape cowslips

アフリカンヒヤシンス

ベル型や筒型の小花が穂状に連なって咲く香りのいい品種も

「アフリカンヒヤシンス」の別名も持つ球根植物。ベル型や筒型の小さな花が穂のように連なって咲き、香りのいい品種もあります。

非常に種類が多く、花色もさまざま。美しい水色やツートンカラーなど複色のものは、特に人気です。

切り花として出回るのは、草丈が短く、花と茎だけで葉はつかないものが一般的。小さなガラスの花器などに数本入れて、宝石のような花色の美しさを楽しんでみましょう。

小さなベルや筒の形をした花は、下から順に咲き始める

ムタビリス

オーレア

Arrange memo

日もち：3～5日
水揚げ：水切り
注意点：咲き終わった花は摘み取ると長もちする
相性のいい花材：
バイモ（P134）
リューココリネ（P191）

Data

植物分類：ユリ科ラケナリア属
原産地：南アフリカ
開花期：2～4月
流通サイズ：10～30cm 程度
花の大きさ：小輪
価格帯：200～300円

花言葉

持続する愛、移り気、浮気はやめて

出回り時期

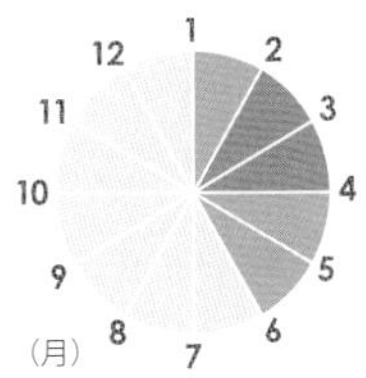

ラナンキュラス

Persian buttercup, Garden ranunculus

1本の茎に花が数輪つく。小さくて固いつぼみは整理して

春の主役として大人気
ひらひらといく重にも
重なる花びらが美しい

ひらひらとした薄い花びらがいく重にも重なって咲く姿がゴージャス。近年、春を彩る花の主役級として、人気が定着しています。色数も豊富で、花びら全体にグラデーションがかかっているものや、花びらの端に縁取りがあるようなものも。咲き方も、花芯（かしん）が見える半八重咲きやカーネーションのように咲くタイプなど、多彩です。

選ぶ時は、つぼみが少しほころびかけたものがおすすめ。小さくて固いつぼみは、咲かずに終わってしまうことも多いので、生ける時に整理します。水中で茎が腐りやすいため、浅めの水で生けるとよいでしょう。

そっと茎をつまんでみてやわらかければ、水が下がっているサイン

Data

植物分類：キンポウゲ科キンポウゲ属
原産地：南西アジア、ヨーロッパ
和名：花金鳳花（ハナキンポウゲ）
開花期：3～4月
流通サイズ：40～60cm 程度
花の大きさ：中・大輪
価格帯：150～350円

花言葉

晴れやかな魅力、名声、忘恩

出回り時期

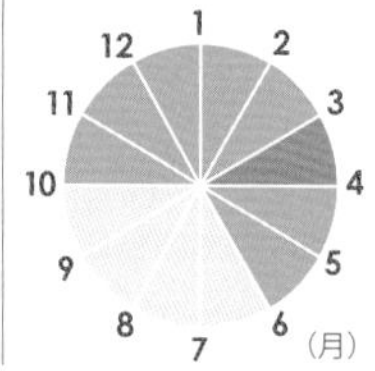

Arrange memo

日もち：3～4日
水揚げ：水切り、湯揚げ
注意点：茎がやわらかく折れやすいものは、扱いをていねいに。浅めの水で生ける
相性のいい花材：
バラ (P137)
レースフラワー (P196)

アレンジ実例

ころんと丸い花器に、美しく咲いた淡い色のラナンキュラスを2種、短く切って入れた

ラナンキュラス品種カタログ

にごりのないクリアな黄色が春らしい。明るいグリーンを合わせるのがおすすめ

白い花びらが開くと大輪になる品種。違う種類の白い花と組み合わせても素敵

緑色の花が咲く「エムグリーン」と呼ばれる品種。独特の花姿が野菜のよう

深みのある赤のラナンキュラスも人気。1本で飾ってもインパクトがある

白い花びらの上の部分が優しいピンクに色づく品種。茎が太く、草丈が短い

リューカデンドロン

Leucadendron

美しく色づいた苞（ほう）はまるで花びらのよう
長もちするのもうれしい

南アフリカが原産のエキゾチックな植物。数多くの品種が出回っていて、色や形もさまざまです。
全体が細長い葉で覆われていますが、茎の先で色づいた花びらのようにも見える部分は苞（ほう）。この苞の中心にある頭状の部分が花です。葉も苞もツヤツヤとしていて硬く、長もちするのも特長。いくつかに枝分けしてアレンジしましょう。

中心の松かさのような部分が花

花びらのように色づいている部分は苞

シルバースター

イエロー

Arrange memo

日もち：２週間程度
水揚げ：水切り、燃焼
注意点：アレンジする際は枝分けして使う
相性のいい花材：
トルコギキョウ（P124）
プロテア（P163）

ドライフラワー

アレンジ実例

トルコギキョウやバラ（P137）のアレンジに、苞がグリーンのリューカデンドロンをあしらう

Data
植物分類：
ヤマモガシ科
リューカデンドロン属
原産地：
南アフリカ
開花期：周年
流通サイズ：
50cm ～１m程度
花の大きさ：中・大輪
価格帯：
300 ～ 800 円
花言葉
沈黙の恋、
閉じた心を開いて
出回り時期

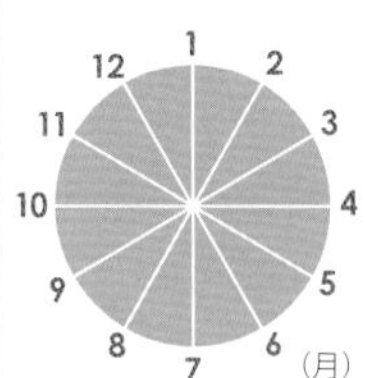

リューココリネ

Glory of the sun

細くて長いしなやかな茎の先に、星型の可憐な花を数輪、放射状につけます。

　切り花として一般的に出回るようになったのは1990年代と、比較的新しい花。軽やかで気品のある姿で人気になりました。

　花びらが白から青紫色のグラデーションになっている品種をはじめ、ブルーや紫色系、最近ではピンクや白の花も出回っています。

　水揚げがよく、つぼみもよく咲きます。甘くてスパイシーな香りをもつ品種とそうでない品種に分かれます。


白や淡いピンク、青紫色など、花色もさまざま

茎の先端に星型の花を放射状につける

花びらが白〜青紫色のグラデーションに

軽やかで気品のある姿と甘くてスパイシーな香りで人気上昇中

Arrange memo

日もち：3〜5日
水揚げ：水切り
注意点：咲き終わった花は摘み取るとつぼみまでよく咲く
相性のいい花材：
アガパンサス (P14)
デルフィニウム (P119)

押し花

アレンジ実例

大きな葉をバックに入れると、繊細な花の色や形が引き立つ

Data

植物分類：
ユリ科
リューココリネ属
原産地：
南アメリカ
開花期：3〜4月
流通サイズ：
30〜60cm程度
花の大きさ：中輪
価格帯：
200〜300円
花言葉
あたたかい心
出回り時期

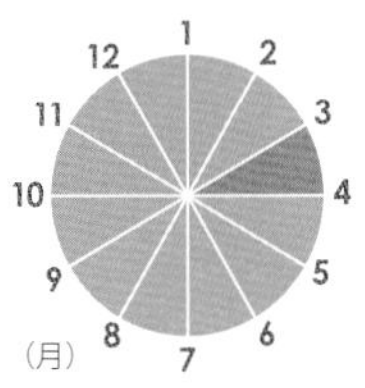

リンドウ

Gentian

茎が細く
小ぶりに改良され
アレンジしやすくなった

涼しげなイメージがありながらどことなく野暮ったく、お盆やお彼岸に供えられる花という印象が強かったのですが、品種改良が進み、アレンジしやすくなりました。太い茎は細くなり、全体が小ぶりに。独特の匂いも少なくなっています。

定番の青紫色のほか、薄紫色や水色、ピンク、白など、淡い色の品種も豊富。スプレー咲きやミニタイプなどもあります。

直立した長い茎は、1本をそのまま使うのではなく、何本かに切り分けたほうがアレンジしやすくなります。

茎の途中の葉の上と茎の先端に筒状の花をつける

茎は直立していて、ほとんど枝分かれしない

マイファンタジー

Arrange memo

日もち：5日～1週間
水揚げ：水折り
注意点：花に直接水をかけると閉じてしまうので、かからないようにする
相性のいい花材：
スプレーマム（P105）
ワレモコウ（P200）

押し花

アレンジ実例

ブリキのミニバケツに短く切ったリンドウを。身近な雑貨にさりげなく生けるのが似合う

Data

植物分類：
リンドウ科
リンドウ属
原産地：
アフリカ以外の
亜寒帯から熱帯
和名：
竜胆（リンドウ）
開花期：7～9月
流通サイズ：
20～80cm程度
花の大きさ：中輪
価格帯：
200～400円

花言葉

正義、的確、
さびしい愛情、
悲しんでいる
あなたが好き

出回り時期

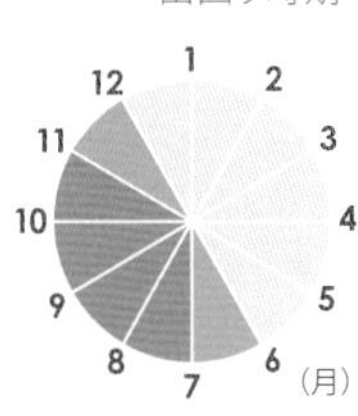

ルドベキア

Cornflower

雰囲気が似ている
ヒマワリやジニアと合わせ
夏らしいアレンジに

北アメリカを原産とするキク科の植物。スウェーデン人の植物学者のルドベックにちなんで名づけられました。真夏の暑さにも負けず、野原や道端で黄色やオレンジ色の花を元気に咲かせますが、切り花としても多くの品種が流通しています。

花の姿や雰囲気が、同じキク科のヒマワリやジニアに似ているので、組み合わせて夏らしいアレンジやブーケにするのもおすすめ。少しずつ花色や咲き方が違うルドベキアだけを花びんやカゴにさりげなく入れて飾っても素敵です。水が下がったら、しばらく深水すると元気になります。

Arrange memo

日もち：1週間程度
水揚げ：水切り
注意点：水が下がったら新聞紙でくるんでしばらく深水する
相性のいい花材：
ジニア（P83）
ヒマワリ（P150）　ドライフラワー　押し花

キク科の植物特有の筒状花。中心部が大きく盛り上がったものが多い

小さなつぼみは咲かないことも多いので整理してから生ける

Data
植物分類：
キク科ルドベキア属
原産地：
北アメリカ
和名：
大反魂草
（オオハンゴンソウ）、
松笠菊
（マツカサギク）、
衣笠菊
（キヌカサギク））
開花期：7～10月
流通サイズ：
20cm～1m程度
花の大きさ：中輪
価格帯：
100～300円
花言葉
公平、正義、
あざやかな態度
出回り時期

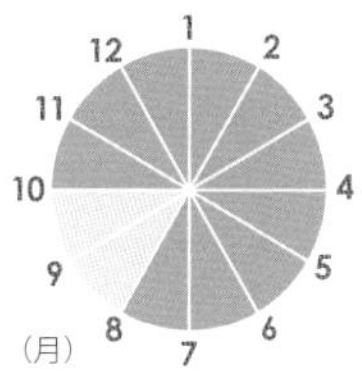

ルピナス

Lupine

ガーデニングでおなじみ
色とりどりの花を
ミニブーケにしても

庭の花としておなじみだったルピナスは、近年、切り花としても人気。マメ科の植物を思わせるフジに似た小さな花が穂状に咲きます。フジは上から下へと垂れ下がって咲くのに対して、こちらは下から上へと咲いていくので「ノボリフジ」とも呼ばれています。

色とりどりのルピナスをミックスして、それだけでミニブーケを作っても。もちろん、一種だけを花器に生けても素敵です。花がポロポロと散りやすいので、終わった花はすぐに摘み取りましょう。

フジに似た小さな花が下から順に咲いていく

茎と葉は白くやわらかい毛で覆われている

アレンジ実例

クラシックな形の水差しに黄色いルピナスを。手前のグリーンはレモンリーフ（P270）

Arrange memo

日もち：5日～1週間
水揚げ：水切り、深水、湯揚げ
注意点：水が下がりやすいので、水揚げをしっかりしておくこと
相性のいい花材：
スカビオサ（P94）
ブルースター（P160）

Data

植物分類：
マメ科ルピナス属
原産地：
南北アメリカ、地中海沿岸、南アフリカ
和名：
昇り藤（ノボリフジ）、立藤草（タチフジソウ）
開花期：5～6月
流通サイズ：
20～50cm 程度
花の大きさ：小輪
価格帯：
150～300円

花言葉

多くの仲間、母性愛

出回り時期

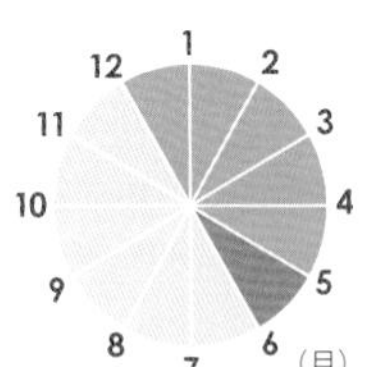

ルリタマアザミ

Small globe thistle

シルバーがかった
ブルーの花が涼しげな印象で
アレンジを軽やかに

つぼみのときはシルバーカラーで全体がトゲ状ですが、小さな花が密集して咲くにつれて青紫色に変化します。夏にふさわしいクールな印象で、アレンジに入れると軽やかなリズム感が出ます。

葉にはトゲがあり、刺さると痛いので注意して。葉の裏側と茎には、綿毛が密集していて白っぽい色合いに。

そのままドライフラワーにもなります。

青紫色の小さな花が集まって球状に咲く

茎と葉の裏側には白い綿毛が密集して生えている

葉にはギザギザのトゲがあり、刺さると痛いので注意

Arrange memo

日もち：１週間程度
水揚げ：水切り、燃焼
注意点：花首が垂れやすいので、十分に水揚げを。葉のトゲに注意する
相性のいい花材：
アジサイ (P17)
リンドウ (P192)

ドライフラワー

アレンジ実例

中心付近から放射状に伸びるルリタマアザミがアレンジのアクセントになっている

Data
植物分類：
キク科エキノプス属
原産地：
西アジア、
東南ヨーロッパ
和名：
瑠璃玉薊
(ルリタマアザミ)
開花期：６〜７月
流通サイズ：
70cm 〜 1m 程度
花の大きさ：小輪
価格帯：
200 〜 600 円
花言葉
鋭敏、疑い、
権威、独り立ち
出回り時期

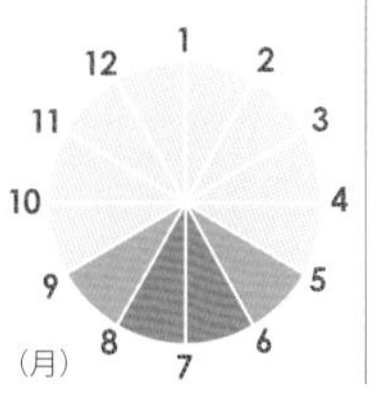

レースフラワー

Bishop's weed

ホワイトレースフラワー

10～20個の白い小花が丸く集まって咲き、さらにそれらが茎の先から枝分かれして傘状に広がる姿は、まるで繊細なレース編みのようう。主役の花ではありませんが、アレンジやブーケに加えると、涼しげでロマンチックな印象を演出します。枝分けして、長さを揃えて入れるときれいです。葉は水が下がりやすいので、あらかじめ取ってから生けましょう。

レース編みのような繊細な白い花でロマンチックなアレンジに

白い小花の集まりが、茎の先から広がって咲く

葉や新芽は水が下がりやすいので生ける前に取って

枝分けしたレースフラワーを生けるときは、全体的に長さを揃えて入れるときれい

Data

植物分類：セリ科 ドクゼリモドキ属
原産地：地中海沿岸、西アジア
和名：毒芹擬（ドクゼリモドキ）
開花期：5～6月
流通サイズ：30cm～1m程度
花の大きさ：小輪
価格帯：150～400円

花言葉

悲哀・可憐な心、こまやかな愛情、優雅なたしなみ

出回り時期

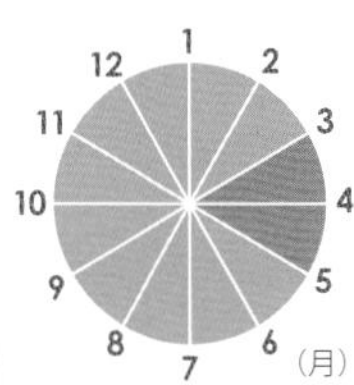

Arrange memo

日もち：3日～1週間
水揚げ：水切り、湯揚げ
注意点：花粉が落ちやすいので、飾る場所に注意。葉はあらかじめ取っておく
相性のいい花材：
アネモネ（P23）
バラ（P137）

ドライフラワー

アレンジ実例

ワスレナグサ

Forget me not

空のようなブルーが印象的
可憐な花を生かして
小さなアレンジの差し色に

英名の「フォーゲットミーノット（私を忘れないで）」は、恋人のためにこの花を摘もうとしてドナウ川の急流に飲み込まれた青年が、最期にこの言葉を残したという伝説から。それがそのまま日本語に訳されて「忘れな草」になりました。

花びらの澄んだブルーと、花の中央の黄色との取り合わせが印象的。葉の明るい緑色ともよく合います。春の小花を集めたアレンジなどの差し色に使いましょう。水が下がりやすいので湯揚げするのがおすすめです。

花弁のきれいな水色と中心の黄色が印象的

花が葉に埋もれやすいので、葉を整理してから使う

Data

植物分類：
ムラサキ科
ワスレナグサ属
原産地：
ヨーロッパ、アジア
和名：
忘れな草
（ワスレナグサ）
開花期：3～6月
流通サイズ：
15～30cm程度
花の大きさ：小輪
価格帯：
150～300円
花言葉
私を忘れないで、
真実の愛
出回り時期

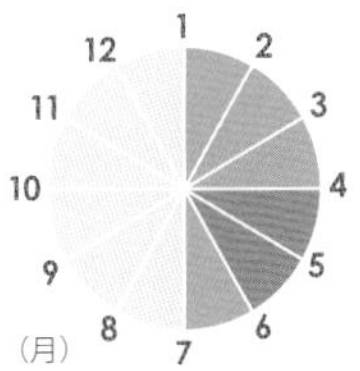

Arrange memo

日もち：2～5日
水揚げ：湯揚げ
注意点：花が終わるとポロポロと散るのでまめに摘み取る。水が下がりやすいので水揚げはしっかり行う
相性のいい花材：
ストロベリーキャンドル（P103）
ムスカリ（P176）

ワックスフラワー

Waxflower

ロウ細工のような
ツヤと質感のある花は
小さいながらも
存在感あり

「ワックスフラワー」という名前は、まるでロウ（ワックス）細工のようなツヤと質感のある花からつきました。花は5枚の花びらからなり、小さいながらも存在感があります。

アレンジするときは枝分けして使って、ボリューム感を出しましょう。使う前に枝を逆さにして何度か振り、ポロポロと散る花をあらかじめ落としておくこと。水切りだけで水もよく揚がります。

全体のバランスを見て、細い葉を間引くとすっきりする

花びらにワックスを塗ったような質感がある

Arrange memo

日もち：２週間程度
水揚げ：水切り
注意点：花がポロポロと散りやすいので、枝を振って散りかけた花を落としてから使う
相性のいい花材：

プロテア（P163）
ウーリーブッシュ（P250）

アレンジ実例

短く枝分けしたピンクのワックスフラワーをティーカップにたっぷりと入れて愛らしく

Data

植物分類：
フトモモ科ワックスフラワー属
原産地：
オーストラリア
開花期：３～５月
流通サイズ：
60cm～１m程度
花の大きさ：小輪
価格帯：
200～400円

花言葉

気まぐれ、繊細、かわいらしさ、まだ気づかれない長所

出回り時期

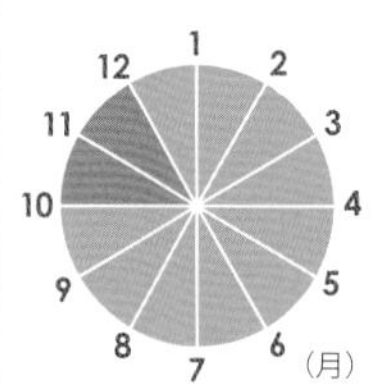

ワトソニア

Bugle liky

長く伸びた花茎（かけい）に漏斗（ろうと）状の花を互い違いに咲かせる球根植物です。18世紀イギリスの植物学者、ワトソンにちなんで名づけられました。和名の「檜扇（ひおうぎ）水仙」は、葉が檜扇のようなつき方をしていて、花は水仙に似ていることから。全体の姿は近縁種のグラジオラスにも似ていますが、花はもっと楚々としてひかえめな印象です。下から順番に咲いていきます。咲き終わった花殻は小まめに摘み取るようにすると上まで咲きやすくなります。

ラインを生かしたアレンジにも、切り分けて隙間を埋めるのに使ってもいいでしょう。

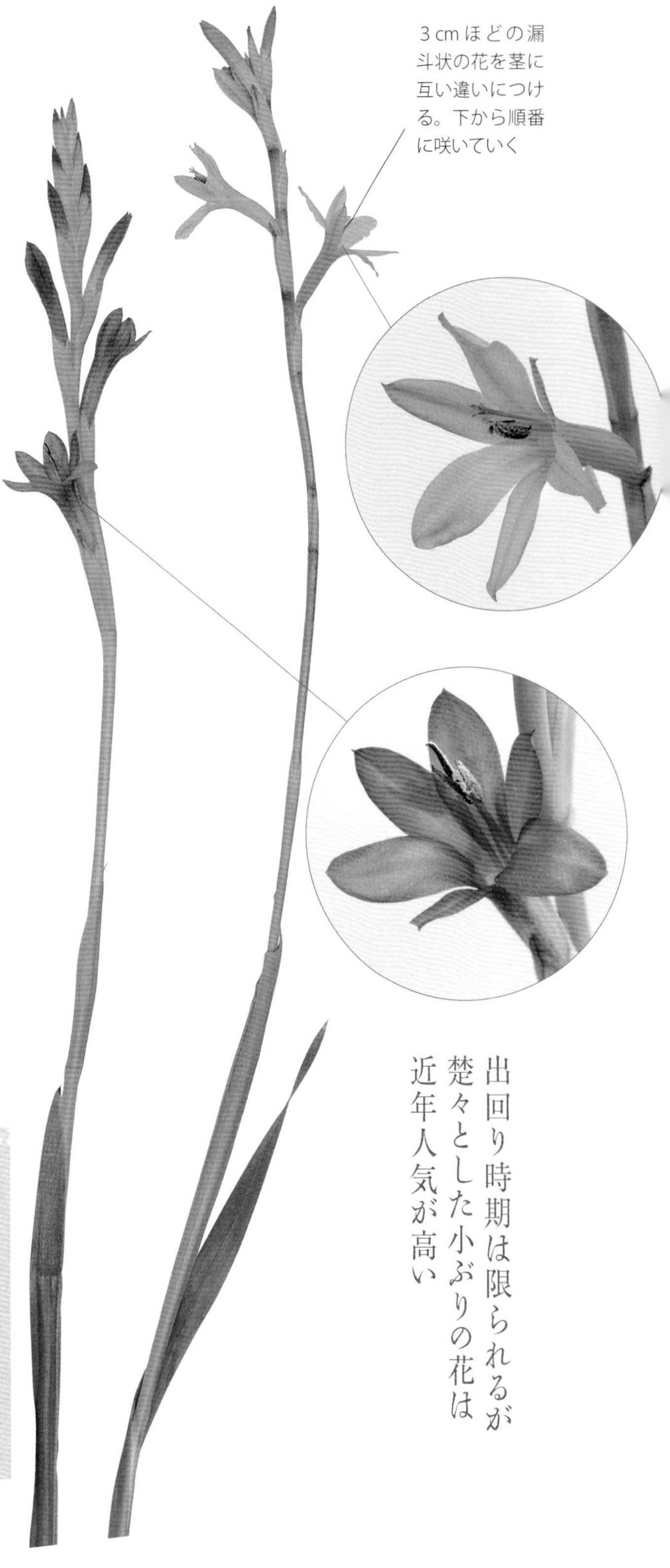

3cmほどの漏斗状の花を茎に互い違いにつける。下から順番に咲いていく

出回り時期は限られるが楚々とした小ぶりの花は近年人気が高い

Data

植物分類：
アヤメ科
ワトソニア属
原産地：
南アフリカ
和名：
檜扇水仙
（ヒオウギスイセン）
開花期：4～5月
流通サイズ：
50～70cm程度
花の大きさ：小輪
価格帯：
150～300円
花言葉
知性、豊かな心
出回り時期

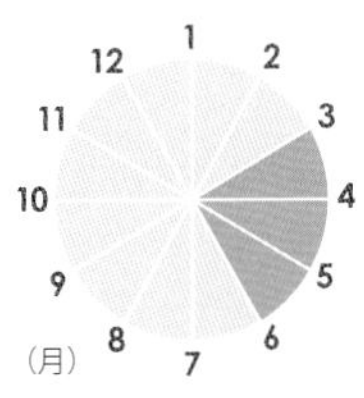

Arrange memo

日もち：1週間～10日
水揚げ：水切り
注意点：咲き終わった花は小まめに取り除くと長もちする
相性のいい花材：
シャクヤク（P84）
ショウブ（P88）

押し花

ワレモコウ

Burnet bloodwort

シックな色味の花が秋らしい風情を醸し出す
茎が折れないよう注意して

昔から、和歌に詠まれることなども多く、秋の野を代表する花。茎の先に咲くのは、実のように見えますが、小さな花が集まった花穂。黒っぽい赤や茶色はシックな印象です。

　ススキやコギク、リンドウなどと一緒に和風のアレンジに入れるともちろん似合いますが、洋風の花と合わせても意外とモダンになります。枝分けして使う際、細い茎が折れないようていねいに扱いましょう。

実のように見える花穂。よく見ると、小花が集まっている

小さな花が引き立つように、葉は落として使うのがおすすめ

Arrange memo

日もち：1週間〜10日
水揚げ：水切り、湯揚げ
注意点：茎は折れやすいので、扱いはていねいに
相性のいい花材：
コスモス (P75)
モカラ (P177)

ドライフラワー

アレンジ実例

ころんと丸くて、土の風合いがあるつぼに、長短をつけて枝分けしたワレモコウを入れる

Data
植物分類：バラ科ワレモコウ属
原産地：アジア、ヨーロッパ
和名：吾亦紅（ワレモコウ）、吾木香（ワレモコウ）
開花期：7〜10月
流通サイズ：30cm〜1m程度
花の大きさ：小輪
価格帯：150〜300円

花言葉
変化、移りゆく日々、愛慕

出回り時期

枝もの編

アオモジ

May Chang, Litsea cubeba

春一番に咲く花と枝の緑色がさわやかレモンのような香りも魅力

「アオモジ（青文字）」の名は、枝が青みがかった緑色をしていることからつきました。まだ冬のなごりを感じるような早春、葉に先立って淡い黄色の花を咲かせ、春の訪れを告げます。小さな実のような愛らしい花は、緑色の枝や葉とセットで若々しくさわやかな印象を与えます。

枝や花は、レモンのような香りがするのも特長。そのため、枝は爪楊枝の原木として利用されることもあります。

淡い黄色の小さな花をつける

花材のほか香料に使われることもあるほど香りがいい

Data
植物分類：クスノキ科ハマビワ属
原産地：日本
和名：青文字（アオモジ）
開花期：3～4月
流通サイズ：1～1.5 m程度
花の大きさ：小輪
価格帯：300～500円

花言葉
友人が多い

出回り時期

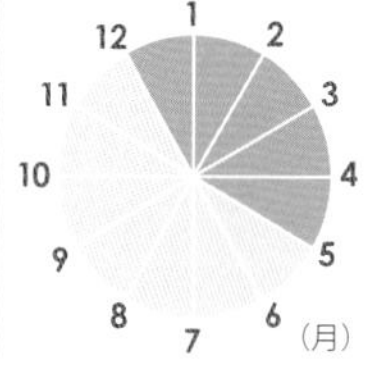

Arrange memo

日もち：2週間程度
水揚げ：水切り、根元割り
注意点：太いものは根元に割りを入れると水揚げがよくなる
相性のいい花材：
カラー（P52）
スプレーマム（P105）

アカメヤナギ

Japanese pussy willow,Red bud pussy willow

光沢のある赤みを帯びた冬芽が美しいネコヤナギの仲間。寒い季節に出回り、正月向けのアレンジにもよく登場します。

出回る際には芽に赤い皮をかぶっていますが、その皮がむけると白銀色のふわふわの綿毛が現れます。

枝がやわらかくしなりやすいのも特長。曲線美を生かしたダイナミックなアレンジにもおすすめです。

光沢のある
赤い芽が美しい
冬のアレンジに

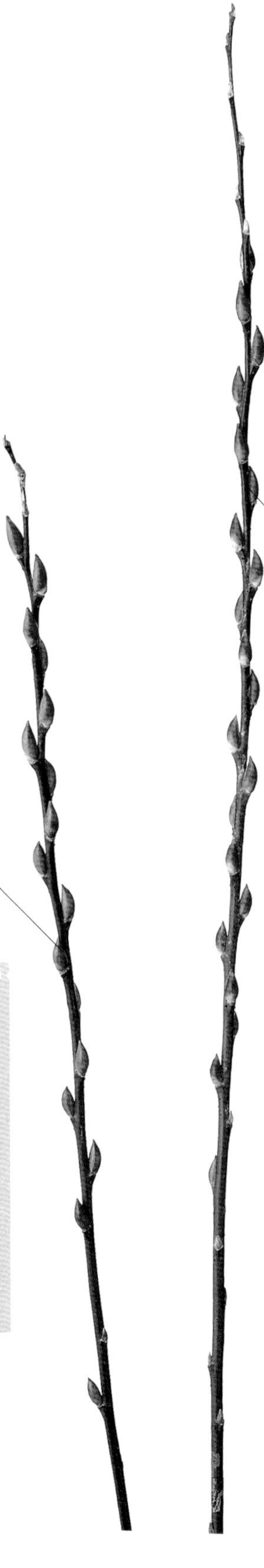

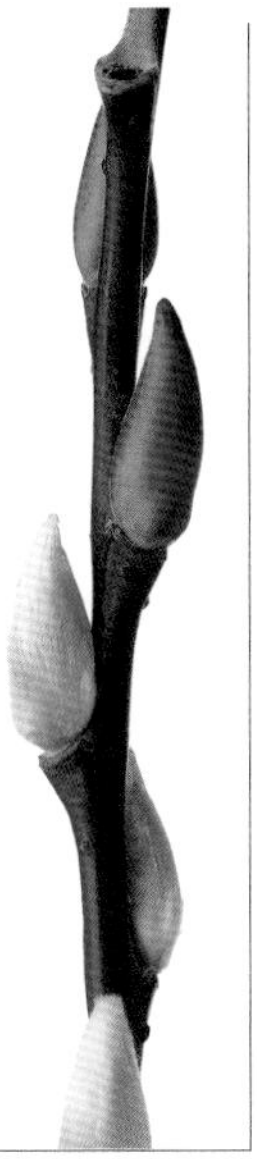

枝は赤い面と緑色の面があるので、生ける際は赤い面を表にする

枝がやわらかくしなりやすい

芽に赤い皮がかぶった状態で出回るが、皮の下には銀白色の綿毛が

Data

植物分類：ヤナギ科ヤナギ属
原産地：日本
和名：赤目柳（アカメヤナギ）振袖柳（フリソデヤナギ）
開花期：２～４月
流通サイズ：１～1.5ｍ程度
芽の大きさ：小
価格帯：150～250円
花言葉
強い忍耐
出回り時期

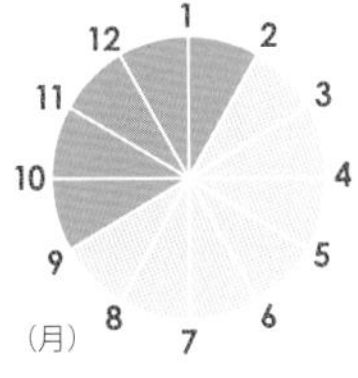

Arrange memo

日もち：２週間程度
水揚げ：水切り、根元割り
注意点：太いものは根元に割りを入れると水揚げがよくなる
相性のいい花材：
キンギョソウ（P61）
ハボタン（P136）

ドライフラワー

ウメ

Japanese apricot

初春を寿ぐ縁起のいい花
徐々に花開く姿は
日本の美の極み

奈良〜平安の時代に中国大陸から渡来したと伝えられる植物。サクラ（209ページ）と並び、日本人の心にもっとも深く刻まれた花のひとつといえます。

切り花として出回るのは、12月の年末から2月にかけて。初春を寿ぐ正月用の生け花などにも欠かせない花材です。つぼみの状態で暖かい場所に飾ると、徐々に花が開き、香りとともに楽しませてくれます。

同じく縁起がよいマツやセンリョウ、同時期に出回るスイセンなどと組み合わせるとよいでしょう。

花びらは5枚あり、よい香りの花が、葉に先立って咲く。エアコンなどの風に当てないよう注意する

水揚げは悪くないが、根元割りしてから生けるとよい

紅千鳥

白加賀

Data

植物分類：バラ科 サクラ属

原産地：中国

和名：梅（ウメ）

開花期：1〜3月

流通サイズ：80〜120cm程度

花の大きさ：小輪

価格帯：300〜500円

花言葉

高潔な心、不屈の精神

出回り時期

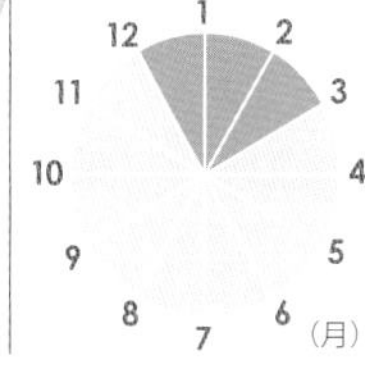

Arrange memo

日もち：1週間〜10日

水揚げ：水切り、根元割り

注意点：乾燥した室内に飾る時は、霧吹きなどで水分を与える

相性のいい花材：

スイセン（P93）
マツ（P220）
センリョウ（P236）

押し花

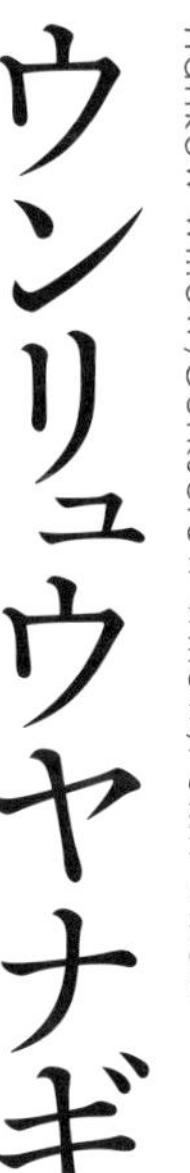

ウンリュウヤナギ

Hankow willow, Corkscrew willow, Pekin willow

「ウンリュウヤナギ（雲竜柳）」という名のとおり、雲の中を進む竜のようにくねくねとねじれた枝が個性的。その造形的なカーブが、ダイナミックな動きを演出します。

枝はやわらかくしなりやすいので、リースのベースとしての利用も。花も葉もない状態で出回りますが、そのまま水に浸けておくと葉が出て花が咲くことも。

細い枝はしなりやすく扱いやすい
束ねたり、カーブをつけたりと、いろいろな使い方ができる

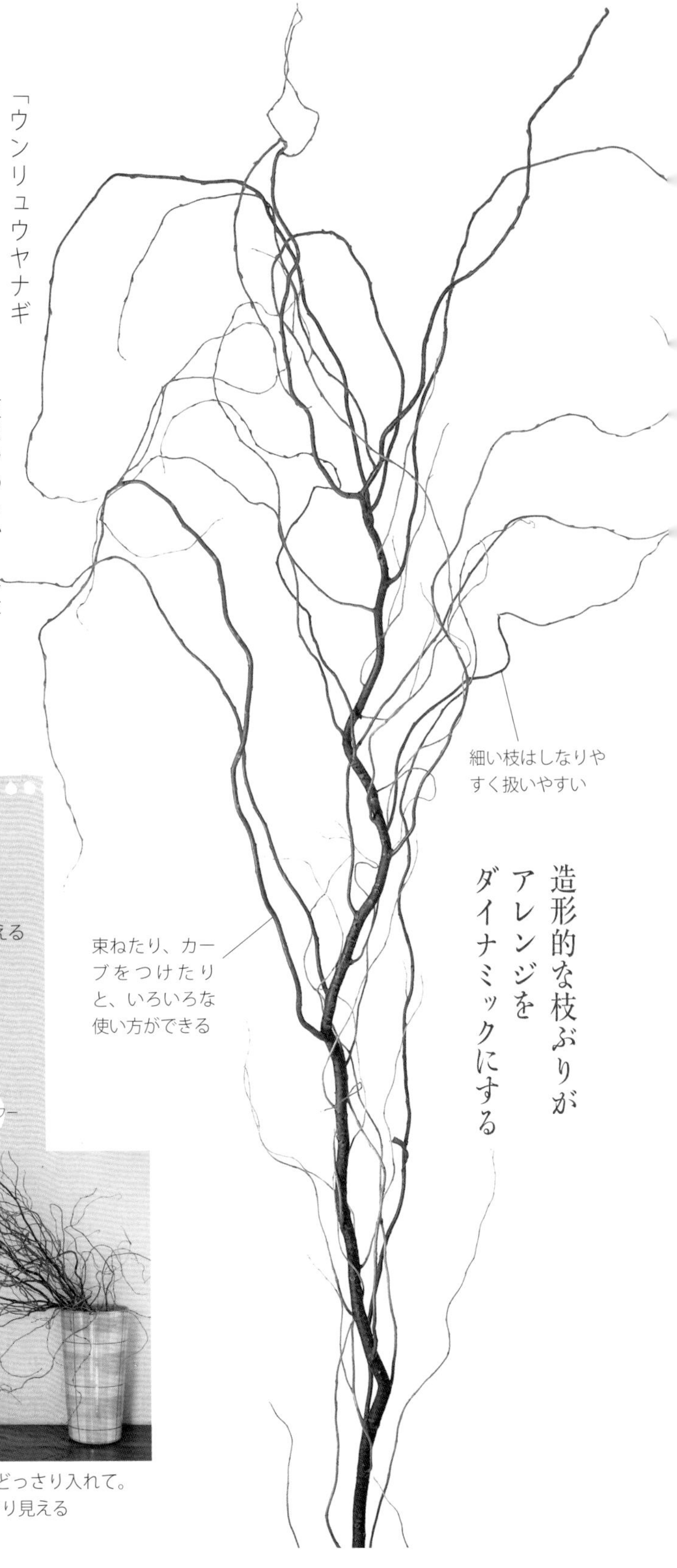

造形的な枝ぶりがアレンジをダイナミックにする

Arrange memo

日もち：２週間以上
水揚げ：水切り
注意点：水がない状態でも使える
相性のいい花材：
アマリリス（P25）
グラジオラス（P65）

ドライフラワー

アレンジ実例

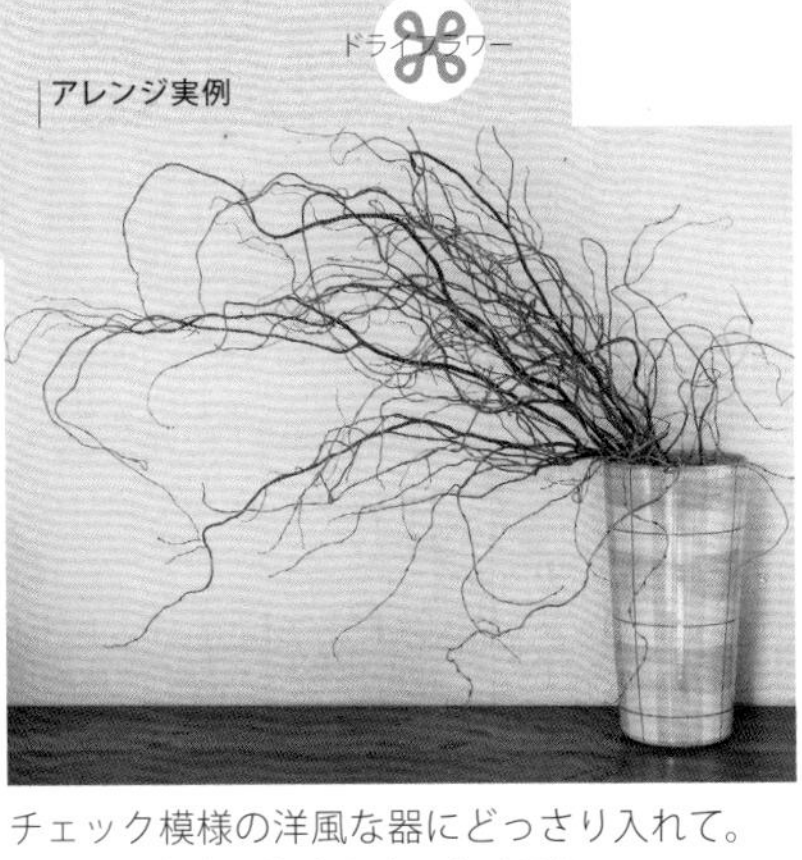

チェック模様の洋風な器にどっさり入れて。枝先を一方向に流すとすっきり見える

Data
植物分類：
ヤナギ科ヤナギ属
原産地：
中国
和名：
雲竜柳
（ウンリュウヤナギ）
開花期：４～５月
流通サイズ：
１～２m程度
花の大きさ：小輪
価格帯：
400～800円
花言葉
素早い対応
出回り時期

1
2
3
4
5
6
7
8
9
10
11
12
（月）

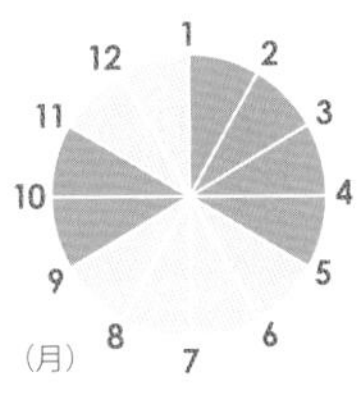

キイチゴ

Bramble

つややかな緑色の葉は、切れ込みが入り、赤ちゃんの手のひらのようなかわいらしい形をしています。
春から夏にかけての葉は青々として勢いがあり、アレンジにナチュラルなボリューム感をプラス。秋が深まる頃には紅葉し、黄色からオレンジ色、赤の美しいグラデーションに。季節感を演出する花材として重宝します。

切れ込みのある
葉がかわいい
秋の紅葉も美しい

秋になると紅葉した葉が出回る

水切り後は深水に浸けるか、燃焼する

Arrange memo

日もち：2週間前後
水揚げ：水切り、深水、燃焼
注意点：水揚げが悪いので水切り後に深水に浸けておくか、切り口を焼く
相性のいい花材：
ダリア (P110)
トルコギキョウ (P124)

Data
植物分類：バラ科キイチゴ属
原産地：西アジア、アフリカ、ヨーロッパ、アメリカ
和名：木苺（キイチゴ）
開花期：3～5月
流通サイズ：50cm ～ 1m 程度
花の大きさ：小輪
価格帯：300 ～ 500 円

花言葉
愛情、謙遜、尊重される

出回り時期

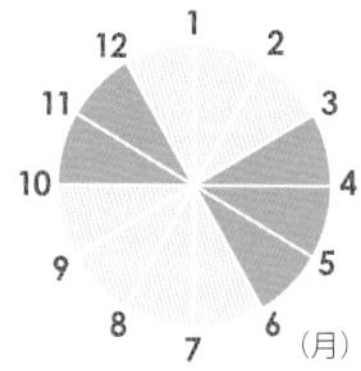

クジャクヒバ

Hinoki,Japanese cypress

クジャクの羽のような密生した枝葉が美しく森を思わせる香りも魅力

数多くあるヒノキの変種のひとつ。左右対称に密生する枝葉は、クジャクの羽のようにも見えます。森を思わせるすがすがしい香りも魅力です。

青々とした緑色の葉をもつ品種のほか、冬になると葉が黄金色になる「オウゴンクジャクヒバ」（写真）という品種も人気です。

枝はしなりやすいので、リースのベースとしてもおすすめ。12月になると、クジャクヒバに松かさをアレンジしたクリスマスリースもよく登場します。そのままドライフラワーになります。

密生しすぎた枝葉は刈り込んでから使う

Arrange memo

日もち：2～3週間以上
水揚げ：水切り
注意点：枝葉が重いので適度に刈り込んでから使用するとよい
相性のいい花材：
ヒムロスギ（P218）
モミ（P223）

ドライフラワー　精油

アレンジ実例

同じ針葉樹のヒムロスギやモミとクリスマスリースに。葉先の明るい色が効いている

Data
植物分類：
ヒノキ科ヒノキ属
原産地：
日本
和名：
孔雀檜葉
（クジャクヒバ）
開花期：3～4月
流通サイズ：
50cm ～ 1.2m 程度
花の大きさ：小輪
価格帯：
300 ～ 400 円
花言葉
忍耐、悲しみ
出回り時期

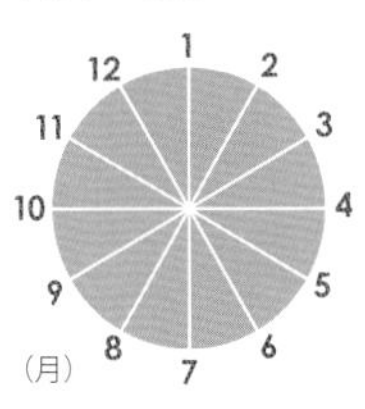

コデマリ

Reeves spirea

白い小花が手毬のように半球状に集まって咲き、それがひとつの花のように見えます。細い枝は花の重みでしなり、ゆるやかな弧を描くように。その流れるようなラインは、アレンジに軽やかな動きを生み出します。和洋どちらのアレンジにもよく合います。

花だけでなく、小粒のつぼみもかわいらしい表情。青々とした葉はグリーンとしても使えます。秋には赤く色づいた葉も出回ります。

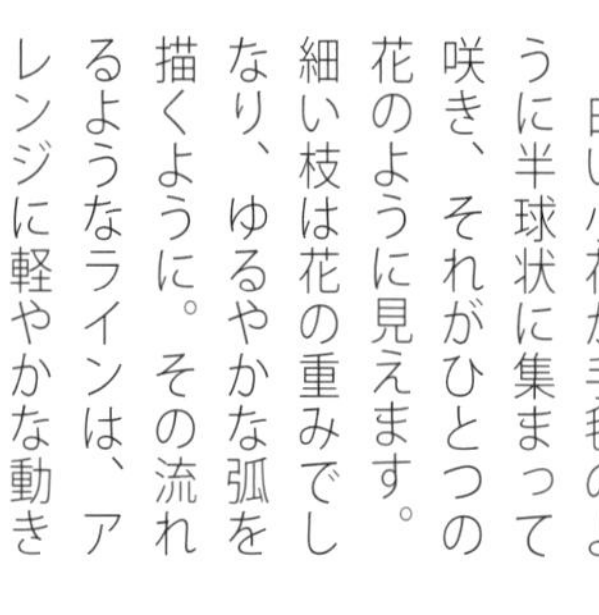

開花前のつぼみの表情も楽しめる

花の向きに表裏があるので枝の向きに注意して生ける

Arrange memo

日もち：1週間〜10日
水揚げ：水切り、深水、根元割り
注意点：水揚げが悪い時は切り口に割りを入れる。開花後は花びらが散りやすいのでまめに拾う
相性のいい花材：
チューリップ（P113）
フリージア（P159）

手毬のような花と優雅な枝のラインが女性らしい存在感を

Data

植物分類：バラ科シモツケ属
原産地：中国
和名：小手毬（コデマリ）、鈴懸（スズカケ）、団子花（ダンゴバナ）
開花期：4～5月
流通サイズ：50cm～1m程度
花の大きさ：小輪
価格帯：300～500円

花言葉

優雅、品位、努力、友情

出回り時期

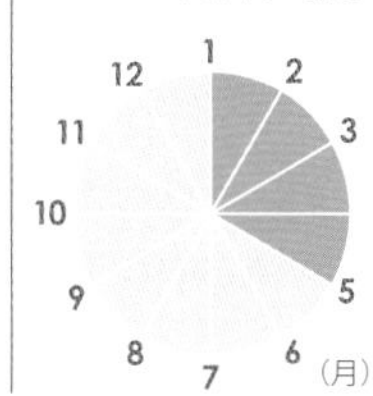

サクラ

Japanese cherry,Japanese flowering cherry

春を象徴し、日本人に古くから愛されている桜。花見の定番品種でもあるソメイヨシノ以外にも、切り花としていくつかの品種が出回ります。年末から登場する「ケイオウザクラ」（写真）、彼岸の頃に開花する「ヒガンザクラ」、有名な「ソメイヨシノ」、八重咲きの「ヤマザクラ」の順に、4月末ごろまで出回ります。和花の代表格ではありますが、バラなどの洋花と合わせて短く使えば、洋風のアレンジにも。春を演出する華やかな花材として幅広く使えます。

春の訪れを告げる
お花見で定番の花
和洋どちらのアレンジにも

5分咲きくらいのものを選ぶと花びらが傷まず、長く楽しめる

色づいたつぼみが多くついたものを選ぶ

切り口に割りを入れると水揚げがよくなる

Data

植物分類：
バラ科サクラ属
原産地：
日本
和名：
桜（サクラ）
開花期：2～4月
流通サイズ：
50cm～1.5ｍ程度
花の大きさ：小・中輪
価格帯：
400～2,000円

花言葉

純潔、淡白、
精神美、優れた美人

出回り時期

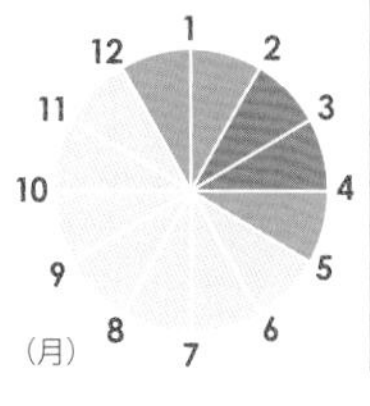

Arrange memo

日もち：1週間～10日
水揚げ：水切り、根元割り
注意点：水揚げがよくないので、切り口に割りを入れる
相性のいい花材：

スイートピー（P92）
ラナンキュラス（P188）

押し花

サンゴミズキ

Tartarian dogwood,Siberian dogwood

サンゴのような真っ赤な枝は冬のアレンジに活躍

秋から冬にかけて、落葉したあとの枝がサンゴのように赤く色づきます。その赤さから、クリスマスやお正月の時季に多く出回る枝もののひとつです。

まっすぐに伸びた枝は、高さがあるアレンジや、縦のラインを強調したい時などに重宝。枝はやわらかいのでよくしなりますが、折れやすいので扱いには注意を。リースのベースとしても使えます。

よくしなるのでアレンジしやすい

枝は折れやすいので扱いに注意する

Arrange memo

日もち：1週間～10日
水揚げ：水切り
注意点：しなりやすいが枝先が折れやすいので注意して扱う
相性のいい花材：
チューリップ（P113）
モミ（P223）

ドライフラワー

アレンジ実例

サンゴミズキの赤い枝に合わせて、フリンジ咲きの赤いチューリップを

Data

植物分類：
ミズキ科ミズキ属
原産地：
日本、朝鮮、台湾、中国、シベリア
和名：
珊瑚水木
（サンゴミズキ）
開花期：5～6月
流通サイズ：
1～1.5ｍ程度
花の大きさ：小輪
価格帯：
200～300円

花言葉
洗練

出回り時期

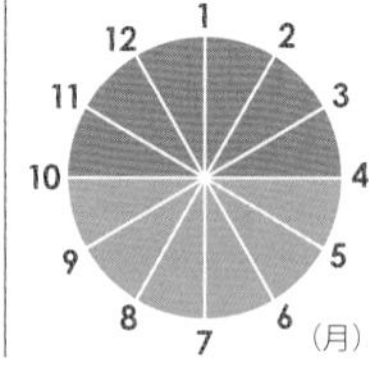

セッカンスギ

Japanese cedar

白っぽい枝先が雪景色を思わせるクリスマスのアレンジに

「セッカンスギ（雪冠杉）」の名は、枝先が白っぽくて、薄く雪をかぶっているように見えることからつきました。クリスマスのアレンジやリースなどによく使われます。

また、葉は全体的に明るい緑色をしているので、アレンジに加えると全体が明るい印象に仕上がります。ほかのグリーンと色の対比を楽しむのもおすすめ。

枝先が白っぽいので雪をかぶっているように見える

葉の明るい緑色がアレンジを引き立てる

Data

植物分類：スギ科スギ属

原産地：日本

和名：雪冠杉（セッカンスギ）、黄金杉（コガネスギ）

開花期：3～4月

流通サイズ：50cm～1m程度

花の大きさ：小輪

価格帯：300～500円

花言葉：秘密の愛情

出回り時期

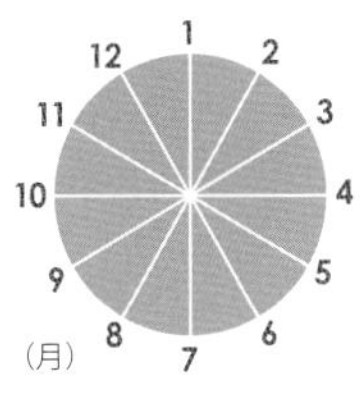

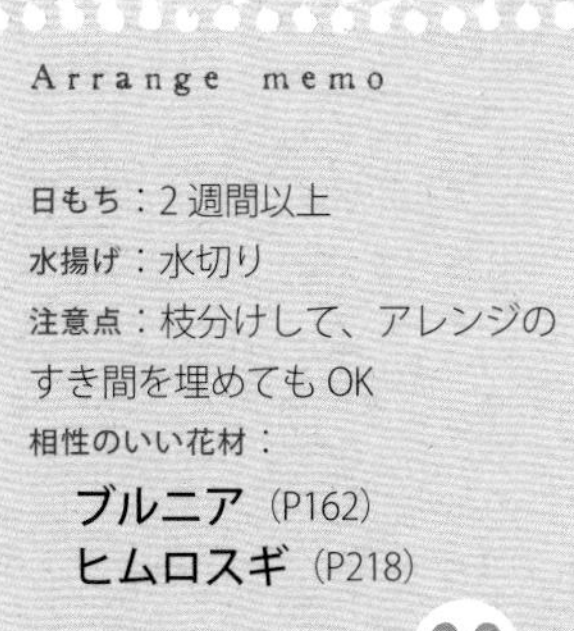

Arrange memo

日もち：2週間以上

水揚げ：水切り

注意点：枝分けして、アレンジのすき間を埋めてもOK

相性のいい花材：

ブルニア（P162）

ヒムロスギ（P218）

ドライフラワー

ソケイ

Spanish jasmine,Royal jasmine,Catalonian jasmine

5〜6月頃に黄色の小花をつけます。約300種あるジャスミンの仲間のひとつですが、花材として出回るソケイは、ハゴロモジャスミンのような強い芳香はありません。

花のない時期も葉の濃い緑色が美しく、枝ものとして活躍。細い枝をしならせて流れるようなラインを作ったり、直立させて直線的な美しさを際立たせたり。枝の美しさを存分に活用しましょう。

流れるような枝のラインが表情豊か濃い緑色の葉も美しい

Arrange memo

日もち：2週間程度
水揚げ：水切り
注意点：不要な葉を整理して、枝のラインを際立たせる
相性のいい花材：
シャクヤク (P84)
ダリア (P110)

Data

植物分類：モクセイ科ソケイ属
原産地：インド
和名：素馨（ソケイ）
開花期：5〜6月
流通サイズ：30cm〜1m程度
花の大きさ：小輪
価格帯：300〜500円

花言葉

可憐、愛らしさ、優美、清純、喜び

出回り時期

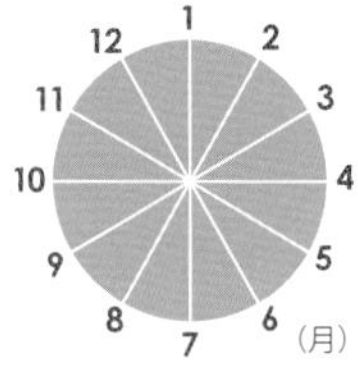

ツバキ

Camellia

茶花や生け花で愛される日本情緒あふれる花木 花が豪華なタイプも

古くから日本人に愛され、改良が進められてきた花木。江戸時代には神社仏閣などの植栽に多用され、多くの品種が誕生しました。

豊富な花型や花色には、「わび・さび」といった日本特有の美意識が反映されています。おもに茶花としてや生け花の世界で好まれますが、ヨーロッパで改良された品種にはバラにも負けない豪華なタイプも。いずれも枝ぶりがいいものを選び、葉を適度に整理して花を際立たせて生けましょう。

葉は濡れた布でふくとつややかに。表裏があるので注意する

愛らしい丸いつぼみもアレンジに生かして

Data

植物分類：ツバキ科ツバキ属
原産地：日本、朝鮮半島、中国
和名：椿（ツバキ）
開花期：2～4月
流通サイズ：30cm～1.5ｍ程度
花の大きさ：中・大輪
価格帯：200～800円
花言葉
控えめな愛、気取らない美しさ、理想的な愛情、高潔な理性、おしゃれ
出回り時期

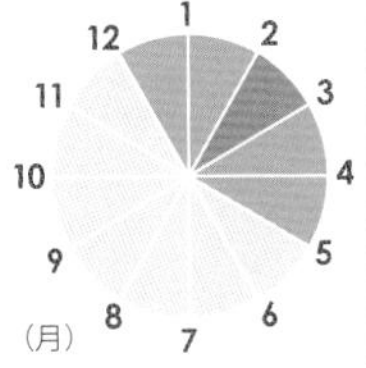

アレンジ実例

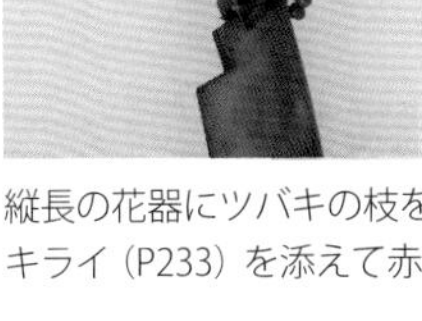

Arrange memo

日もち：3～5日
水揚げ：水切り、根元割り
注意点：花びらは傷つきやすく、花首も折れやすいのでていねいに扱う
相性のいい花材：
スプレーマム（P105）
サンキライ（P233）

縦長の花器にツバキの枝を入れ、少量のサンキライ（P233）を添えて赤をアクセントに

ドウダンツツジ

Doudan-tsutsuji

春は清楚な小花と
新芽の若緑色
秋は紅葉の赤が美しい

もともとは山に自生する植物ですが、庭木としてもポピュラーな存在。秋の紅葉を楽しむために、あちこちの花壇で育てられています。花材としても広く出回っています。

　真っ赤に色づく紅葉の時期の葉も魅力ですが、みずみずしい緑色の新芽もさわやか。花材として出回るものには普通、花はついていませんが、新芽の時期には、壺を逆さにしたような形の小さな白い清楚な花が房のように垂れて咲くことも。

緑色の新芽がさわやかな印象を与える

秋になると葉が赤く紅葉したものが出回る

Arrange memo

日もち：１～２週間
水揚げ：水切り、根元割り
注意点：水揚げが悪い時は切り口に割りを入れる
相性のいい花材：
ケイトウ（P73）
ユリ（P181）

Data

植物分類：
ツツジ科
ドウダンツツジ属
原産地：
日本
和名：
燈台躑躅
（ドウダンツツジ）、
満天星
（マンテンセイ）
開花期：３～５月
流通サイズ：
50cm ～ 1.2ｍ程度
花の大きさ：小輪
価格帯：
300 ～ 500 円

花言葉
節制

出回り時期

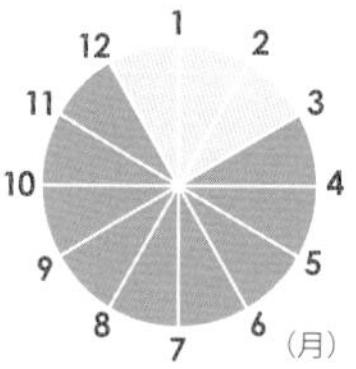

ナンテン

Nandina,Heavenly bamboo

日本の山地に自生する植物。名前の音が「難を転ずる」に通じることから、お正月や祝いごとの縁起木としても重宝されています。雪国では、赤い実を目に、葉を耳に見立てた雪うさぎを作る風習もあります。

葉は細長いシルエットで繊細な印象。秋には赤く紅葉し、熟した赤い実を囲むようにして引き立てます。赤い実がポピュラーですが、黄色や白の実をつける品種もあります。

祝いごとに使う縁起木
美しい赤い実と葉が
アレンジの彩りをアップ

実がポロポロと落ちやすいので注意する

特に冬は枝が乾燥して折れやすくなる

Data

植物分類：
メギ科ナンテン属
原産地：
東南アジア、日本、中国
和名：
南天（ナンテン）
開花期：６～7月
流通サイズ：
60cm～１m程度
花の大きさ：小輪
価格帯：
800～1,000円
花言葉
私の愛は増すばかり
出回り時期

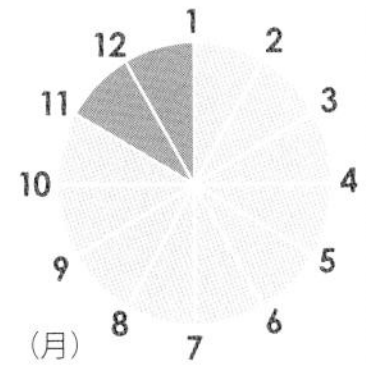

Arrange memo

日もち：10日程度
水揚げ：水切り、根元たたき
注意点：枝は硬くてもろい。特に冬は折れやすいので扱いはていねいに
相性のいい花材：
シンビジウム（P91）
アカメヤナギ（P203）

バイカウツギ

Mock orange

ウメに似た清楚な花
柑橘のようでさわやかな
芳香も楽しめる

花の形も咲き方も、ウメによく似ていることから、「バイカウツギ（梅花空木）」と呼ばれるようになりました。空木とは、枝の中が空洞になっていることから来ています。

夏の初めに清楚な白い花を枝の先にたくさん咲かせます。ウメの花びらは5枚ですが、こちらは4枚。柑橘に似たさわやかでほのかな芳香も特長です。

近年、ピンクの八重咲きや香りが強い品種も登場して、バラエティ豊かになってきました。和風のアレンジで用いられることが多いウメとは異なり、和洋両方のアレンジに使用できます。

ウメに似た白い花を咲かせる。花びらは４枚で、花には芳香がある

枝は折れやすいので扱いに注意する

葉は葉脈が目立ち、もむとキュウリのような匂いがする

Data

植物分類：アジサイ科 バイカウツギ属

原産地：中国、日本、ヨーロッパ、北アメリカ

和名：梅花空木（バイカウツギ）

開花期：5～6月

流通サイズ：80cm～1.2m程度

花の大きさ：中輪

価格帯：200～500円

花言葉

回想、気品、品格

出回り時期

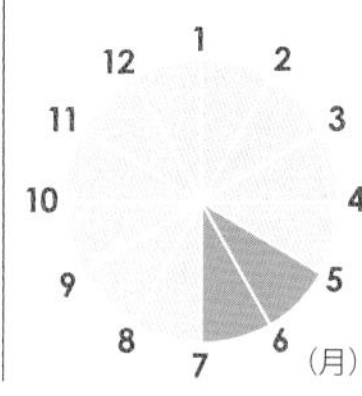

Arrange memo

日もち：５日～１週間

水揚げ：湯揚げ、根元割り

注意点：水揚げが悪い時は、根元を十字に割ってから生ける

相性のいい花材：

アジサイ (P17)
クレマチス (P71)

ヒイラギ

Chinese holly

個性的なシルエットの葉は
クリスマスや
節分のアレンジに

トゲのある葉のシルエットが特徴的。赤い実をつけるものもあり、クリスマスのアレンジによく使われます。節分には、ヒイラギの小枝にイワシや小魚の頭を刺して厄払いをする風習が残っている地方もあります。

さわると痛いほどの鋭いトゲがあるものから、丸みをおびたトゲのない葉のものまで、多くの品種があります。老木になると、トゲが鈍く葉が広くなります。

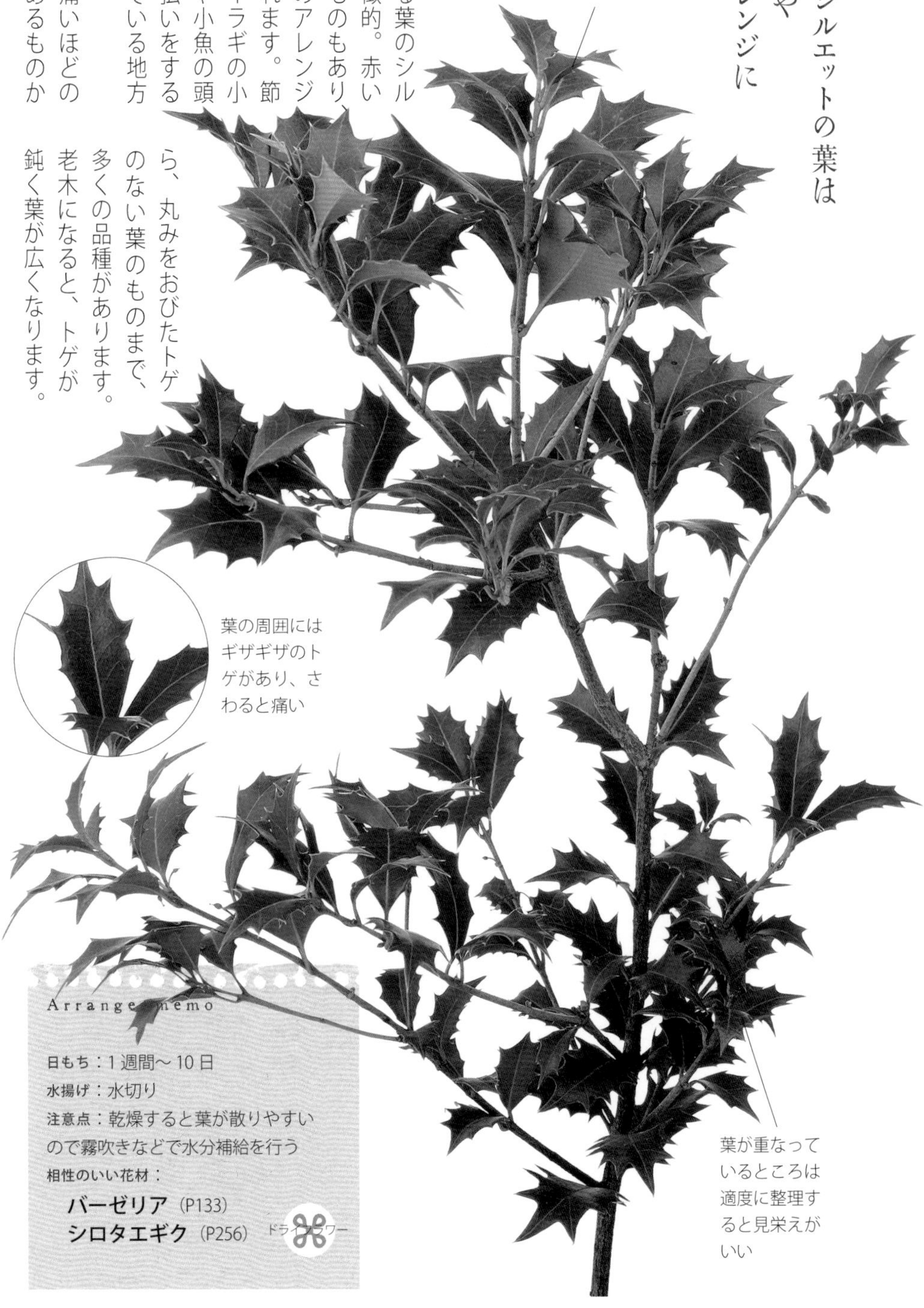

乾燥すると葉が散りやすいので、霧吹きで湿らせる

葉の周囲にはギザギザのトゲがあり、さわると痛い

葉が重なっているところは適度に整理すると見栄えがいい

Data

植物分類：
モクセイ科
モクセイ属
原産地：
日本、台湾
和名：
柊（ヒイラギ）
開花期：11月
流通サイズ：
30～80cm程度
花の大きさ：小輪
価格帯：
200～500円

花言葉

先見の明、歓迎、用心、剛直

出回り時期

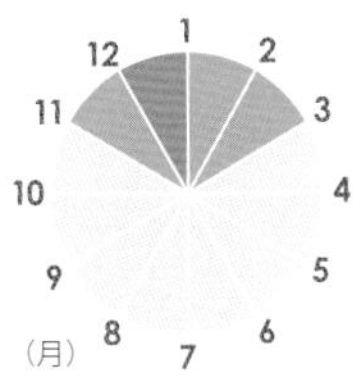

Arrange memo

日もち：1週間～10日
水揚げ：水切り
注意点：乾燥すると葉が散りやすいので霧吹きなどで水分補給を行う
相性のいい花材：
バーゼリア (P133)
シロタエギク (P256)

ドライフラワー

ヒムロスギ

Sawara cypress

ヒメムロ

青みがかった葉色が美しい
アレンジやリースに使って
冬らしいムードを演出して

日本に自生する常緑樹。特にクリスマスシーズンの花材として、アレンジやリースなどに多く使われます。

細い針のような線状の葉は、青っぽい緑色。水がなくても長もちしますが、1か月ほどで退色します。緑色に着色したドライフラワーやプリザーブドフラワーも出回っているので、長期間楽しみたい時はそちらもおすすめです。

1か月ほどで色あせる

葉は青みがかった緑色をしている

Arrange memo

日もち：1か月以上
水揚げ：水切り
注意点：リースなど、水がない状態でも使える
相性のいい花材：
バラ（P137）
ヒイラギ（P217）

ドライフラワー

アレンジ実例

ヒムロスギで作ったクリスマスツリーのアレンジ。形を整え、器にセットした吸水性スポンジに挿す

Data

植物分類：ヒノキ科ヒノキ属
原産地：日本
和名：姫榁杉（ヒムロスギ）
開花期：4～5月
流通サイズ：50～80cm程度
花の大きさ：小輪
価格帯：300～500円

花言葉

あなたのために生きる

出回り時期

1 2 3 4 5 6 7 8 9 10 11 12（月）

ボケ

Flowering quince

ふんわりとした小ぶりの花が上品早春に出回る花木

力強く分岐した枝に、ふんわりと丸い小花が開花。春を待たず、まだ寒い正月シーズンから出回ります。

多くの品種があり、一重や八重、半八重の花も。花色も白や薄紅色、濃紅色、複色など、バラエティ豊か。紅白の花をひと枝に咲かせる品種もあり、祝いの席などで好まれます。花もちがよく、水揚げをしっかりすればつぼみも咲きます。

花がポロポロと散りやすいのでていねいに扱う

枝はトゲがあるものも。扱いには注意する

Arrange memo

日もち：1週間〜10日
水揚げ：水切り、根元割り
注意点：トゲがあるので扱いに注意する
相性のいい花材：

スイセン (P93)
スプレーマム (P105)

アレンジ実例

温かみのある陶器の白いカップに、ボケの花やつぼみがついた部分を短く切って入れた小さなアレンジ

Data

植物分類：
バラ科ボケ属
原産地：
中国
和名：
木瓜（ボケ）、
毛介（モケ）
開花期：1〜3月
流通サイズ：
50cm〜1m程度
花の大きさ：小・中輪
価格帯：
500〜800円

花言葉

熱情、妖精の輝き、先駆者、指導者、平凡

出回り時期

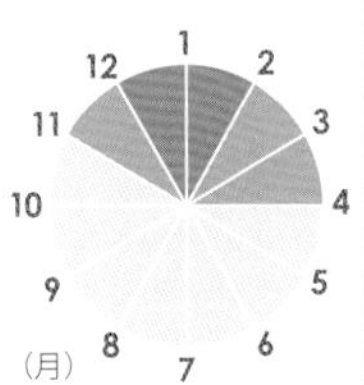

マツ

Pine

まっすぐ上に伸びる樹形は生命力や未来を象徴
正月や祝いごとに利用される

日本の野山に自生し、日本人にとってなじみ深い代表的な樹木。一年中青々とした緑を保つことから、古くから健康や長寿の象徴として、暮らしの中で親しまれてきました。

まっすぐ上に向かって伸びるその姿に子孫繁栄や未来への発展の祈願を込め、正月や祝いごとの花材としてもよく利用されます。

アレンジに1本添えるだけで、全体の風格がぐんとアップします。長もちするのも魅力的。

Arrange memo

日もち：1か月以上
水揚げ：水切り
注意点：切り口からヤニが出るので、アルコールでふき取る
相性のいい花材：
キク（P56）
センリョウ（P236）

精油

アレンジ実例

花器と水引を金色にするだけで、少ない花材でも、格式高いお正月アレンジが完成する

ワカマツ（若松）

出たヤニはアルコールでふき取ってから生ける

切り口からヤニが出るので、衣服につかないよう注意して扱う

Data
植物分類：マツ科マツ属
原産地：北半球
和名：松（マツ）
開花期：4月
流通サイズ：30cm～1m程度
花の大きさ：小輪
価格帯：200～1,500円

花言葉
不老長寿、永遠の若さ、向上心、勇敢、同上、慈悲

出回り時期

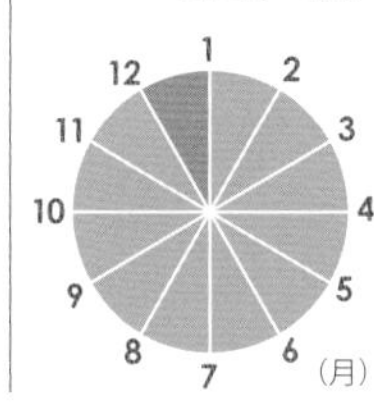

マツ品種カタログ

葉が5本ずつまとまってつくことから「ゴヨウマツ（五葉松）」と名づけられた

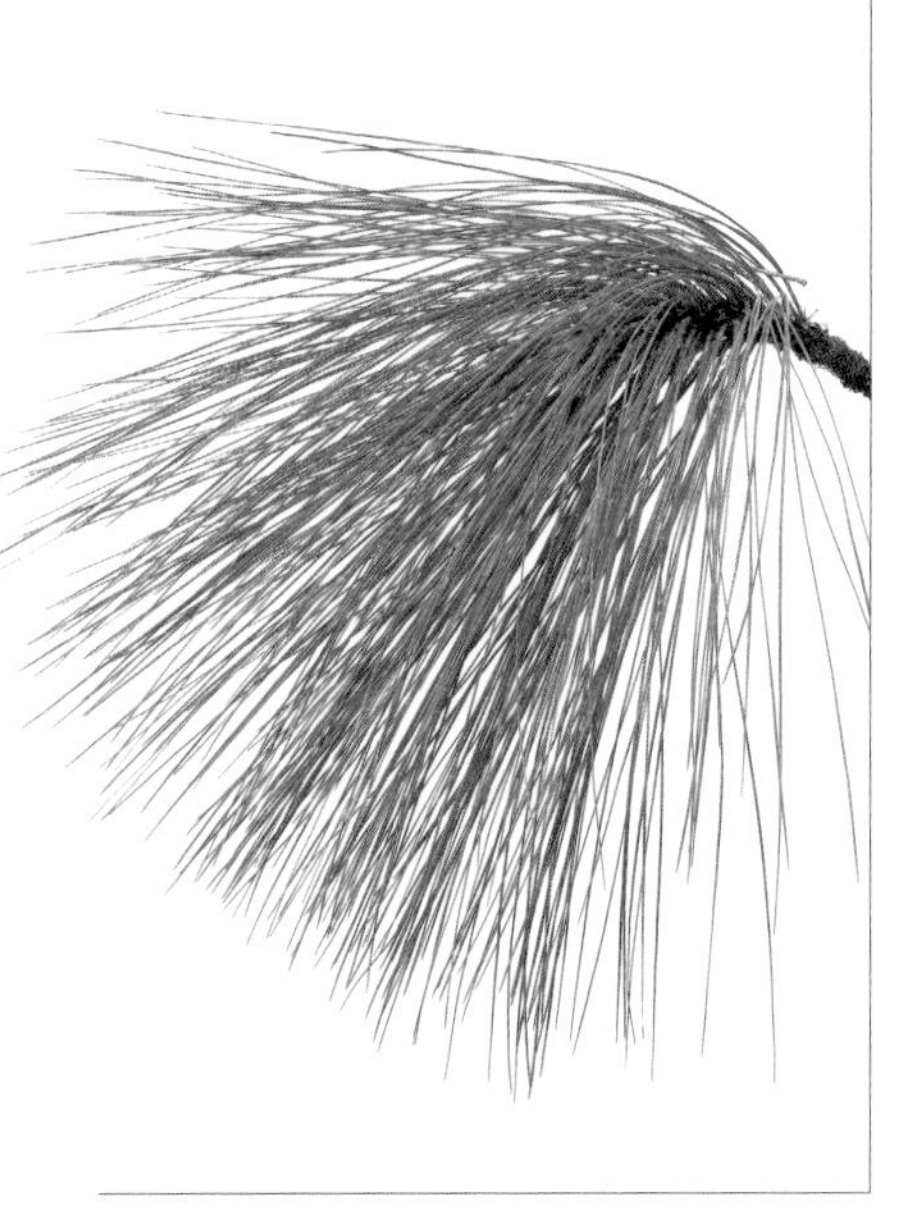

松の中でもっとも長い葉をもつ「ダイオウショウ（大王松）」

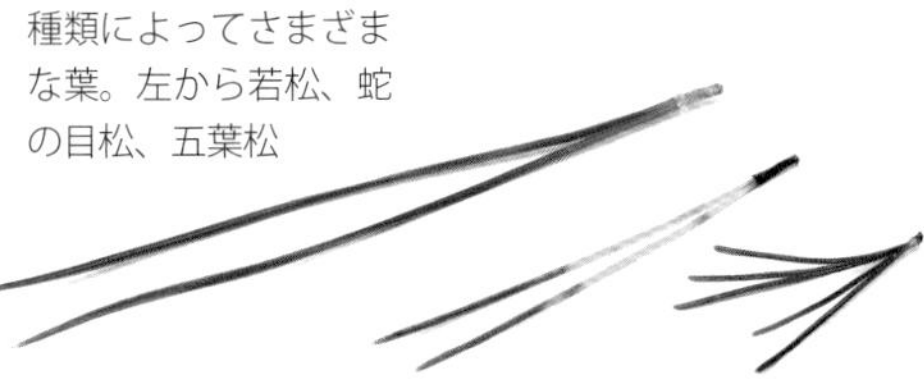

種類によってさまざまな葉。左から若松、蛇の目松、五葉松

葉の部分が緑と黄色のまだら（蛇の目）になっている「ジャノメギク（蛇の目菊）」

アレンジ実例

ワカマツ（若松）、クリスマスブッシュ（P68）、サンキライ（P233）、シロタエギク（P256）などのお正月アレンジ

ミモザ

Mimosa

愛らしい小花が枝いっぱいに開花春の訪れを告げる花

丸く黄色い小花をふわふわと枝いっぱいに咲かせ、ロマンチックな印象を与えます。春を象徴する花として世界各地で愛され、フランスではミモザ祭りが開催されるほどです。

多くの品種がありますが、日本でよく出回っているのは「ミモザアカシア」。ふさふさとした白っぽい葉が優しい表情で、花が終わったあとはグリーンとして出回ることも。

つぼみは咲きにくいので開いた花が多いものを入手する

花が落ちてしまうので風に当てないこと

Data

植物分類：マメ科アカシア属
原産地：オーストラリア
和名：銀葉（ギンヨウ）アカシア
開花期：1～4月
流通サイズ：30cm～1m程度
花の大きさ：小輪
価格帯：300～500円

花言葉

友情、感情的

出回り時期

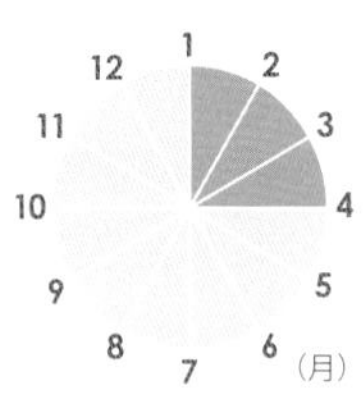

Arrange memo

日もち：1～3日
水揚げ：水切り、燃焼、根元たたき
注意点：水揚げが悪い時は切り口をたたくか割りを入れる。花が散りやすいので風に当てない
相性のいい花材：
アイスランドポピー (P12)
チューリップ (P113)

ドライフラワー　ポプリ

アレンジ実例

真っ青な空のような水色の花器にミモザをたっぷりと。日当たりのいい場所が似合う

モミ

Fir

木の香りが芳しい
クリスマスシーズンを
代表する枝もの

冬の間もしっかりと緑色の葉を保つ、常緑の針葉樹。松の木の仲間で、新鮮な枝はすがすがしい香りがします。クリスマスツリーに利用されることでも有名。小枝はツリー以外にも、リースの材料やアレンジのグリーンとして使っても、クリスマスらしさを演出できます。

乾燥すると葉が落ちたり変色したりしやすいので、まめに霧吹きなどで湿らせましょう。

しなりやすいのでリースとしても利用できる

霧吹きで湿らせて乾燥を防ぐと長もちする

Arrange memo

日もち：1か月以上
水揚げ：水切り
注意点：切り口からヤニが出るので、アルコールでふき取る。乾燥しないようまめに霧吹きで湿らせる
相性のいい花材：
アマリリス(P25)
ヒムロスギ(P218)

ドライフラワー　精油

アレンジ実例

皿に吸水性スポンジをセットして、枝分けしたモミやヒムロスギ、オリーブの実をクリスマス風に

Data

植物分類：
マツ科モミ属
原産地：
日本
和名：
樅（モミ）
開花期：4～6月
流通サイズ：
30cm ～ 1ｍ程度
花の大きさ：小輪
価格帯：
300 ～ 800 円
花言葉
時間、時、真実、高尚、昇進
出回り時期

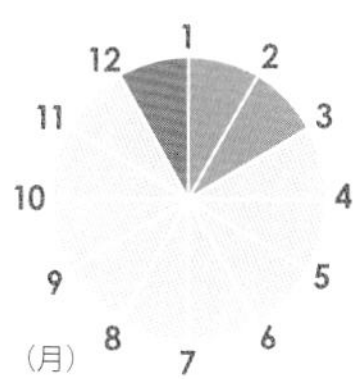

モモ

Peach

ひな祭りには欠かせない花材。日本や中国では、古来より邪気を払う力があると信じられてきた神聖な木です。その品種は豊富で、ポピュラーなピンク色の花を咲かせる「大矢口（オオヤグチ）」のほか、同じ枝に紅白の花を咲かせる「源平（ゲンペイ）」、菊に似た輪状の花を咲かせる「菊桃（キクモモ）」などがよく出回ります。枝はしなりにくいため、生ける時はそのままで。無理に曲げようとすると花が散るので注意しましょう。

ふっくらとした小花のピンクが愛らしいひな祭りの花

切り花用に開花を早めたものは花が散りやすい

切り花延命剤を使うとつぼみまで咲きやすい

鮮やかなピンクの八重咲き品種

枝はしなりにくい。無理に曲げないこと

Data

植物分類：バラ科サクラ属
原産地：中国
和名：桃（モモ）、花桃（ハナモモ）
開花期：２〜４月
流通サイズ：50cm〜１ｍ程度
花の大きさ：小・中輪
価格帯：400〜700円

花言葉

気立てのよさ、チャーミング、あなたに首ったけ、恋の奴隷

出回り時期

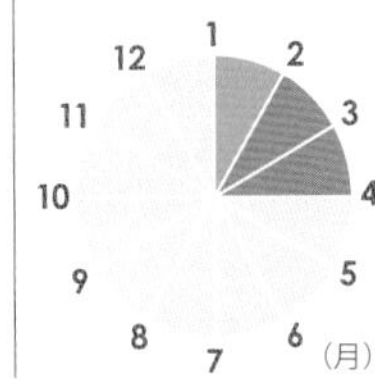

Arrange memo

日もち：１週間〜10日
水揚げ：水切り、根元割り
注意点：切り口に割りを入れると長もちする
相性のいい花材：
スイートピー（P92）
ナノハナ（P130）

ヤドリギ

Mistletoe

プロペラのような葉がかわいいクリスマスのシンボル的な花材

ブナやナラなどの落葉広葉樹に半寄生する植物。宿主となる木の枝先に、鳥の巣のような茂みを宿すことから、その名がつきました。
ヨーロッパでは聖なる木と信じられ、夫婦の和解の象徴とされます。この木の下でキスをすると幸せになれるという言い伝えも。

ゴムのような質感の茎にプロペラのような葉をつけた小枝は、クリスマスの飾りとしてポピュラー。白や熟して赤くなった実をつけた小枝も出回ります。

乾燥すると葉がポロポロと落ちてしまうので注意する

先端の枝分かれした部分に黄緑色の実をつける

上手に水揚げをすると1か月近く長もちする

Data

植物分類：
ヤドリギ科
ヤドリギ属
原産地：
ヨーロッパ、日本
和名：
寄生木（ヤドリギ）
開花期：3～4月
流通サイズ：
30～40cm 程度
花の大きさ：小輪
価格帯：
200～400円

花言葉

困難を克服する、征服

出回り時期

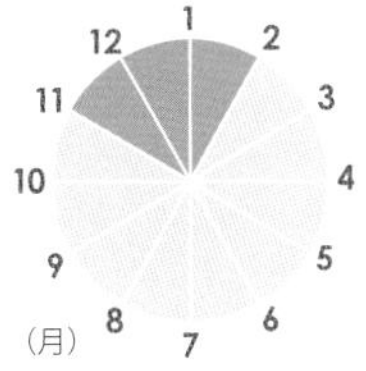

Arrange memo

日もち：3週間～1か月
水揚げ：水切り
注意点：乾燥すると葉が落ちやすいので、霧吹きでまめに湿らせて
相性のいい花材：
アマリリス（P25）
カーネーション（P44）

ドライフラワー

アレンジ実例

白い花をグループに分けて入れたアレンジ。ヤドリギの中間色が白とグリーンをつなぐ

ヤマブキ

Japanese kerria

明るい黄色の花が印象的
流れるような
枝のラインを生かして

「山吹色」という色名の由来となった花。晩春の頃、目を奪われるような明るい黄色の花をつける低木です。

原種は一重咲きですが、八重咲きの品種もあります。広く知られる「七重八重花は咲けども山吹の実のひとつだになきぞ悲しき」という太田道灌の和歌は、八重咲きの花を詠んでいます。

しなやかに伸びる枝のラインをうまく生かしてアレンジすると躍動感が出ます。

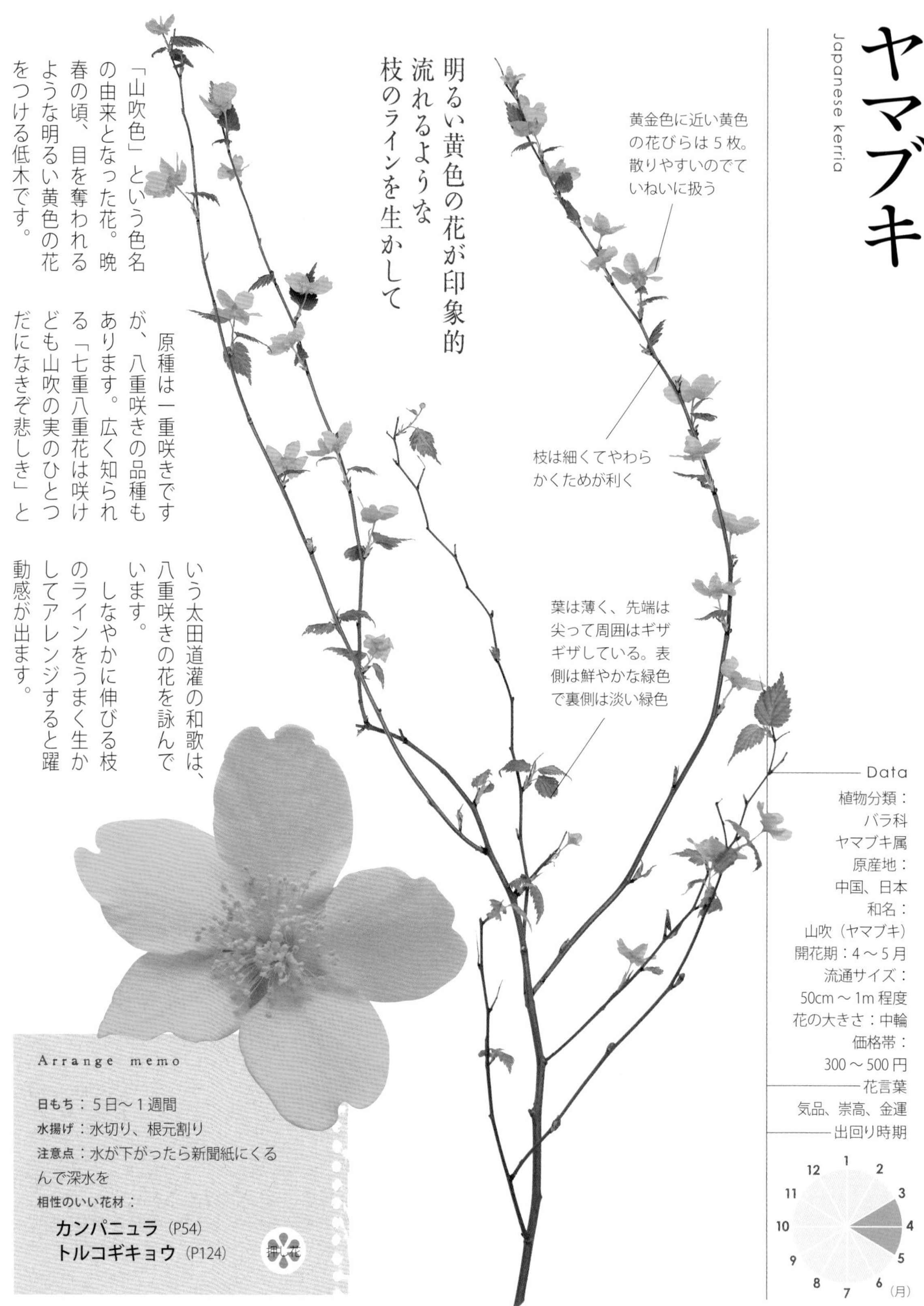

Data

植物分類：バラ科 ヤマブキ属

原産地：中国、日本

和名：山吹（ヤマブキ）

開花期：4～5月

流通サイズ：50cm～1m程度

花の大きさ：中輪

価格帯：300～500円

花言葉

気品、崇高、金運

出回り時期

12 1 2 3 4 5 6 7 8 9 10 11 (月)

Arrange memo

日もち：5日～1週間

水揚げ：水切り、根元割り

注意点：水が下がったら新聞紙にくるんで深水を

相性のいい花材：

カンパニュラ (P54)

トルコギキョウ (P124)

ユキヤナギ

Thunberg spirea

弓状にしなって垂れた細い枝にびっしりと白い小花をつけて咲き、その姿はあたかも雪が降り積もったヤナギのよう。和の情緒が楽しめる早春の花木として、園芸でも人気です。

満開を過ぎると、花がパラパラと散りやすくなるので扱いに注意。飾る場所も考慮しましょう。花が終わったあとの新芽や葉の緑色も美しく、夏や秋にグリーンとして流通することもあります。

満開の小花が
枝をびっしりと覆（おお）う姿は
雪が積もったよう

満開を過ぎると花がどんどん散るので注意

花と葉は枝の表側にだけついているので、枝ぶりをよく見て生ける

Data

植物分類：
バラ科シモツケ属
原産地：
日本、中国
和名：
雪柳（ユキヤナギ）
開花期：３～４月
流通サイズ：
70cm ～ 1.2ｍ程度
花の大きさ：小輪
価格帯：
200 ～ 300 円
花言葉
殊勝、愛嬌、
気まま、自由
出回り時期

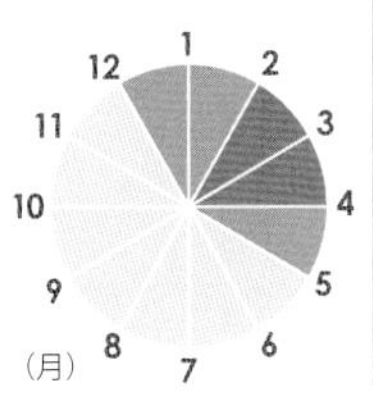

Arrange memo

日もち：１週間～ 10 日
水揚げ：水切り、根元割り
注意点：切り口に割りを入れると長もちする
相性のいい花材：
スイートピー（P92）
フリージア（P159）

ライラック

Lilac

枝の先端に、紫色や白の穂状の花が咲きます。美しい花姿や独特の甘い芳香が好まれ、ヨーロッパでは公園や庭先によく植えられます。

花の下に群れるようにしてつく葉も、ハート型でかわいらしい印象ですが、葉のない状態で出回ることも。枝は太く硬いため、しなりません。

国産品種の切り花は、5～6月頃に葉つきのものが出回りますが、輸入ものは、花と枝だけで葉のないものが主流です。一重咲きのほか、八重咲きの品種もあります。

ふんわり穂状の花が華やか
甘くロマンチックな香りも魅力

太くて硬い枝は切りにくい

先が十字に分かれた筒状の小花が集まって咲く

水が下がりやすいので切り口に割りを入れ、深水に浸ける

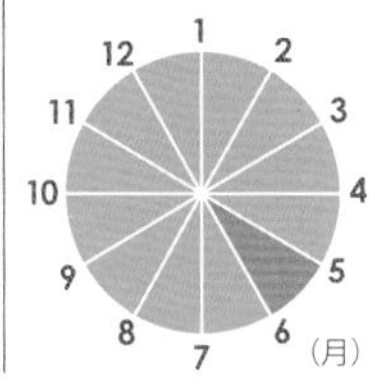

白い花は清楚な印象

Arrange memo

日もち：3日～1週間
水揚げ：水切り、燃焼、根元割り
注意点：切り口に割りを入れると長もちする
相性のいい花材：
カーネーション（P44）
スノーボール（P104）

アレンジ実例

枝分けしたライラックをグラスに入れ、グラスの口元にウンリュウヤナギ（P205）を巻きつける

Data

植物分類：モクセイ科シリンガ属
原産地：東ヨーロッパ
和名：紫丁香花（ムラサキハシドイ）
開花期：4～5月
流通サイズ：30cm～1m程度
花の大きさ：小輪
価格帯：500～1,200円

花言葉
友情、思い出、初恋の感激、愛の芽生え、青春の喜び、無邪気

出回り時期

レンギョウ

Golden bells

早春に出回る、代表的な枝ものです。生け花ではいち早い春の訪れを表現する花材としてよく使用されるほか、茶花としても用いられます。ほのかに漂う甘い香りも特長です。

明るい黄色で小さな鐘形の花を下向きにたくさん咲かせることから、英名は「ゴールデンベル」といいます。

長く美しい枝ぶりを生かしてアレンジすれば、躍動感が生まれます。和風にこだわらず、洋風のアレンジに使っても素敵。春先に出回る花材ならどんなものでも違和感なく合わせられて便利です。

春の陽光のように明るい花 長く美しい枝で 躍動感を表現して

枝は長く美しいが、あまりためは利かないので扱いに注意する

葉が出る前に明るい黄色の小花をたくさんつける。つぼみが4つに裂けて花びらになる

Data

植物分類：
モクセイ科
レンギョウ属
原産地：
中国、日本、
朝鮮半島
和名：
連翹（レンギョウ）
開花期：3～4月
流通サイズ：
80cm～1.2m 程度
花の大きさ：小輪
価格帯：
200～400円

花言葉

希望、情け深い、
遠い記憶

出回り時期

12 1 2 3 4 5 6 7 8 9 10 11 (月)

Arrange memo

日もち：1週間～10日
水揚げ：水切り、根元割り
注意点：急激な温度変化で花が散りやすいので注意する
相性のいい花材：
チューリップ（P113）
ユキヤナギ（P227）

ロウバイ

Winter sweet

まだ寒さが厳しい早春に、かわいい黄色の花を咲かせます。漢字で「蝋梅（ろうばい）」と書く名前のとおり、黄色の花びらは半透明をしたロウのような質感をしています。「梅」とありますが、バラ科の梅とは別の品種。江戸時代の初めに中国から伝来して、庭木や切り花として親しまれてきました。
　ほのかな芳香もあり、アレンジに早春の息吹をもたらします。

ロウを引いたような
半透明の花びらが可憐
ほのかな香りが
春を告げる

Arrange memo

日もち：1週間程度
水揚げ：水切り
注意点：枝が折れやすいので注意
相性のいい花材：
ヤグルマギク（P179）
マツ（P220）

Data
植物分類：ロウバイ科ロウバイ属
原産地：中国
和名：蝋梅（ロウバイ）
開花期：2〜3月
流通サイズ：70cm〜1.5m程度
花の大きさ：中輪
価格帯：500〜1,200円程度

花言葉
奥ゆかしい、慈愛心、慈愛に満ちた人

出回り時期
12 1 2 3 4 5 6 7 8 9 10 11（月）

実ものの編

コニカルブラック

Conical black

ツヤツヤと輝く黒い実がアレンジを引き締める

ツヤツヤで普通の梅干しくらいの大きさの真っ黒な実がつく観賞用トウガラシの一種。実の色は最初が緑色で、いきなり黒くなり、終わる頃には赤やオレンジ色に変化していきます。その不思議な色の変化も楽しい植物です。鑑賞用トウガラシの種類は、葉を全部取って出荷されるのが一般的。コニカルブラックも例外ではありません。

実が茎の先端に集まってついているので、1本入れるだけでまとめて入れているように見えて便利です。

黒くてツヤツヤした実はピーマンのような匂いがする

葉は取り除いた状態で出回る。そのままドライにもなる

Arrange memo

日もち：10日〜2週間
水揚げ：水切り
注意点：実がよく見えるようアレンジの低い位置に入れる
相性のいい花材：
オーニソガラム (P41)
カラー (P52)

ドライフラワー

Data

植物分類：ナス科トウガラシ属
原産地：熱帯アフリカ
和名：唐辛子（トウガラシ）
流通サイズ：30〜50cm程度
実の大きさ：大
価格帯：200〜300円

花言葉

旧友、嫉妬、生命力

出回り時期

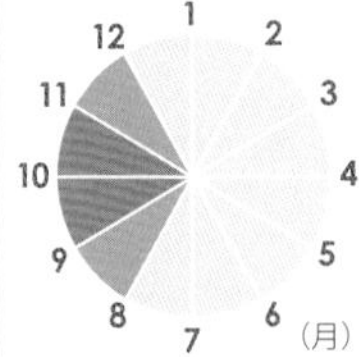

サンキライ

Catbrier

サルトリイバラ

花屋さんなどでは「サンキライ」の名が浸透していますが、「サルトリイバラ（猿捕茨）」の別名も。つる性の枝にはトゲがあり、野山を走り回るサルが引っかかって捕えられることからついたのだとか。枝は節ごとに折れ曲がり、分枝（ぶんし）した先に10数個の実が放射状に集まってつきます。

写真は、秋冬に出回る赤い実。クリスマスリースなどによく使われます。夏になると青い実と葉がついたものも出回ります。

つる性の枝は節ごとに折れ曲がりながら伸びる

枝には小さなトゲがあるので扱いに注意する

秋冬に出回る赤い実と夏に出回る青い実リースにもおすすめ

Data

植物分類：ユリ科シオデ属

原産地：日本、中国、東アジア

和名：山帰来（サンキライ）、猿捕茨（サルトリイバラ）

流通サイズ：80cm～1m程度

実の大きさ：中

価格帯：300～800円

花言葉：不屈の精神、元気になる

出回り時期

1 2 3 4 5 6 7 8 9 10 11 12（月）

実物大

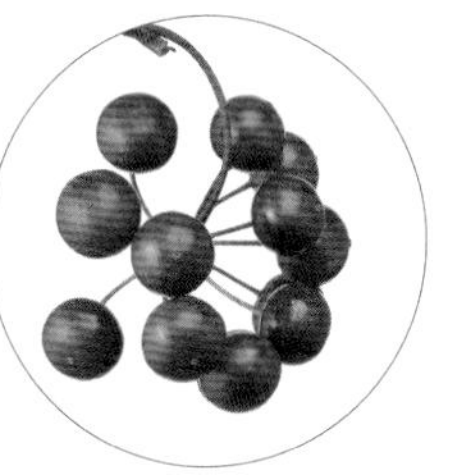

直径5～8mmの丸い実が放射状につく

Arrange memo

日もち：10日～2週間

水揚げ：水切り、深水

注意点：葉がついた枝は水が下がりやすいので深水に浸けてから使う

相性のいい花材：

サンゴミズキ（P210）

モミ（P223）

ドライフラワー

アレンジ実例

夏になると出回る青い実のサンキライを陶器の器にあしらって。丸い葉も愛らしい

シンフォリカルポス

Snowberry

細い枝の先に小さな花を咲かせ、花が終わると実を房状につけます。花屋さんなどには実をつけた状態で出回るのが一般的。白やピンクの実の甘く優しい雰囲気が好まれて、最近はウエディングブーケなどにもよく使われます。

ブーケに入れる場合は、乾燥すると黒っぽくなる葉は取り除いて使うことも。葉を少なくしたほうが、実の存在感が際立ちます。

枝の先につくパールのような実がウエディングでも人気

Arrange memo

日もち：10日程度
水揚げ：水切り、深水
注意点：実は傷つきやすいので扱いはていねいに
相性のいい花材：
バラ(P137)
レースフラワー(P196)

アレンジ実例

赤い実をつけるシンフォリカルポスをレースフラワーと合わせて、動きのあるアレンジに

Data

植物分類：
スイカズラ科
シンフォリカルポス属
原産地：
北アメリカ
和名：
雪晃木
(セッコウボク)
流通サイズ：
70～80cm程度
実の大きさ：小
価格帯：
200～300円

花言葉

いつまでも
献身的に、
かわいい

出回り時期

12 1 2 3 4 5 6 7 8 9 10 11 (月)

スグリ

Currant, Gooseberry

フサスグリ

初夏になると出回るナチュラルな実ものです。ルビーのような、透明感のある赤い小さな実をブドウのように房状につけます。花が少なくなる夏に、貴重なアクセントカラーになります。切れ込みのある青々した葉も涼しげなので、生かして使いましょう。少し間引いて、せっかくの実が葉の中に埋もれないよう注意して。水揚げがよくない時は、切り口に十字の切り込みを入れましょう。

透明感のある
赤い房状の実が
初夏のアレンジに映える

小さな赤い実が
ブドウのように
房状につく

広げた手のひら
のような葉

葉は乾燥すると
変色して落ちる
ので、あらかじ
め間引いておく

Data

植物分類：
ユキノシタ科
スグリ属
原産地：
ヨーロッパ
和名：
酸塊（スグリ）
流通サイズ：
50cm～1m程度
実の大きさ：小
価格帯：
300～500円

花言葉

幸福が訪れる、
予想、
私はあなたを
喜ばせる

出回り時期

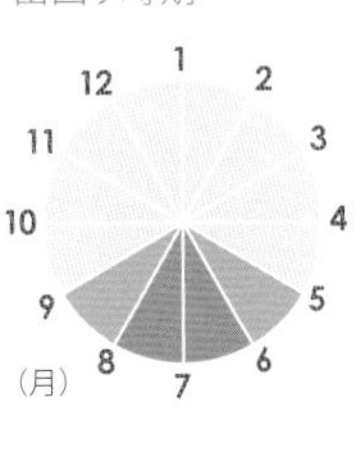

Arrange memo

日もち：5日～1週間
水揚げ：水切り、根元割り
注意点：葉が多い時は、多少間引くと水揚げがよくなる。水揚げがよくない時は、切り口に十字の切り込みを
相性のいい花材：
トルコギキョウ （P124）
ユリ （P181）

センリョウ

Senryou

お正月に欠かせない縁起のいい花材
洋風アレンジにも使える

「千両」という名前とつややかな赤い実から縁起ものとされ、お正月のアレンジなどには欠かせません。通常、センリョウは横に広がって育つのですが、切り花として出荷されるものは、茎がまっすぐになるよう1本1本矯正されて育てられます。非常に手がかかっているので、価格も安くないのです。寒すぎない場所なら1か月くらいもちます。茎の先端を砕いたり、折ったりして断面積を広くすれば、さらに長もちします。

和風ばかりではなく、洋風のアレンジにも合います。

実は衝撃を受けると落ちやすいのでていねいに扱って

葉の水が下がったら、新聞紙などでくるんで深水に浸ける

切り口を砕いたり、手で折ったりすると水揚げがよくなる

アレンジ実例

Arrange memo

日もち：1か月程度
水揚げ：湯揚げ、根元たたき
注意点：乾燥に弱いのでエアコンなどが直接当たらない場所に
相性のいい花材：
キク (P56)
マツ (P220)

ナチュラルで小さなかごにマツとキセンリョウを。寒い玄関などに飾るとかなり長もち

キセンリョウ

Data

植物分類：センリョウ科センリョウ属
原産地：東南アジア、インド、台湾、日本
和名：千両（センリョウ）
流通サイズ：30～60cm程度
実の大きさ：小
価格帯：300～800円

花言葉
富、財産

出回り時期
12、1（月）

ソラナム

Blue potato bush

ハナナス

果実が鑑賞用のナス
ミニトマトのような実は
白から黄色
赤へと変化する

果実が観賞用のナスは「ソラナム」、または「ハナナス」の名で出回ります。実の形はナスというよりミニトマトに似ていて、熟すにつれて白から黄色、オレンジ色、赤へと変色していきます。

大きなアレンジに枝ごと入れるとワイルドな雰囲気を出せますが、枝分けして入れる時は切り口があまり目立たないように。ほかの花材やグリーンで隠しましょう。

実物大

直径２～３cmの実は熟すと色が変わる

枝分けすると、白い切り口が目立つので注意

Data

植物分類：
ナス科ソラナム属
原産地：
アフリカ
和名：
平茄子（ヒラナス）
流通サイズ：
１m程度
実の大きさ：大
価格帯：
300～500円
花言葉
あどけない
出回り時期

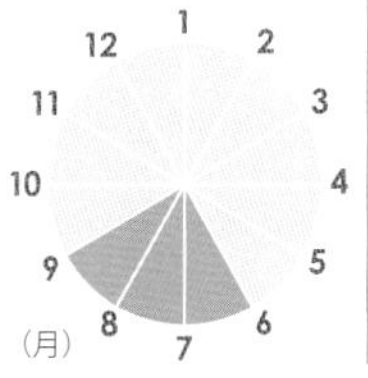

Arrange memo

日もち：５～10日
水揚げ：水切り
注意点：実が多すぎる場合は、バランスよく間引いてから生ける
相性のいい花材：
ヒマワリ (P150)
ヘレニウム (P166)

ドライフラワー

ツルウメモドキ

Oriental bittersweet

オレンジ色の実と曲がったつるの表情を両方楽しめる

たわわにつくオレンジ色の実を鑑賞する秋らしい花材。つる性の植物ですが、しなやかで扱いやすいので、くるくると丸めてリースなどにしても。そのままドライになります。

熟すと3枚に割れてはじける外側の皮の中からオレンジ色の実が現れますが、これは仮種皮(かしゅひ)と呼ばれるもの。さらにこの中に小さく地味な本当の実(種)が入っています。

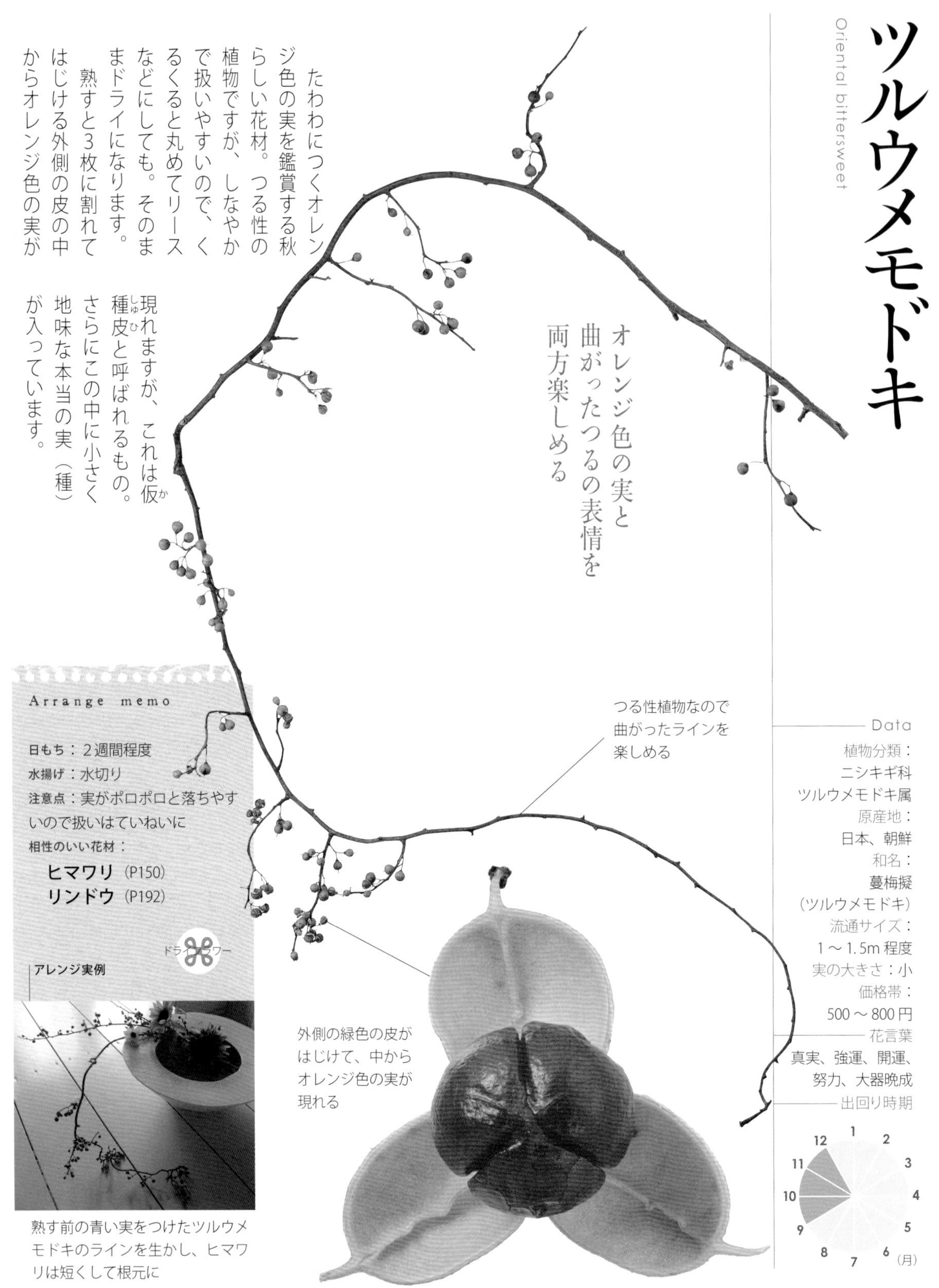

Arrange memo

日もち：2週間程度
水揚げ：水切り
注意点：実がポロポロと落ちやすいので扱いはていねいに
相性のいい花材：
ヒマワリ (P150)
リンドウ (P192)

ドライフラワー

アレンジ実例

熟す前の青い実をつけたツルウメモドキのラインを生かし、ヒマワリは短くして根元に

Data

植物分類：ニシキギ科 ツルウメモドキ属
原産地：日本、朝鮮
和名：蔓梅擬(ツルウメモドキ)
流通サイズ：1～1.5m程度
実の大きさ：小
価格帯：500～800円

花言葉

真実、強運、開運、努力、大器晩成

出回り時期

1 2 3 4 5 6 7 8 9 10 11 12 (月)

バラの実

Rose hip

ローズヒップ

花が終わったあとの実も
人気のバラ
和にも洋にもアレンジできる

花の女王ともいえるバラは、花が終わったあとの実も人気。緑色の実から熟した赤い実まで、葉をはずした枝の状態で出回ります。代表的なものは、ノイバラの実とスズバラ。小さなノイバラの実は、夏の終わり頃から緑色のものが出回り、アレンジやブーケの脇役に。秋になると赤い実も出回ります。スズバラは、秋を代表する実もの。鈴のようになる赤い実が、季節感を演出してくれます。

Arrange memo

日もち：２週間程度
水揚げ：根元たたき
注意点：トゲがあるものは取り扱いに注意する
相性のいい花材：
パンパス (P149)
紅葉したドウダンツツジ (P214)

ドライフラワー

ノイバラの実。直径５～６㎜と小さく、赤い実のほか、緑色の実も出回る

スズバラ。直径 1.5cm くらいの赤い実が鈴のようにぶら下がってつく

Data
植物分類：
バラ科バラ属
原産地：
北半球
和名：
薔薇の実
（バラノミ）
流通サイズ：
50cm ～１ｍ程度
実の大きさ：小
価格帯：
300 ～ 500 円
花言葉
正義感、誠実、
無意識の美、
悲しくそして美しく
出回り時期

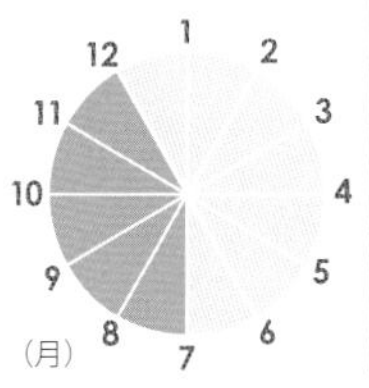

ヒオウギ

Blackberrty lily

縦長の風船のような
実がユニーク
ひとつにまとめてアレンジに

「ヒオウギ」という名は、葉が檜扇(ひおうぎ)を広げたような形につくことからつけられました。夏にオレンジ色の花を咲かせますが、花が終わったあとに、縦型の風船のような実をつけた状態で出回ることが多いようです。実をひとつにまとめてアレンジに入れると、ちょっとユニークなアクセントになります。
　実がはじけ、真っ黒な種子がついた状態でドライ花材としても出回っています。

実物大

長さ３cm ほどの実は薄緑色の風船のよう

葉ははずして、実だけをアレンジなどに使う

Arrange memo

日もち：５日～１週間
水揚げ：水切り
注意点：茎を切ると出る白い液はかぶれることもあるので注意
相性のいい花材：
オーニソガラム (P41)
グラジオラス (P65)

ドライフラワー

Data
植物分類：
アヤメ科
ヒオウギ属
原産地：
日本、中国
和名：
檜扇
（ヒオウギ）
流通サイズ：
50cm 程度
実の大きさ：大
価格帯：
200 ～ 400 円
花言葉
誠実、誠意、個性美
出回り時期

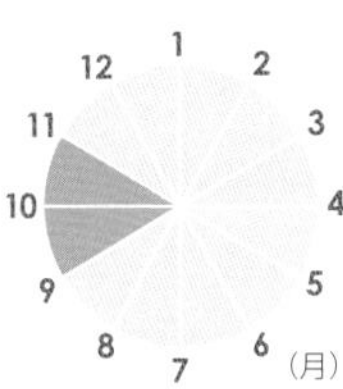

ビバーナム・ティヌス
ビバーナム・コンパクタ

Viburnum

春に白い花を咲かせますが、花材として出回るのは秋に出回る実もの。「ビバーナム・ティヌス」はメタリックに輝く濃い青紫色の実を、「ビバーナム・コンパクタ」は真っ赤な実をそれぞれつけます。どちらも「スノーボール」(104ページ)の仲間です。

アレンジやブーケに入れる時は短めにカットし、実が目立つようにしましょう。

どちらも水揚げはいいので、水切りだけで大丈夫です。

濃い青紫の実と
真っ赤な実
どちらも宝石のよう

葉は楕円形であまり大きくはない

「ビバーナム・ティヌス」の濃い青紫色の実は直径約1cm。「青い真珠」とも呼ばれる

Arrange memo

日もち：1週間程度
水揚げ：水切り
注意点：アレンジなどに使う時は実が目立つよう短めに
相性のいい花材：
ダリア (P110)
リューカデンドロン (P190)

ドライフラワー

アレンジ実例

水色のポットを花器にして、ビバーナム・ティヌスとリューカデンドロンをワイルドに

周囲に切れ込みが入った大きな葉

「ビバーナム・コンパクタ」の実は直径約1cm。緑色から黄色、オレンジ色、赤と変化する

Data
植物分類：
スイカズラ科
ガマズミ属
原産地：
東アジア、
ヨーロッパ
流通サイズ：
50cm 程度
実の大きさ：小
価格帯：
300～800円
花言葉
私を見つめて
出回り時期

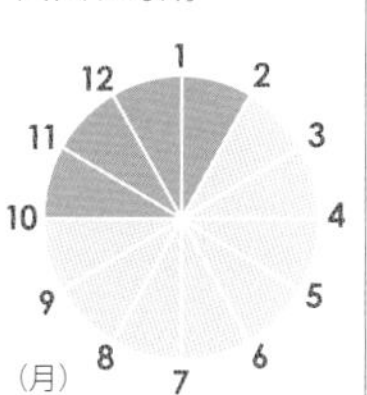

ヒペリカム

Tutsan

ドングリのような形の実が愛らしい色のバリエーションも豊富

ドングリのような形をした実の下に緑色のガクをつけた形が特徴。実は枝分かれした先に上向きにつきます。

ピンクやクリーム色、明るい緑色など、パステル調の淡い色から、赤や茶色など濃い色までバリエーションが豊富。しかも、実の色は熟するにつれて変化するので、微妙なグラデーションが入っているものもあります。

可憐な野の花と合わせて、ナチュラルなアレンジやブーケに。

緑色のガクを残したまま実が熟する

大きな葉はグリーンとしてもアレンジで重宝する

湿気が多いと実や葉が黒ずんでくるので注意する

実がグリーンのものも人気

Arrange memo

日もち：1～2週間
水揚げ：水切り
注意点：湿気が多いと実や葉が黒ずんでくるので、風通しのよい場所に飾る
相性のいい花材：
アルケミラモリス (P28)
バラ (P137)

Data

植物分類：オトギリソウ科ヒペリカム属
原産地：北半球を中心とした温帯
和名：小坊主弟切（コボウズオトギリ）
流通サイズ：30～50cm程度
実の大きさ：中
価格帯：200～300円

花言葉

きらめき、悲しみは続かない

出回り時期

1 2 3 4 5 6 7 8 9 10 11 12 (月)

フォックスフェイス

Nipple fruit

その名のとおり、まるでキツネの顔のような色や形をした実をぶらぶらとつけます。「ソラナム」（237ページ）と同じように、鑑賞用ナスの仲間です。

長い枝もので出回るので、秋の花材と合わせた大きなアレンジに入れると映えますが、ハロウィンのミニカボチャと組み合わせても。目鼻を描くなど、遊び心のある楽しい飾り方を工夫しましょう。

キツネの顔のような大きな実をつけるハロウィンのアレンジなどにも

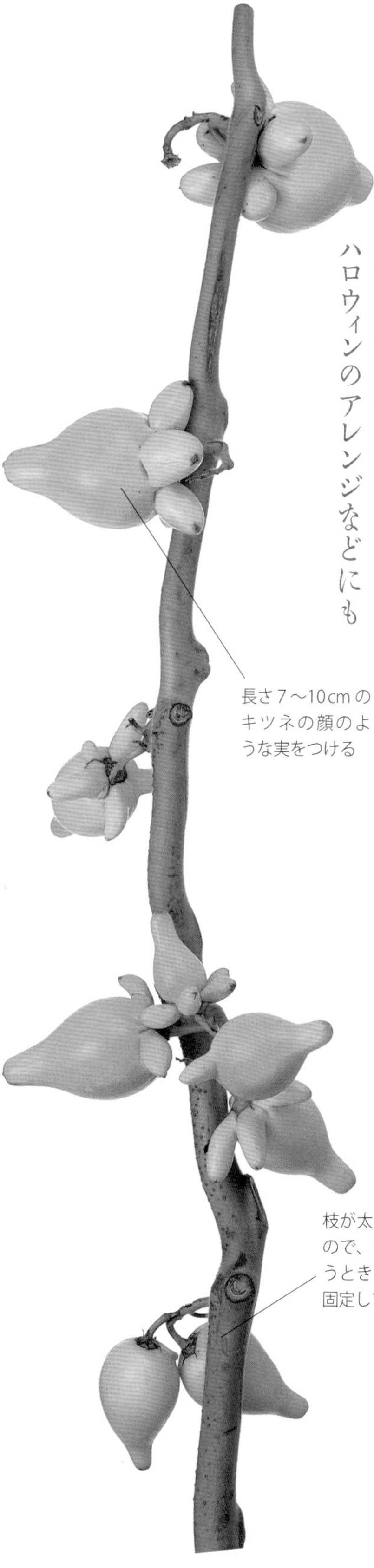

長さ7～10cmのキツネの顔のような実をつける

枝が太くて重たいので、そのまま使うときはしっかり固定して

Arrange memo

日もち：1か月以上
水揚げ：水切り
注意点：枝は太くて重たいので、きちんと固定する
相性のいい花材：
ストレリチア (P102)
キイチゴ (P206)

アレンジ実例

黄色い実を切り離して、ヒムロスギ(P218)や観賞用カボチャと一緒にハロウィンアレンジ

Data
植物分類：
ナス科ソラナム属
原産地：
中央・南アフリカ、熱帯アメリカ
和名：
角茄子（ツノナス）
流通サイズ：
1～1.5m程度
実の大きさ：大
価格帯：
500～700円
花言葉
偽りの言葉、私の想い
出回り時期

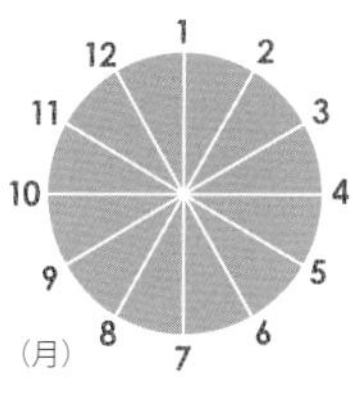

ブラックベリー

Blackberry

緑、赤、黒と3段階で出回る人気のベリー

ナチュラルなイメージが定着した人気のベリー。まだ若い緑色の実、赤く色づいた実、熟して黒くなった実と、3段階の状態で出回ります。熟してくるにつれて実が落ちやすくなるので、長く楽しみたいなら、しっかりした緑色の実のものがおすすめです。

ナチュラルな花器やかごなどに、野山から摘んできたようにアレンジしましょう。

ツブツブの実が特徴。緑色から赤、黒へと変化する

葉は水が下がりやすいので、生ける前に整理しておく

茎にはトゲがあるので扱いに注意して

Arrange memo

日もち：1週間程度
水揚げ：水切り
注意点：茎にトゲがあるので扱いに注意する
相性のいい花材：
バラ（P137）
マトリカリア（P171）

アレンジ実例

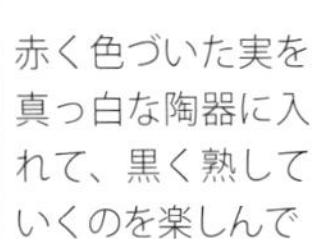

赤く色づいた実を真っ白な陶器に入れて、黒く熟していくのを楽しんで

Data

植物分類：
バラ科キイチゴ属
原産地：
北アメリカ
和名：
西洋薮苺
（セイヨウヤブイチゴ）
流通サイズ：
50cm ～ 1ｍ程度
実の大きさ：中
価格帯：
300 ～ 500円

花言葉

人を思いやる心、素朴な愛、孤独

出回り時期

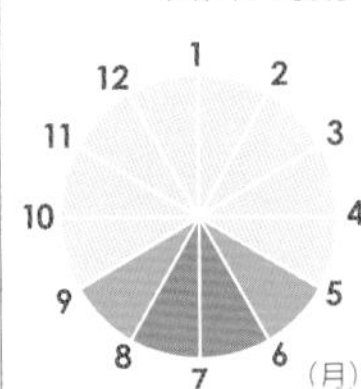

ペッパーベリー

Pepper tree

香辛料として使われる「ピンクペッパー」はこの実のこと。美しいピンク色の実は、花材としても近年、人気がアップしています。

ほとんどが茎は生、実はドライの状態で出回るため扱いやすく、ドライリースなどに小分けして入れると、甘い雰囲気をプラスできます。実が重たくてアレンジなどに立てて使うのは難しいので、垂れ下がるように入れたり、短く小分けしたりして使いましょう。

美しいピンクはこの実ならでは甘い雰囲気をプラスできる

Arrange memo

日もち：２週間程度
水揚げ：不要
注意点：実が落ちないようていねいに扱う
相性のいい花材：
カーネーション（P44）
バラ（P137）

ドライフラワー

アレンジ実例

ピンクや赤のドライフラワーでリースを作り、花材のすき間を短く切ったペッパーベリーで埋める

Data

植物分類：
ウルシ科スキヌス属
原産地：
南アメリカ
和名：
胡椒木
（コショウボク）
流通サイズ：
20～50cm 程度
実の大きさ：小
価格帯：
300～500円
花言葉
輝く心
出回り時期

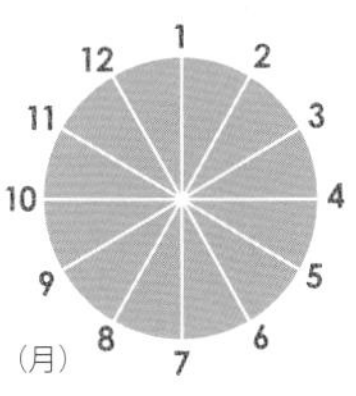

ミニパイン ヒメパイン

Ornamental ananas

姿形は果物のパイナップルにまさにそっくり。茎の先にミニサイズの果実をつけたものが、花材として出回っています。

　子どもも喜ぶので、誕生日や子どもの日など、行事のアレンジに使うのもおすすめです。テーブルに飾ったことがきっかけで、楽しい話題も弾みそう。

　また、1本をさりげなく空き缶や空きビンなどに飾っても様になります。

　実がしぼんできたら、上部のグリーンの部分を切り取って、土に植えたら育つこともあります。


果実のついたユニークな姿は1本でも存在感大

茎の先につく実は本物のパイナップルのミニチュア版

乾燥に強く、そのままでドライになる

サンゴパイン

Arrange memo

日もち：10日程度
水揚げ：水切り
注意点：葉の縁にトゲがあるので、扱いに注意
相性のいい花材：
リューカデンドロン（P190）
ルリタマアザミ（P195）

ドライフラワー

アレンジ実例

花器として使ったのは植木鉢。吸水性スポンジをセットし、短く切ったミニパインを挿して

Data

植物分類：
パイナップル科
アナナス属
原産地：
熱帯アメリカ
流通サイズ：
30～80cm程度
実の大きさ：中・大
価格帯：
200～400円

花言葉

あなたは完璧、
あなたは完全

出回り時期

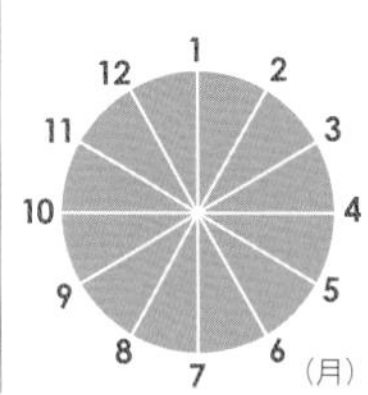

グリーン編

アイビー

ヘデラ

Ivy, English ivy

もちのよさや品種の豊富さに人気が集まるつる性のグリーン

観葉植物としても人気の花材。つる性で、葉の大きさや色、形、斑模様などのバリエーションが豊富です。
葉もちがよいのもポイント。水が下がったら深水に浸けて。

Data

植物分類：ウコギ科キヅタ属

原産地：ヨーロッパ、北アフリカ、西アジア

和名：西洋木蔦（セイヨウキヅタ）

流通サイズ：30～60cm 程度

葉の大きさ：中・大

価格帯：100～300円

出回り時期

1 2 3 4 5 6 7 8 9 10 11 12（月）

霜にあたって紅葉した葉も出回る

1枚ずつ出回る大きな葉もある

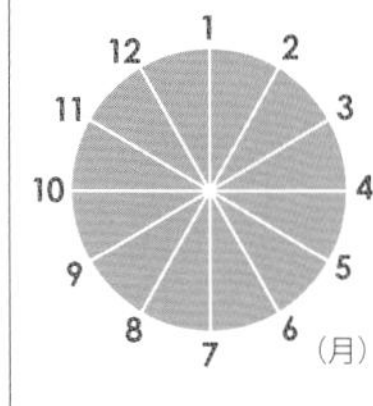

Arrange memo

日もち：1か月程度

水揚げ：水切り、深水

注意点：水が下がったら、深水に浸けると元気になる

相性のいい花材：

ほとんどの花

押し葉

アスパラガス

Asparagus

細い茎に密生してふんわり広がる葉が涼しげな雰囲気

細い茎に針のような葉が密生した、清涼感のあるグリーンです。茎や葉がやわらかく折れやすいものや、葉が散りやすいものもあるので注意。つる性のタイプもあります。

Data

植物分類：ユリ科アスパラガス属

原産地：南アフリカ

和名：立ち箒（タチボウキ）、忍箒（シノブホウキ）

流通サイズ：50cm～1m 程度

葉の大きさ：小

価格帯：300～500円

出回り時期

1 2 3 4 5 6 7 8 9 10 11 12（月）

葉に見えるのは、枝が変化した仮葉

Arrange memo

日もち：5日～1週間

水揚げ：水切り

注意点：葉がパラパラと落ちるものもあるのでていねいに扱う

相性のいい花材：

マトリカリア（P171）などの小さな花

カラー（P52）などのラインフラワー

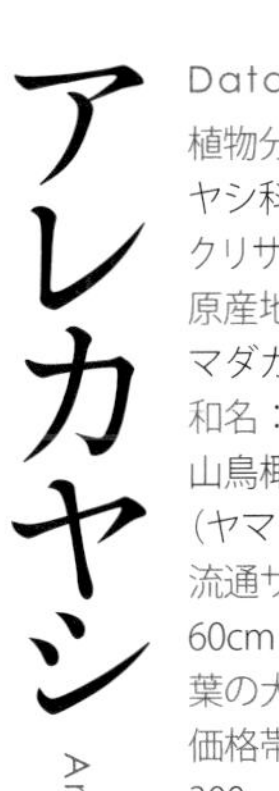

アレカヤシ

Areca palm, Butterfly palm

ヤシの中でも葉型が特に美しい南国のグリーン

トロピカルなムードたっぷりなヤシの仲間。観葉植物としてもおなじみのグリーンです。上向きに広がる伸びやかな葉は優雅な印象。ダイナミックなアレンジにも向きます。

Data

植物分類：ヤシ科クリサリドカルプス属
原産地：マダガスカル島
和名：山鳥椰子（ヤマドリヤシ）
流通サイズ：60cm ～ 1 m 程度
葉の大きさ：大
価格帯：300 ～ 400 円
出回り時期

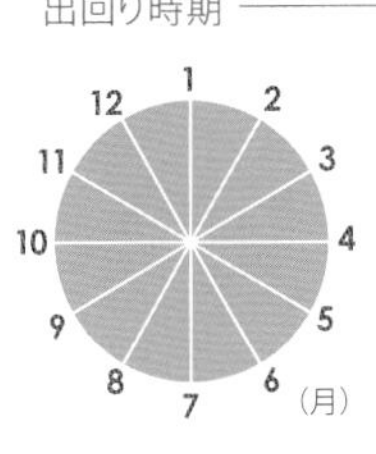

水分を好む南国の植物なので、水切れには注意

Arrange memo

日もち：1 週間～ 10 日
水揚げ：水切り
注意点：水が下がると葉先が垂れやすいのでしっかり水揚げする
相性のいい花材：
ストレリチア（P102）
ヘリコニア（P165）
などのトロピカルな花

アンブレラファン

Umbrella fern

傘状に広がる葉がおもしろいアレンジ全体に躍動感をプラス

葉が傘のように放射状に広がり、小ぶりなヤシの木のように見えるシダ植物の仲間。伸びやかな葉のラインが、生き生きと躍動的なイメージです。ブーケの土台などにも活躍。

Data

原産地：オーストラリア
流通サイズ：50 ～ 80cm 程度
葉の大きさ：大
価格帯：200 ～ 300 円
出回り時期

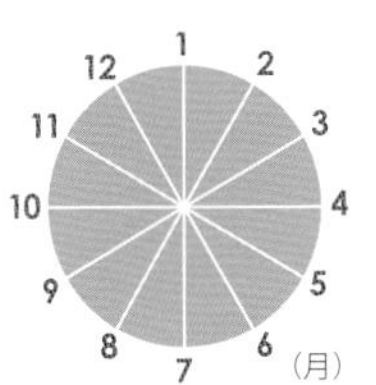

放射状に広がる葉の向きが整ったものを選ぶ

Arrange memo

日もち：1 週間程度
水揚げ：水切り
注意点：葉がチリチリしないよう直射日光は避ける
相性のいい花材：
プロテア（P163）
リューカデンドロン（P190）
などのオーストラリア原産の花

ウーリーブッシュ

Woollybush

Data

植物分類：
ヤマモガシ科
アデナントス属
原産地：
オーストラリア
流通サイズ：
50～60cm程度
葉の大きさ：小
価格帯：
200～300円

出回り時期

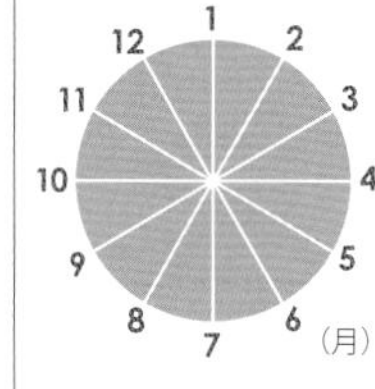

野趣あふれる
針状の葉がユニーク
そのまま
ドライフラワーにも

細かい針状の葉を白い毛が覆い、ワイルドな風貌を持つオーストラリア原産の植物です。
　丈夫で長もちし、花がない時期のものはそのままドライフラワーになります。

細かい針状の葉を白い毛が覆う

Arrange memo

日もち：1～2週間
水揚げ：水切り
注意点：花がついているものは水が下がるとしおれやすい
相性のいい花材：
セルリア（P107）
ワックスフラワー（P198）

ドライフラワー

ウスネオイデス

Usneoides

Data

植物分類：
パイナップル科
ティランジア属
原産地：
北米南部、中南米
和名：
猿麻桛擬
（サルオガセモドキ）
流通サイズ：
30～50cm程度
葉の大きさ：小
価格帯：
300～400円

出回り時期

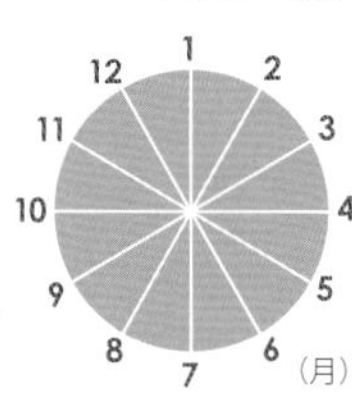

水を与えなくても、空気中の水分を吸収して育つエアープランツの仲間。エキゾチックなシルバーグリーンの葉と茎はやわらかく、からませてブーケなどのポイントに使います。

霧吹きなどで湿らせると、美しい状態がキープできる

エキゾチックな姿が
存在感を主張する
個性的なアレンジに

Arrange memo

日もち：1か月以上
水揚げ：不要
注意点：乾燥には強いが、3～4日に1回程度、霧吹きなどで湿らせる
相性のいい花材：
スモーキーな色の花
ラムズイヤー（P268）
などのシルバー系の葉

オクラレルカ

Tall iris

Data
植物分類：
アヤメ科アヤメ属
原産地：
トルコ
和名：
長大アイリス
(チョウダイアイリス)
流通サイズ：
80cm 〜 1.2m 程度
葉の大きさ：長細
価格帯：
150 〜 300 円
出回り時期

1 2 3 4 5 6 7 8 9 10 11 12 (月)

さわやかな若緑色で
まっすぐに伸びた葉は
先端までシャープ

葉は折れやすいので、注意して扱う

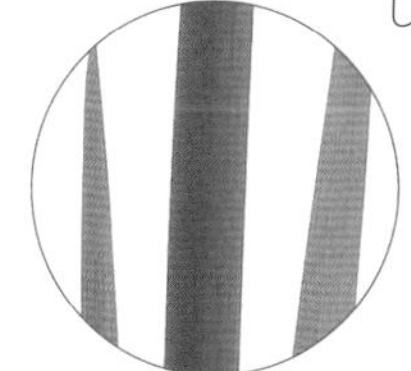

シャープな葉は鮮やかな若緑色

剣のようにシャープな葉型が特長。鮮やかな若緑色もさわやかです。グリーンとして使われることが多いですが、季節によっては青紫色や白、黄色の花をつけたものが出回ることも。

Arrange memo

日もち：1 週間〜 10 日
水揚げ：水切り
注意点：折れやすいのでていねいに扱う
相性のいい花材：
アイリス (P13)
アリウム (P27)
などの ラインフラワー

ギボウシ

Plantain lily

Data
植物分類：
ユリ科
ギボウシ属
原産地：
日本
和名：擬宝珠
(ギボウシ)
流通サイズ：
30 〜 50cm 程度
葉の大きさ：中
価格帯：
100 〜 300 円
出回り時期

1 2 3 4 5 6 7 8 9 10 11 12 (月)

葉脈が美しいグリーン
丸みのある葉は
どんな花材にもマッチ

Arrange memo

日もち：1 週間〜 10 日程度
水揚げ：水切り
注意点：葉の表面が汚れたらふく
相性のいい花材：
アンスリウム (P32)
カラー (P52)

丸みのある葉の形とカーブした葉脈が美しいグリーン。夏には花を咲かせますが、花もちが悪いので、切り花には不向きです。葉だけが流通します。緑色のほか、斑入りの葉や黄色い葉もあります。

クッカバラ オーシェ

Philodendron kookaburra

Data
植物分類：サトイモ科フィロデンドロン属
原産地：熱帯アメリカ
流通サイズ：30～50cm程度
葉の大きさ：大
価格帯：200～300円
出回り時期

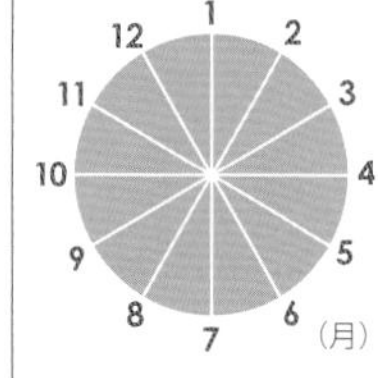

切れ込みが個性的
長い茎は
カーブさせても

皮革のようなつやをもつ葉は厚く、深い切れ込みが熱帯の植物らしいエキゾチックな印象です。茎は太く、長いのが特長。茎を手でしごいてカーブをつけ、動きを出すこともできます。

傷がつくと目立つので扱いはていねいに

Arrange memo

日もち：２週間程度
水揚げ：水切り
注意点：傷がつくと目立ちやすいのでていねいに扱う
相性のいい花材：
大輪のキク（P56）
ダリア（P110）
など、オリエンタルな雰囲気の花

グリーンネックレス

String-of-beads senecio

Data
植物分類：キク科セネキオ属
原産地：アフリカ・ナミビア
和名：緑の鈴（ミドリノスズ）
流通サイズ：30～60cm程度
葉の大きさ：小
価格帯：200～400円
出回り時期

ビーズのような
丸い葉が連なり
アレンジに動きを

つる状の細い茎に、肉厚の丸い葉がネックレスのように並ぶ多肉植物。ほかの花材や花器に巻きつけたり、長く垂らしたりすることで、アレンジに遊び心を加えられます。

浸水した部分が腐りやすいので、水替えをまめにする

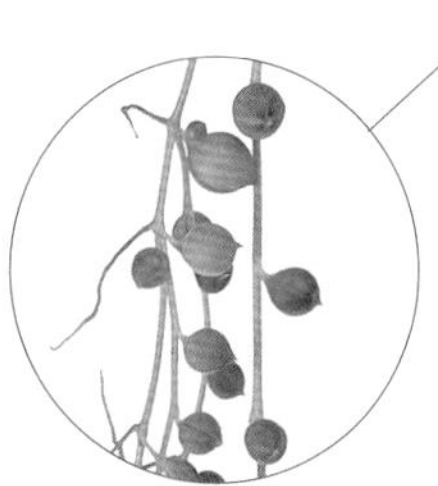

肉厚の丸い葉が細い茎に連なる

Arrange memo

日もち：１週間～10日
水揚げ：水切り
注意点：水に浸かると腐りやすいので水替えをまめにする
相性のいい花材：
トルコギキョウ（P124）
バラ（P137）

ゲイラックス

Beetleweed,Wand plant

Data
植物分類：
イワウメ科ガラクス属
原産地：
北アメリカ東部
流通サイズ：
10～20cm 程度
葉の大きさ：大
価格帯：
150～300 円

出回り時期

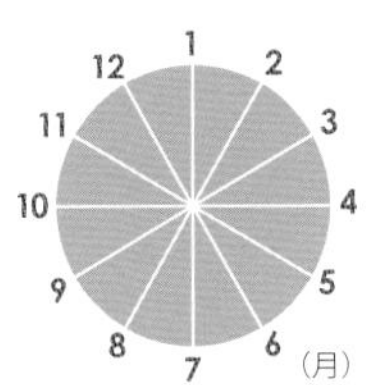

丸みのある葉は
丸めやすいので
使い勝手抜群

ハート型のかわいらしい形の葉は、縁に浅いギザギザがあります。表面の光沢が美しく、秋には銅色に色づいたものも出回ります。しなやかで丸めやすく、細く巻いて使っても。

丈夫で水揚げもよく、長もちする

Arrange memo

日もち：１か月程度
水揚げ：水切り
注意点：葉の表面が汚れたらふく
相性のいい花材：
ほとんどの花

押し葉

ケール

Kale,Borecole

Data
植物分類：
アブラナ科アブラナ属
原産地：
地中海沿岸
和名：
緑葉甘藍
（リョクヨウカンラン）、
羽衣甘藍
（ハゴロモカンラン）
流通サイズ：
20～30cm 程度
葉の大きさ：中・大
価格帯：
200～300 円

出回り時期

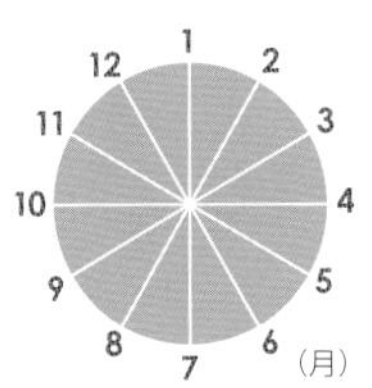

フリル状の
葉が華やか
注目の新しい花材

品種によって色やフリルの入り方はさまざま

青汁の原料として有名ですが、新しい花材としても注目されています。葉の先端に入ったフリルが華やか。紫や緑のグラデーションが美しいものなどをアレンジのアクセントに。

Arrange memo

日もち：２～３週間
水揚げ：水切り
注意点：特になし
相性のいい花材：
ブラックベリー（P244）
などのベリー類
ミント（P266）

コアラファン

Koala fern

やわらかく
細い葉は
コアラの毛のよう

オーストラリアの海岸に生える植物。名前の由来は、細い線状の葉がコアラのしっぽによく似ていることから。海岸の砂地に自生しているので乾燥に強いのも特長です。

Data

原産地：オーストラリア

流通サイズ：70cm ～ 1m 程度

葉の大きさ：小

価格帯：200 ～ 300 円

出回り時期

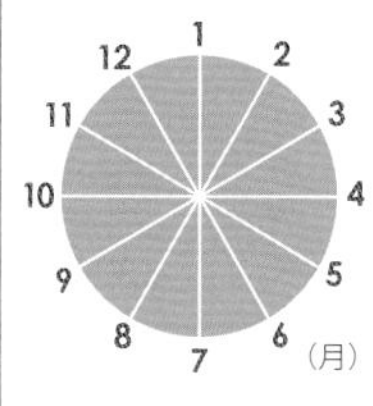

やわらかく細い葉

茎に竹のような茶色の節がある

Arrange memo

日もち：1～2週間

水揚げ：水切り

注意点：特になし

相性のいい花材：

アルストロメリア（P29）
ガーベラ（P48）
などの鮮やかな色の花

ドライフラワー

コチア

Pearl bluebush

銀白色の枝葉が
ミニチュア
ツリーのよう
クリスマスに

すらりと縦に伸びた茎に、多肉質の葉をびっしりとつけます。葉は白いうぶ毛をまとい、うっすらと雪化粧をしたように見えることから、クリスマスのアレンジなどで活躍します。

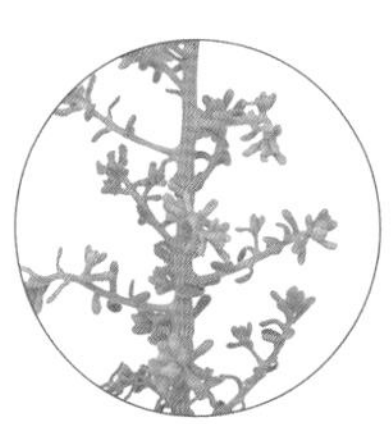

銀白色の小さな葉は多肉質

Data

植物分類：アカザ科マイレアナ属

原産地：地中海沿岸、西南アジア、オーストラリア

流通サイズ：50 ～ 60cm 程度

葉の大きさ：小

価格帯：200 ～ 400 円

出回り時期

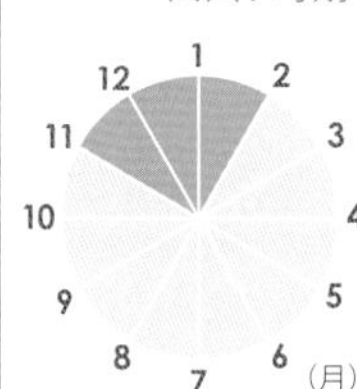

Arrange memo

日もち：2～3週間

水揚げ：水切り、湯揚げ、根元割り

注意点：切り口に割りを入れると水揚げがよくなる

相性のいい花材：

フランネルフラワー（P158）
ブルニア（P162）

水揚げが悪いと葉がポロポロと落ちやすい

サラセニア
Pitcher plant

Data
植物分類：
サラセニア科
サラセニア属
原産地：
北アメリカ
和名：瓶子草
（ヘイシソウ）
流通サイズ：
20～30cm 程度
葉の大きさ：中
価格帯：
300～500円
出回り時期

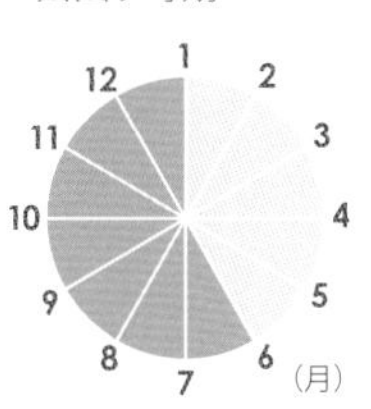

食虫植物ならではの筒状の葉が印象的

小さな虫を捕える食虫植物で、春と秋に昆虫を呼び寄せる「捕虫葉」と呼ばれる葉を伸ばします。捕虫葉は独特な筒状になっていてユニーク。葉の形と網目模様が引き立つようなアレンジに。

春から初夏にかけて咲く花は、葉とは別に出回ることもある

Arrange memo

日もち：1～2週間程度
水揚げ：水切り
注意点：茎の切り口がやわらかいのでまめに切り戻す
相性のいい花材：
グズマニア（P63） ドライフラワー
ケイトウ（P73）
ピンクッション（P153）

シュガーバイン
Sugar-bine

Data
植物分類：
ブドウ科ツタ属
原産地：
中国、日本
流通サイズ：
30～80cm 程度
葉の大きさ：中
価格帯：
200～400円
出回り時期

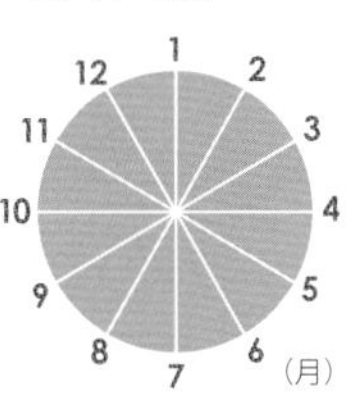

小さな葉がかわいらしいナチュラルなアレンジに

手を広げたような形をした小さな葉がかわいらしく軽やか。茎はつる性でやわらかく、ふんわりと垂れてナチュラルなイメージ。アレンジに添えると、全体が優しい雰囲気に。

手を広げたような形の葉

つる性の茎はやわらかく扱いやすい

Arrange memo

日もち：1～2週間
水揚げ：水切り
注意点：つるがからまらないよう扱いに注意する
相性のいい花材：
アネモネ（P23）
ツルバキア（P118）

シロタエギク

ダスティーミラー

Dusty miller

Data

植物分類：キク科セナキオ属
原産地：地中海沿岸
和名：白妙菊（シロタエギク）
流通サイズ：20～50cm程度
葉の大きさ：中
価格帯：200～400円
出回り時期

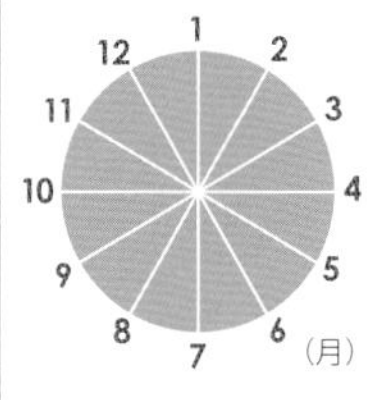

銀白色が優しい印象 フェルトのような手触りも魅力

白い綿毛で覆われたフェルトのような葉が美しい、常緑の多年草。シルバープランツとして、アレンジに欠かせません。肉厚の葉やレースのような葉を持つタイプなど種類も豊富です。

葉や茎が黒ずんでいないものを選ぶ

Arrange memo

日もち：５日～１週間
水揚げ：水切り、湯揚げ
注意点：葉が水に浸かると黒くなりやすいので注意する
相性のいい花材：
ストロベリーキャンドル（P103）
バラ（P137）

ドライフラワー

スチールグラス

Blackboy,Grass tree

Data

植物分類：ユリ科クサントロエア属
原産地：オーストラリア
流通サイズ：１～２m程度
葉の大きさ：長細
価格帯：50～100円
出回り時期

1 2 3 4 5 6 7 8 9 10 11 12（月）

鉄のように硬い葉の直線的なラインが魅力

細長い葉は、「スチール（鉄）」という名のとおり、かなりの硬さがあります。その直線的なラインを生かし、高さのあるアレンジなどで活躍。秋には白い花穂も出回ります。

先端が硬くとがっているので注意して扱う

Arrange memo

日もち：３週間程度
水揚げ：水切り
注意点：しならせすぎると折れてしまうことがある
相性のいい花材：
バルビネラ（P145）
ユリ（P181）

ドライフラワー

スマイラックス

Smilax asparagus

Data
植物分類：
ユリ科アスパラガス属
原産地：
南アフリカ
和名：
草薙葛
（クサナギカズラ）
流通サイズ：
１m程度
葉の大きさ：小
価格帯：
200～400円
出回り時期

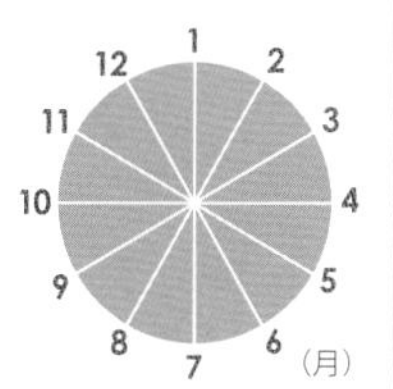

流れるような茎のラインが美しいブライダルにも

小さな葉をたくさんつけた茎の流れるようなやわらかなラインが美しい植物。葉の濃い緑色もさわやか。ブライダルのブーケやテーブル装花でもおなじみの花材です。

濃い緑色の小さな葉がたくさんつく

葉が傷つきやすいので扱いに注意する

Arrange memo

日もち：５日～１週間
水揚げ：水切り、湯揚げ
注意点：葉が傷つきやすいのでていねいに扱う
相性のいい花材：
トルコギキョウ（P124）
バラ（P137）

押し葉

スモークグラス

Witch grass

Data
植物分類：
イネ科パニクム属
原産地：
北アメリカ
和名：
花草黍
（ハナクサキビ）
流通サイズ：
50～80cm程度
葉の大きさ：中
価格帯：
200～300円
出回り時期

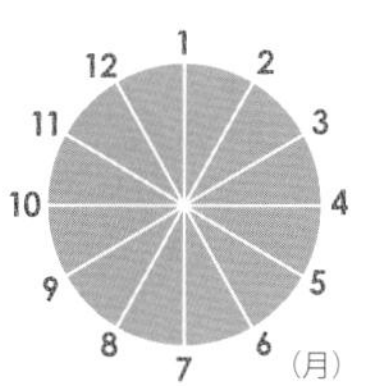

煙のようにふわふわと広がる穂が涼しげな印象

名前の由来は、茎の先端や節につく穂が、煙のように見えることから。アレンジに涼しげな雰囲気を演出します。葉を適度に整理して、穂の繊細な風情を際立たせましょう。

茎が空洞で折れやすいので注意する

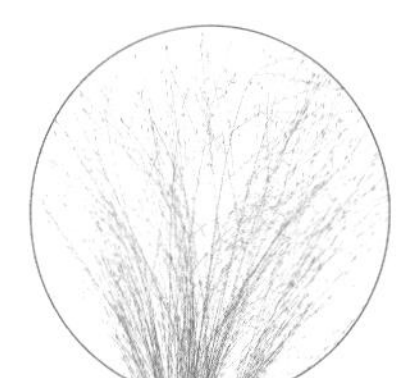

煙のようにふわふわと広がる穂

Arrange memo

日もち：５日～１週間
水揚げ：水切り
注意点：茎が折れやすいのでていねいに扱う
相性のいい花材：
ヒマワリ（P150）
ユリ（P181）

ドライフラワー

タニワタリ

エメラルドウエーブ

Spleenwort

Data
植物分類：
チャセンシダ科
アスプレニウム属
原産地：
日本、台湾
和名：
大谷渡
（オオタニワタリ）
流通サイズ：
80cm ～ 1.2 m程度
葉の大きさ：大
価格帯：
150 ～ 300 円
出回り時期

1 2 3 4 5 6 7 8 9 10 11 12（月）

幅広の葉を
自在にアレンジ
水に沈めても
腐りにくい

葉は丈夫で長もちする

光沢のあるエメラルドグリーンの葉が、うねうねと波打つ姿が印象的。葉は傷つきにくく、水に浸けても腐りにくい性質があります。くるくると丸める、折り曲げるなどして花留めにしたり、細く裂いたりして、自由自在に使いこなしましょう。

Arrange memo

日もち：1～2週間
水揚げ：水切り
注意点：丸めたり、折ったり、裂いたりしても使える
相性のいい花材：
オーニソガラム（P41）
カラー（P52）
などの ラインフラワー

タマシダ

Nephrolepis cordifolia

Data
植物分類：
ツルシダ科
タマシダ属
原産地：
日本、熱帯地方
和名：
玉羊歯（タマシダ）
流通サイズ：
20 ～ 60cm 程度
葉の大きさ：長細
価格帯：
100 ～ 150 円
出回り時期

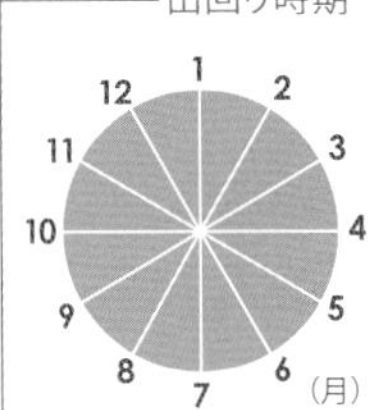

和風にも洋風にも合う
ポピュラーなグリーン
アレンジには欠かせない

小さな葉が茎の両側にびっしりと生え揃った、美しい形状。いろんな花を際立たせるグリーンとして、和風にも洋風にも使われます。
バラなどと合わせると古い印象になりがちなので、個性的な花に合わせて。

Arrange memo

日もち：10 日～2 週間
水揚げ：水切り
注意点：しおれてきたら霧吹きで水をスプレーする
相性のいい花材：
ほとんどの花

押し葉

トキワイチゴ

Creeping raspberry

Data

植物分類：バラ科キイチゴ属
原産地：台湾
和名：常磐苺（トキワイチゴ）
流通サイズ：30～60cm 程度
葉の大きさ：小
価格帯：200～400円
出回り時期

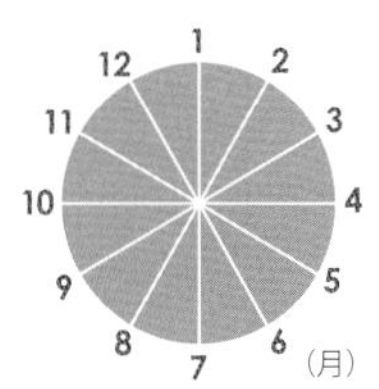

硬さのあるしっかりとした葉が扱いやすい

「アイビー」に似た形の葉をもつ、つる性の植物。葉の表面にはちりめん状のしわが入り、裏面は白い毛で覆われています。
秋には美しく紅葉した葉も出回ります。

葉の表面にはちりめん状のシワが

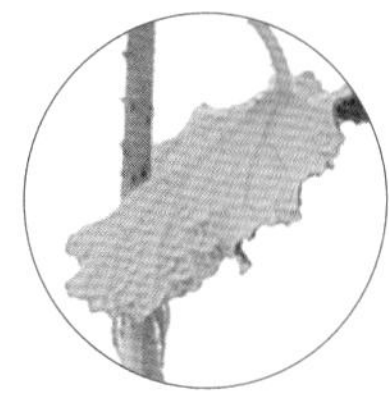

葉の裏面は白い毛で覆われている

葉は硬くしっかりとしている

Arrange memo

日もち：1～2週間
水揚げ：水切り
注意点：葉の表裏が見えるように生ける
相性のいい花材：
アゲラタム（P15）
センニチコウ（P108）

トクサ

Horsetail,Scouring rush

Data

植物分類：トクサ科トクサ属
原産地：北半球の温帯
和名：木賊（トクサ）、砥草（トクサ）
流通サイズ：30cm～1m 程度
葉の大きさ：長細
価格帯：100～150円
出回り時期

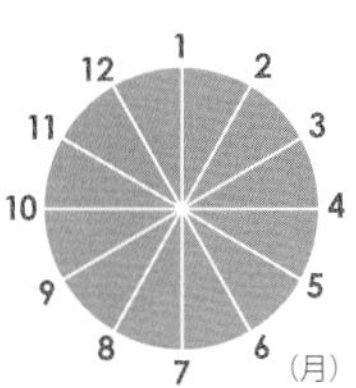

直線的なラインが空間をモダンに和洋どちらにも

すらりと伸びた茎に節が入った細い竹のような姿がユニーク。茶花として好まれ、和風庭園にもよく植えられるため和の印象が強い植物。
短くして束ねて使えば、洋風のアレンジにも合います。

Arrange memo

日もち：1週間～10日
水揚げ：水切り
注意点：折って使う時は節の部分で折る
相性のいい花材：
キク（P56）
ダリア（P110）
ラン類
など、オリエンタルな花

ドライフラワー

茎のところどころに節がある

中が空洞の茎は簡単に折り曲げられる

トケイソウ パッションフラワー Passion flower

Data
植物分類：
トケイソウ科
トケイソウ属
原産地：
中央・南アメリカ
和名：
時計草（トケイソウ）
流通サイズ：
60cm ～ 1.2 m程度
葉の大きさ：中
価格帯：
200 ～ 400 円
出回り時期

手のひら状の葉とつるの自由な動きがナチュラルな印象

ヒトデのような形の葉

巻きひげが周囲に巻きつきやすい

時計の文字盤のような花が印象的な熱帯の植物。花は開花時間が短いため、グリーン花材として多く出回ります。つる性の茎とヒトデのような形の葉が、ナチュラルな印象。

Arrange memo

日もち：１週間程度
水揚げ：水切り、湯揚げ
注意点：つるがからまりやすいのでていねいに扱う
相性のいい花材：
アジサイ（P17）
バラ（P137）

ドラセナ Dracaena

Data
植物分類：
リュウゼツラン科
ドラカエナ属
原産地：
熱帯アジア、アフリカ
和名：
匂い千年木
（ニオイセンネンボク）
流通サイズ：
30 ～ 50cm 程度
葉の大きさ：中・大
価格帯：
100 ～ 300 円
出回り時期

斑模様が華やか葉もちがよく扱いやすい

水に挿しておくと発根して鉢植えにもできる

緑色に白や黄色の斑が入るものや、細長い葉に赤のストライプが入るものなど、形や色、斑模様などが多彩です。きれいな葉色はアレンジに彩りをプラス。丈夫で長もちします。

Arrange memo

日もち：２週間程度
水揚げ：水切り
注意点：葉が乾燥したら、霧吹きで水をかける
相性のいい花材：
ほとんどの花

ナルコユリ

ナルコ

King Solomon's seal

Data
植物分類：
ユリ科アマドコロ属
原産地：
日本
和名：
鳴子百合
（ナルコユリ）
流通サイズ：
50〜80cm程度
葉の大きさ：中
価格帯：
100〜300円
出回り時期

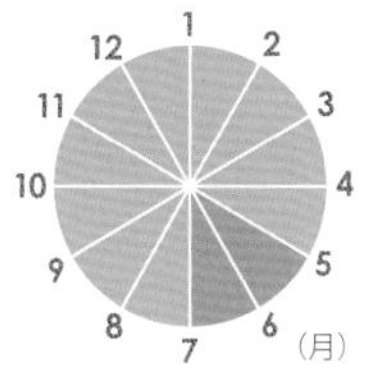

しなやかな茎と斑入りの葉が美しい

日本各地の草地に自生する植物。弓なりにカーブする茎に、美しい斑入りの葉をつけます。多く出回るのは、葉幅が広い「フイリアマドコロ」という品種。蒸れに弱いので多湿を避けけます。

下葉から黄に変色するのでこまめに取り除く

葉の先のほうに白い斑が入る

Arrange memo

日もち：5日〜1週間
水揚げ：水切り
注意点：下の方から黄ばんでくるので、まめに取り除く
相性のいい花材：
トラノオ（P122）
ミヤコワスレ（P174）
など、和風の野草

ニューサイラン

New Zealand flax

Data
植物分類：
リュウゼツラン科
フォルミウム属
原産地：
ニュージーランド
和名：
苧麻蘭（マオラン）
流通サイズ：
1m程度
葉の大きさ：長細
価格帯：
200〜300円
出回り時期

1 2 3 4 5 6 7 8 9 10 11 12 （月）

剣のように鋭い葉が力強い印象
縦縞が入るタイプも

剣状の細長い葉は硬く丈夫で、ニュージーランドの原住民はこの葉からとった繊維で筏を作っていたほど。シャープなアレンジ向き。白や赤、黄色の縦縞が入る品種も。

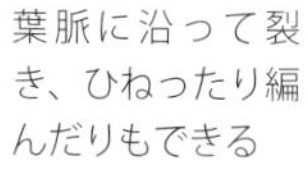
葉脈に沿って裂き、ひねったり編んだりもできる

Arrange memo

日もち：1週間〜10日
水揚げ：水切り
注意点：鋭い葉で手を切らないよう注意
相性のいい花材：
カラー（P52）
ストック（P100）
などのラインフラワー

ハーブゼラニウム

センテッドゼラニウム、ニオイゼラニウム

Scented geranium

Data

植物分類：フウロソウ科ペラゴニウム属
原産地：南アフリカ
和名：匂天竺葵（ニオイテンジクアオイ）
流通サイズ：10～30cm程度
葉の大きさ：中
価格帯：100～200円
出回り時期

12 1 2 3 4 5 6 7 8 9 10 11（月）

バラやミントなどを思わせるさわやかな香り

葉がハーブ特有のさわやかな香りを持つのが特長。レモンのような香りのローズゼラニウムや、ミントの香りに近いペパーミントゼラニウムなどがあります。

通常のゼラニウムに比べると、葉は華奢で小さめです。

Arrange memo

日もち：５日～１週間
水揚げ：水切り
注意点：湿気に弱いので葉を濡らさないようにする
相性のいい花材：
ほとんどの花

押し葉　精油

ハラン

Barroom plant

Data

植物分類：ユリ科ハラン属
原産地：中国
和名：葉蘭（ハラン）
流通サイズ：30～50cm程度
葉の大きさ：大
価格帯：100～300円
出回り時期

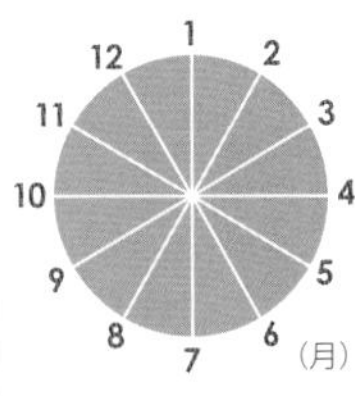

幅広の葉は丈夫で長もちアレンジ次第で多彩な表情に

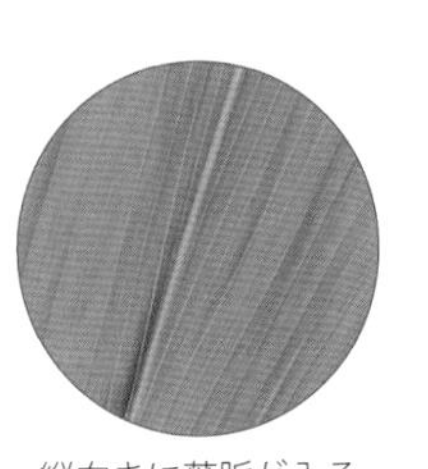

縦向きに葉脈が入る

葉を丸めたり裂いたりして使うと違う表情が楽しめる

みずみずしい深緑色の葉は、しなやかで丈夫。巻きつけたり、縦向きの葉脈に沿って裂いたりとさまざまな使い方ができます。白やクリーム色の縦縞、葉先に白い斑（ふ）が入るタイプもあります。

Arrange memo

日もち：２週間以上
水揚げ：水切り
注意点：葉が乾燥したら濡れた布でふく
相性のいい花材：
ほとんどの花

ピットスポルム

Kohuhu,Tawhiwhi

Data
植物分類：
トベラ科トベラ属
原産地：
ニュージーランド
和名：
黒葉海桐花
（クロバトベラ）
流通サイズ：
30～50cm 程度
葉の大きさ：中
価格帯：
150～300円
出回り時期

12 1 2 3 4 5 6 7 8 9 10 11 (月)

斑(ふ)入りの小さな葉が
キュート
乾燥を避けて

細い枝はよく分枝し、ウエーブがかった小さな葉をたくさんつけます。白やクリーム色の縁取りや斑入りのものなども出回っていて人気。霧吹きなどで乾燥を防ぐと長もちします。

葉が散りやすいので、よく振り落としてから使う

Arrange memo

日もち：10日程度
水揚げ：水切り
注意点：乾燥や高温に弱いので、霧吹きで水分補給を。使う前に余分な葉を振り落とす
相性のいい花材：
ほとんどの花

押し葉

フィロデンドロン

Horsehead philodendron

Data
植物分類：
サトイモ科
フィロデンドロン属
原産地：
熱帯アメリカ
和名：
人手葛
（ヒトデカズラ）
流通サイズ：
20cm～1m 程度
葉の大きさ：大
価格帯：
100～200円
出回り時期

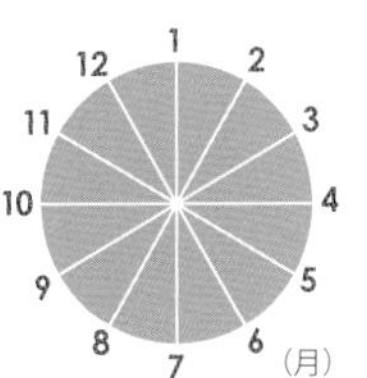

迫力ある
大ぶりの葉
トロピカルな
雰囲気に

「クッカバラ」と同属ですが、より大ぶりな葉をつけます。葉は厚く、表面につややかな光沢があります。葉に負けないような大きな花と組み合わせてトロピカルに。

Arrange memo

日もち：1週間程度
水揚げ：水切り
注意点：葉の汚れは湿らせた布でふき取る
相性のいい花材：
アマリリス (P25)
ダリア (P110)

フトイ

Softstem bulrush

Data

植物分類：カヤツリグサ科ホタルイ属
原産地：日本
和名：太藺（フトイ）
流通サイズ：1～1.5m程度
葉の大きさ：長細
価格帯：100～200円
出回り時期

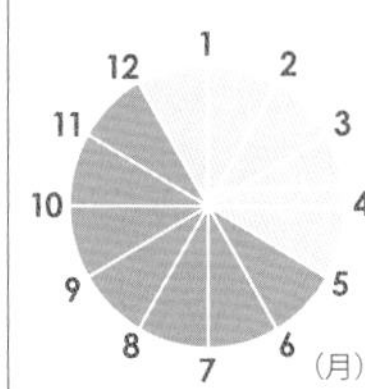

まっすぐに伸びる緑色の茎が涼感を呼ぶ初夏のアレンジに

水辺や沼などの湿地に自生する植物。まっすぐ上に向かって伸びる茎の先端に、赤褐色の小さな花をつけます。どことなく涼しげなその姿が、初夏の花材として人気です。

茎の先端に赤褐色の小さな花をつける

中が空洞の茎は簡単に折り曲げることができる

Arrange memo

日もち：１週間程度
水揚げ：水切り
注意点：折り曲げて使ってもいい
相性のいい花材：
オーニソガラム（P41）
グラジオラス（P65）

ドライフラワー

フレクシーグラス

Flexi grass

Data

原産地：オーストラリア
流通サイズ：80cm～1m程度
葉の大きさ：長細
価格帯：200～300円
出回り時期

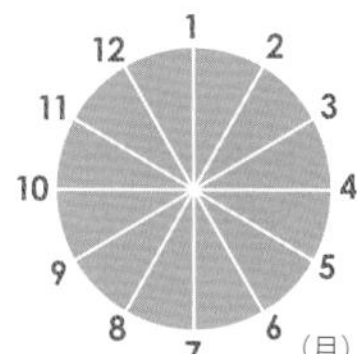

しなやかでねじるも編むも自由自在

「スチールグラス」（256ページ）は折れやすく、「ベアグラス」（265ページ）は直立しにくいのに対して、こちらはとてもしなやか。直立させても、まとめてねじったり編んだりしても使えます。

しなやかで扱いやすいので丸めて輪にしても使える

Arrange memo

日もち：２～３週間
水揚げ：水切り
注意点：先端がとがっているので扱いに注意すること
相性のいい花材：
ほとんどの花

ベアグラス

Bear grass

Data

植物分類：
ユリ科
クセロフィルム属
原産地：
北アメリカ
流通サイズ：
50cm ～ 1m 程度
葉の大きさ：長細
価格帯：
50 ～ 100 円
出回り時期

1 2 3 4 5 6 7 8 9 10 11 12 (月)

線状に伸びる細い葉のしなやかなラインが魅力

線状に伸びる葉は、硬くて丈夫。流れるようなラインをそのまま生かしたり、指でしごいてカーブさせたり。アレンジに動きを出したい時に重宝します。

根元は淡い緑色、先端に行くほどつやのある濃い緑色になる

Arrange memo

日もち：１か月程度
水揚げ：水切り
注意点：束にして使うのもおすすめ
相性のいい花材：
ほとんどの花

ドライフラワー

ヘリクリサム

Everlasting,Immortelle

卵型の小さな葉と茎のラインがナチュラルな印象

卵型の小さな葉は、ふわふわとした白い毛で覆われてやわらか。くねくねと曲がる茎のラインも美しく、ナチュラルな印象です。ライム色の葉のほか、銀緑色の葉をつけるタイプもあります。

Data

植物分類：
キク科
ヘリクリサム属
原産地：
南アフリカ
流通サイズ：
30 ～ 60cm 程度
葉の大きさ：小
価格帯：
150 ～ 300 円
出回り時期

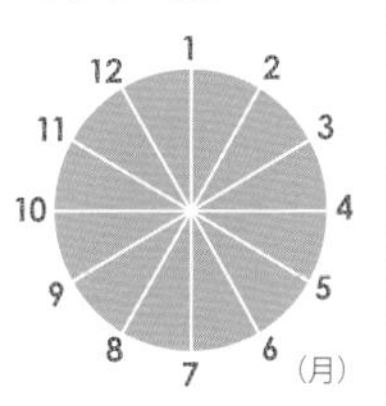

Arrange memo

日もち：３～５日
水揚げ：水切り、湯揚げ
注意点：新芽の先をカットして使うと、長もちしやすい
相性のいい花材：
センニチコウ (P108)
マトリカリア (P171)
などの小さな花

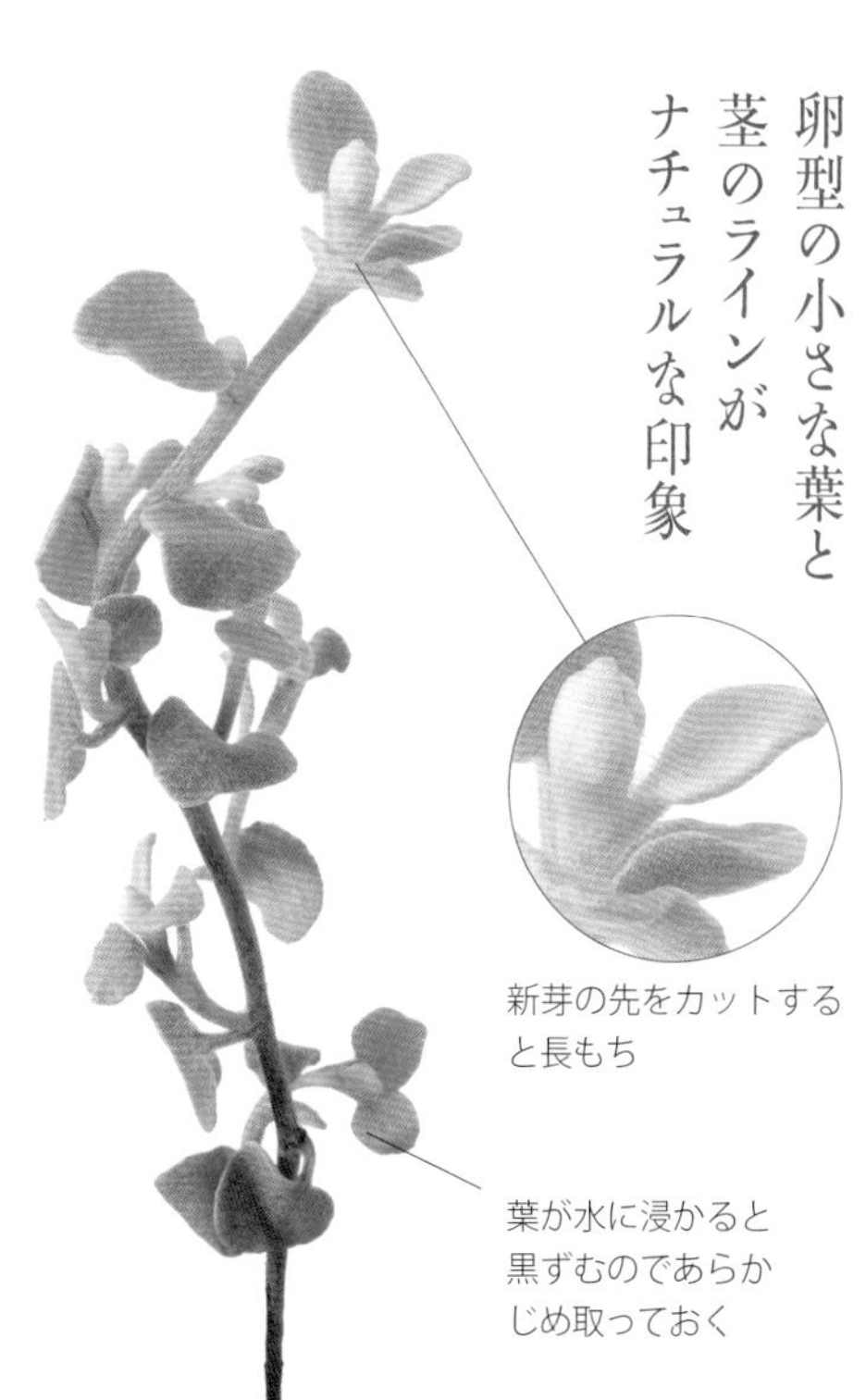

新芽の先をカットすると長もち

葉が水に浸かると黒ずむのであらかじめ取っておく

ミスカンサス　リリオペ

Lilyturf

Data

植物分類：ユリ科ヤブラン属

原産地：日本、中国、台湾

和名：薮蘭（ヤブラン）

流通サイズ：30～50cm程度

葉の大きさ：長細

価格帯：50～150円

出回り時期

（月）1 2 3 4 5 6 7 8 9 10 11 12

アレンジの脇役に
リボンのような
カールをつけても

細長い葉は幅約1㎝。そのままでも自然な曲線がきれいですが、指でしごくとくるんとしたカールをつけられます。やわらかいので編むことも可能。縦縞入りの品種もあります。

硬い茎の下部を残しておくと、吸水性スポンジに挿しやすい

Arrange memo

日もち：1週間程度

水揚げ：水切り

注意点：吸水性スポンジに挿す時は、硬い下部を切らずに残す

相性のいい花材：

ほとんどの花

ドライフラワー

ミント

Mint

Data

植物分類：シソ科ハッカ属

原産地：北半球、南アフリカ

和名：薄荷（ハッカ）

流通サイズ：10～20cm程度

葉の大きさ：中

価格帯：ミックス束で300～350円前後

出回り時期

（月）1 2 3 4 5 6 7 8 9 10 11 12

清涼感あふれる
さわやかな香りが
魅力のハーブ

お茶や料理に使われるハーブとして有名。メントールを含む清涼感のある香りは、リフレッシュ効果も。多くの品種が出回り、葉の色や形、質感などはさまざまです。

水に浸けておくと発根して鉢植えにもできる

Arrange memo

日もち：5日～1週間

水揚げ：水切り

注意点：香りが強いので苦手な人に贈る時は注意

相性のいい花材：

ウィンターコスモス（P36）
トラノオ（P122）
などの野草

押し葉　精油

モンステラ

Windowleaf

Data
植物分類：
サトイモ科
モンステラ属
原産地：
熱帯アメリカ
和名：蓬莱蕉
（ホウライショウ）
流通サイズ：
30～60cm程度
葉の大きさ：大
価格帯：
100～300円
出回り時期

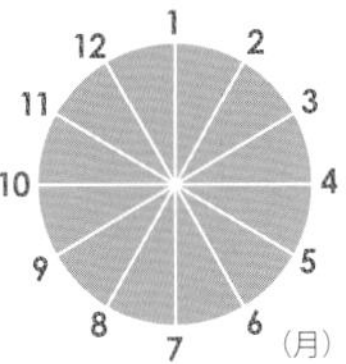

深い切れ込みが
個性を主張
花留めに使っても

大きなうちわのような形で、深い切れ込みがあります。葉はしっかりとした肉厚で濃緑色。南国ムードを感じさせます。
ボリューム感があるため、負けないような大きな花と組み合わせても効果的。切れ込みが花留めの役割も果たします。

Arrange memo

日もち：5日～1週間程度
水揚げ：水切り
注意点：葉の色が濃くつややかなものを選ぶ
相性のいい花材：
ストレリチア（P102）
ヘリコニア（P165）

ユーカリ

Gum tree

Data
植物分類：
フトモモ科
ユーカリ属
原産地：
オーストラリア
和名：
有加利樹
（ユーカリノキ）
流通サイズ：
30～50cm程度
葉の大きさ：小
価格帯：
150～300円
出回り時期

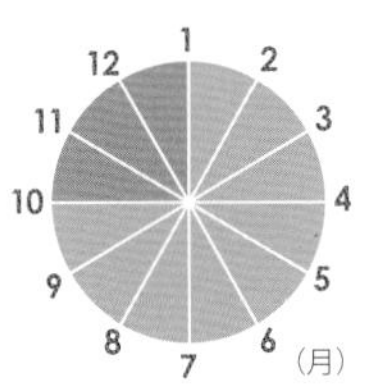

特徴ある
葉の色や形が
アレンジの
表情を豊かに

匂いは好き嫌いが分かれるので使いすぎないこと

小さな丸い葉が向かい合ってつく

細い枝につく小さな丸い葉が魅力的。グレーがかった銀白色の葉色もユニークです。細長い葉をつける品種もあります。葉もちがよく、そのままドライフラワーにもなります。

Arrange memo

日もち：10日～2週間
水揚げ：水切り
注意点：好き嫌いのある匂いがするので、注意する
相性のいい花材：
ほとんどの花

ラムズイヤー

Lamb's ears

Data
植物分類：シソ科スタキス属
原産地：西アジア
和名：綿草石蚕（ワタチョロギ）
流通サイズ：30～50cm 程度
葉の大きさ：中
価格帯：150～300円
出回り時期

ふわふわの手触りが気持ちいいハーブの一種

葉に厚みがあるため少量でもボリュームが出る

名前の由来は、葉の形や手触りが子羊の耳に似ていることから。葉全体が白い毛で覆われ、厚みがあります。ハーブの一種で、ほのかに甘い香りがただよいます。

Arrange memo

日もち：5日～1週間
水揚げ：水切り、湯揚げ
注意点：葉が傷つくと目立つので注意する
相性のいい花材：
スモーキーな色の花

ドライフラワー　ポプリ

リキュウソウ

ビャクブ

Stemona

Data
植物分類：ビャクブ科ビャクブ属
原産地：中国
和名：利休草（リキュウソウ）
流通サイズ：30～80cm 程度
葉の大きさ：中
価格帯：200～400円
出回り時期

つややかな葉色とらせん状に曲がる茎のラインが美しい

明るい緑色と縦に入った葉脈が涼しげ。らせん状に曲がる茎のラインもやわらかな表情です。茶花や生け花の花材として人気ですが、ナチュラルな雰囲気は洋風にも合います。

適度に葉を整理すると、くねくねと曲がる茎のラインが際立つ

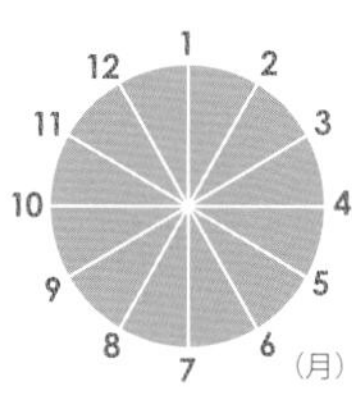

明るい緑色の葉。縦に葉脈が入る

Arrange memo

日もち：1週間程度
水揚げ：水切り
注意点：茎のラインを生かしてアレンジする
相性のいい花材：
カラー （P52）
フリージア （P159）
などのラインフラワー

押し葉

ルスカス

Butcher's bloom

Data
植物分類：
ユリ科ルスカス属
原産地：
カナリア諸島から
コーカサス
和名：
筏葉（イカダバ）
流通サイズ：
30～50cm 程度
葉の大きさ：中
価格帯：
150～300 円
出回り時期

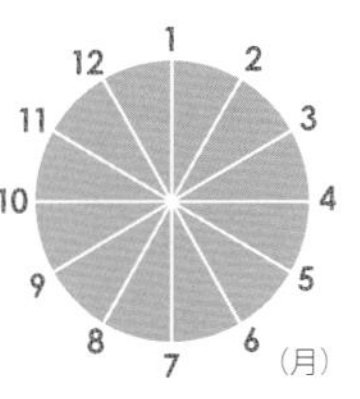

光沢があり
丸みのある形は
使い勝手よし

つややかな光沢があり、丸みを帯びた葉の形がほかの花材と合わせやすくて人気。葉に見えるのは、実は茎が変化したもの。よく似たイタリアンルスカスは葉が細長く、別種です。

しっかりとした葉は
丈夫で扱いやすい

Arrange memo

日もち：1 週間～10 日
水揚げ：水切り
注意点：切り分けて使えば、アレンジにボリュームが出る
相性のいい花材：
オーニソガラム（P41）
グラジオラス（P65）
などのラインフラワー

ドライフラワー

レザーファン

Leatherleaf fern

葉の縁にギザギザの切れ込みが入り、全体は三角形のシルエットに。革のような質感とつやのある濃い緑色が特長的です。水揚げがよく、扱いやすいのもポイントです。

Data
植物分類：
オシダ科ルモーラ属
原産地：
南半球の熱帯から温帯
流通サイズ：
30cm ～ 1m 程度
葉の大きさ：大
価格帯：
150～300 円
出回り時期

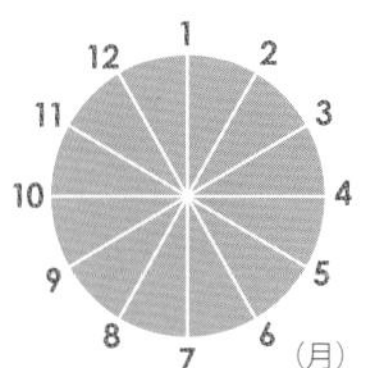

Arrange memo

日もち：10 日～2 週間
水揚げ：水切り
注意点：葉の先端部分が折れやすいので、扱いはていねいに
相性のいい花材：
クルクマ（P70）
デンファレ（P121）
など、オリエンタルな花

革のような
質感が独特
濃い緑色も
美しい

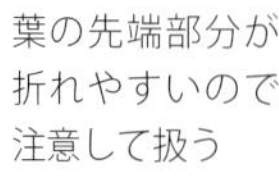

葉の先端部分が
折れやすいので
注意して扱う

レックスベゴニア

Rex-begonia

個性豊かな色や形が揃う葉を楽しむベゴニア

周囲が濃い色で縁取られたハート型

シルバーがかったパープル

濃い茶色に赤い模様が入る

グリーンの濃淡が美しい

茎が赤く、葉の表面に光沢がある

数あるベゴニアの中でも葉の美しさが際立ち、グリーン花材として人気。トラ模様や渦を巻いたような葉型など、個性に富んだ模様や色、形が豊富。個性の強い花と合わせて。

Data

植物分類：
シュウカイドウ科
ベゴニア属
原産地：
インド、日本、中国
流通サイズ：
10～30cm 程度
葉の大きさ：中・大
価格帯：
ミックスで
300～500 円
出回り時期

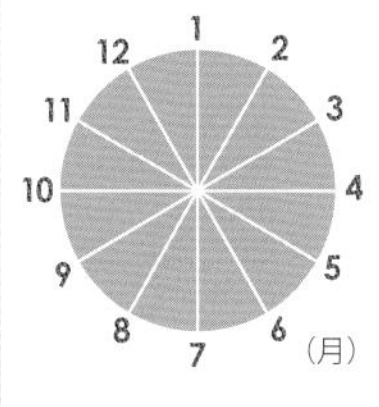
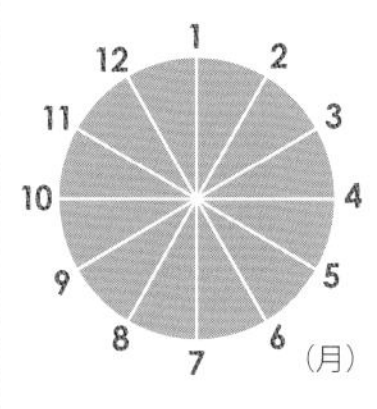

Arrange memo

日もち：1 週間～10 日
水揚げ：水切り
注意点：寒さに弱いので暖かい場所に飾る
相性のいい花材：
原種系の
アルストロメリア (P29)
ラナケリア (P187)

レモンリーフ

Salal

優しい丸みを帯びた葉は、レモンの果実のようなシルエット。ジグザグ状の枝ぶりや、交互についた葉の自然な動きが、アレンジに使いやすく重宝します。水揚げもよく長もち。

葉が交差しているものは枝分けしてから使う

レモン型の丸みのある葉がかわいらしく枝ぶりも魅力

Data

植物分類：
ツツジ科
シラタマノキ属
原産地：
北アメリカ
流通サイズ：
20～30cm 程度
葉の大きさ：中
価格帯：
150～300 円
出回り時期

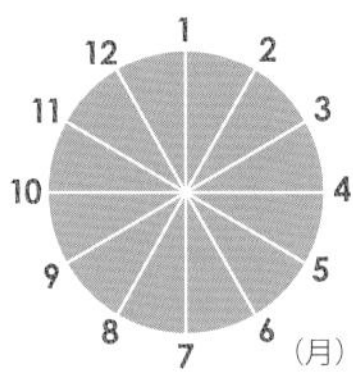

Arrange memo

日もち：2 週間程度
水揚げ：水切り
注意点：葉を 1 枚ずつ切り離して使ってもいい
相性のいい花材：
ほとんどの花
ドライフラワー

花とアレンジの基礎知識

lesson

I 花材を知る・選ぶ

花をアレンジする前にまずは、花材の種類や特徴などを知りましょう。花のガクや葉、茎などもあらためてチェック！花材のことをよく知れば、新鮮で目的に合ったものを選べるようになります。

生花、ドライフラワー、プリザーブドフラワー、アートフラワー（造花）を総称して「花材」といいます。一般に、生け花やフラワーアレンジに使われる花材は、生きた状態の「生花」。花が咲いた草花や球根花は「花」、樹木の枝の部分を切ったものは「枝もの」、実をつけた状態で出回るものは「実もの」、葉を生かす花材は「グリーン」と呼ばれます。

〈花材の種類〉

花
花が咲いた状態で出回る草花や球根花。花の色や形を楽しみ、アレンジの主役になる

枝もの
樹木の枝の部分を切ったもの。花がついていることもある。季節感や和のテイストを出すのに重宝する

実もの
実がついた状態で出回るもの。実の色や形を楽しむ。出回る季節が限られているものも多い

グリーン
葉を生かす花材で、葉型や葉色なども多彩。アレンジの脇役として活躍する

花材のつくりと名称を知る

花の部位などの専門用語も知っておきたいもの。花びら（花弁）だと思い込んでいた部分が実はガクや苞だったということもよくあります。アンスリウムやカラーなどは、苞が大きくて花びらのように見える代表的な花材です。

ガク
花のもっとも外側の部分で、普通は緑色。つぼみの時は内部を包んで保護する

花
ガク、花弁、おしべ、めしべ、花をつける短い茎（花軸）までの総称

葉
茎や枝につき、花や枝葉を支えている。通常は緑色で、白や黄色などの模様が入ったものを「斑入り」という

トゲ
茎の表面にある固くて先のとがった突起物

茎
花や枝葉を支えている部分。「ステム」ともいう。花がついている茎を「花茎」という

花びら
花弁。色も形もさまざまで美しく、鑑賞のメインになる。斑点（表面にまばらに散った点）が入るものもある

しべ
花の中心部分のおしべとめしべを合わせて「しべ」と呼ぶ

〈花の断面〉

苞
花を包んでいる薄い保護葉。苞が大きく、花びらのように見えるものもある

肉穂花序
棒状の部分が花。よく見ると小さな花が集まって咲いている

アンスリウム

唇弁（リップ）
ラン科の花の中央近く、下側についた1枚の花弁。袋状になっているものも

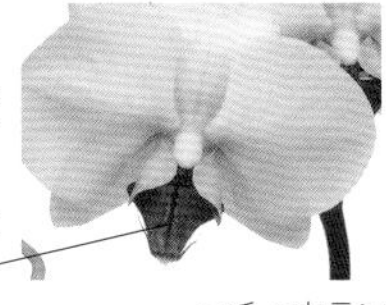

コチョウラン

花のつき方の基本は4種類に大別できる

茎や枝への花のつき方や並び方を「花序（かじょ）」といいます。チューリップのように茎の先端に単独で花をつけるタイプや、アジサイのように小さな花が集団で咲くタイプなど、大きく分けると4種類になります。

穂咲きタイプ

茎に沿って花が縦に穂のような形になって咲く

アジサイ

ギリア

スノーボール

密集タイプ

小さな花が集まって咲き、大きなかたまりに見える

スプレータイプ

茎の左右に枝分かれして伸びた茎の先に花をつける

1輪タイプ

1本の茎の先端に花が1輪だけ咲く

品種改良によってさまざまな咲き方が登場

花の咲き方には、花びらの枚数で分ける一重咲きや八重咲きのほか、花びらの形に注目したポンポン咲きやフリンジ咲き、ほかの花に見立てたバラ咲きやユリ咲きなど、さまざまな咲き方があります。特に、人気の高いチューリップやバラ、ガーベラ、キクなどは品種改良が盛んに行われ、次々と新しい咲き方の花が登場しています。

ガーベラ

スパイダー咲き

花びらが細長く、先端がとがった状態で咲くタイプ

キク

ポンポン咲き

細かい花びらが集まって球形になって咲くタイプ

ラナンキュラス

八重（やえ）咲き

花びらが多く、いく重にも重なっている咲き方

マーガレット

一重（ひとえ）咲き

花びらの重なりがほとんどない咲き方。「シングル」とも呼ばれる

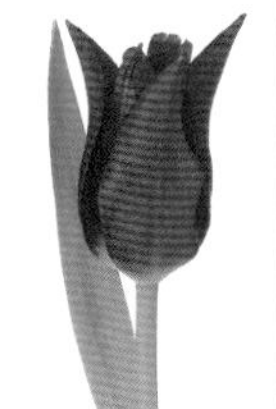
チューリップ

ユリ咲き

ユリのように花びらの先端がとがり、外側に反って咲くタイプ

トルコギキョウ

バラ咲き

花びらの巻き方がバラの花をイメージさせるような咲き方

バラ

カップ咲き

バラなどによく見られるころんと丸いカップ状の咲き方で愛らしい

チューリップ

パーロット咲き

切り込みが入った花びらがオウム（parrot）の羽に似た咲き方

チューリップ

フリンジ咲き

花びらの縁にフリルのように細かい切り込みが入るタイプ

コスモス

ストロー咲き

花びらがストローのように筒状に丸まっている咲き方。キクなどに多い

アレンジでの花の役割を考えて選ぶ

アレンジを作る時に、主役になる花や枝ものなどを「メイン花材」といい、主役を引き立てる脇役になる花、実もの、グリーンなどを「サブ花材」といいます。アレンジ初心者の人は、花を選ぶ時はまず、メイン花材を決め、それに合うサブ花材を加えていくようにすれば失敗しません。

花はさらに、アレンジでの役割によって4種類に分かれます。主役にはフォームフラワーやマスフラワーを、動きや高さを出したい時はラインフラワーを、花と花のすきまを埋めるにはフィラーフラワーを選ぶとおぼえておきましょう。

マスフラワー

「マス」は「かたまり」という意味。花びらがたくさん集まって、色の印象が強い花。バラ、カーネーション、トルコギキョウ、ラナンキュラスなど

フォームフラワー

「フォーム」は「形」という意味。大輪で形が個性的、存在感がある主役級の花。アマリリス、アンスリウム、ユリ、コチョウランなど

フィラーフラワー

「フィラー」の意味は「満たす」。サブ花材として、アレンジのすき間を埋める。イブニングスター、カスミソウ、ブプレウルム、スターチスなど

ラインフラワー

「ライン」は「線」という意味。茎や花穂などのラインが特徴的な花。オーニソガラム、キンギョソウ、デルフィニウム、フリージアなど

これも知りたい！

花屋さんでのよい花材の選び方

花材を選ぶ時は花屋さんまかせにせず、自分の目でしっかり選びましょう。花が傷んでいないかを調べるのはもちろん、葉やガクの状態も忘れずにチェックして。満開より開きかけの花のほうが長く楽しめますが、ガクに固く覆われた小さなつぼみは咲かずに終わることもあります。

最近は、自分で手に取って選べる店も増えていますが、花は繊細なので勝手にはさわらないこと。お店の人に声をかけるか、お願いして取ってもらいましょう。

仕入れは、切り花の市場が開かれる月曜、水曜、金曜日が一般的。この日を選んで足を運んでみるのもおすすめです。

ガーベラやキクなどは花の中心が固く締まっているものを

花もちがいいガーベラやキクなどは、選んで買わないと、古い花を買ってしまうかもしれません。花の中心の丸い部分をよく見て、まだ咲ききっていない、固く締まったものを選びましょう。

lesson

2 道具を使いこなす

花を生ける時に最低限必要な花バサミや便利なフローリストナイフ、生けた花を固定して水を供給する吸水性スポンジなどを上手に使いこなして、アレンジの腕を上げましょう。

フラワーアレンジに最低限必要な道具といえば、花材を切る専用の花バサミやフローリストナイフ、アレンジの土台として活躍する吸水性スポンジ、花器です。これらの道具を上手に使いこなせるようになれば、アレンジの腕も上がるでしょう。

花バサミは、水を吸い上げる茎をつぶさないよう刃が薄く、軽い力でも太い枝が切れます。正しく使えば花のもちも違ってきます。フローリストナイフは、ハサミよりさらに鋭く切れ、細かい作業をするのにも便利です。

花材を思いどおりの位置に留められる吸水性スポンジの使い方もマスターしましょう。

まず用意したいのが花バサミ 人差し指をグリップから出して持つ

花バサミを選ぶ時はまず、刃の部分をしっかりチェック。力を加えやすいよう刃が太くて短いものを。根元までのかみ合わせがよいことも大切です。花材を切る時は、刃を斜めに入れ、刃の根元から先端まで使って切ります。

Check!
かみ合わせ
かみ合わせがよく、薄くてやわらかいものまで切れる

Check!
刃の長さ
刃は太く短く、5cmくらいが切りやすい

Check!
グリップ
太くて輪が大きく、握ると安定感があるものを

花ばさみの扱い方

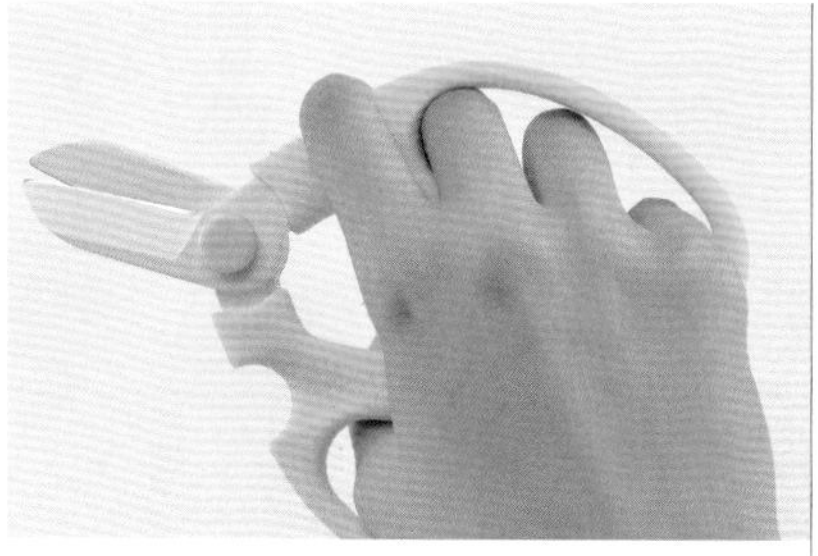

人さし指をグリップから出す
一番力の強い人さし指をグリップから出して握れば、手に負担をかけずに大きな力を入れやすい

ハサミを斜めに入れて切る
茎を切る時も枝を切る時も、ハサミを斜めに入れて切ると、断面が鋭くなり水揚げがよくなる

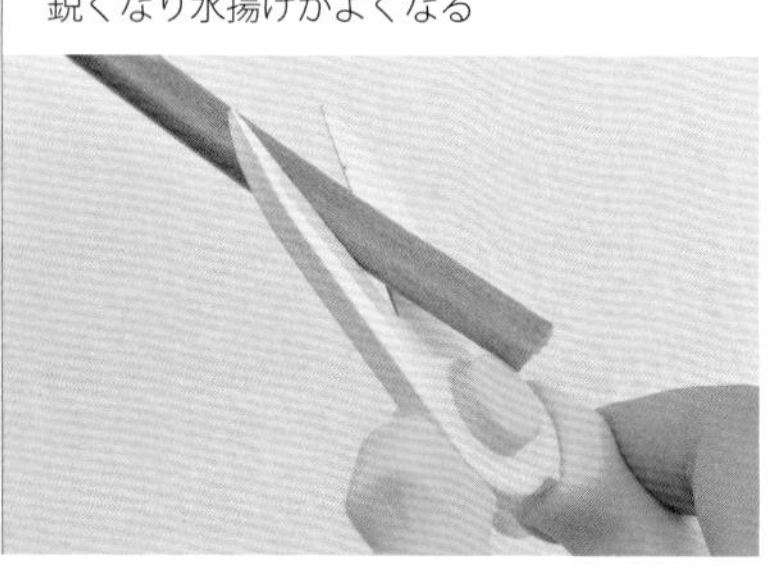

フローリストナイフは正しい持ち方がポイント

花バサミより小さくて軽いフローリストナイフですが、硬い枝ものもスパッと切れます。ナイフが手からスポッと抜けないよう親指以外の４本で柄をはさみ、親指で茎を支えるようにしてカットします。こうすると支点が安定して、力を入れやすくなります。

Check! 刃先
内側にカーブしたものは刃先に茎を引っかけやすくて初心者向き

Check! 刃の長さ
５～７cmくらいのものを。長すぎると力を入れにくくて危険

Check! 柄
折りたたんで刃を収納できるタイプが持ち歩きに便利で安全

フローリストナイフの扱い方

ナイフは動かさずに茎を動かす
茎を切る時はナイフの刃を茎に斜めに当てて、親指で支える。ナイフは動かさずに上の茎を引っ張る

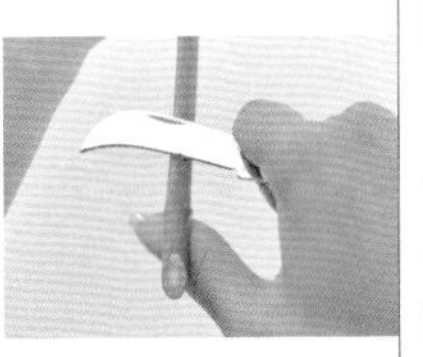

トゲを取る時は下から上へ
バラなどのトゲを取る時は、ナイフを下から上へ動かす。反対に動かすと手がすべった時に危険

吸水性スポンジはカットしてから水を含ませる

花を固定して水を補給できる吸水性スポンジを使えば、花留めが難しい花器や水を入れられないかごなどにもアレンジできます。使用する器のサイズに合わせて切ってから水をたっぷり含ませましょう。使用後は穴が開き、吸水性も低下しているので、何度も再使用はできません。

吸水性スポンジの扱い方

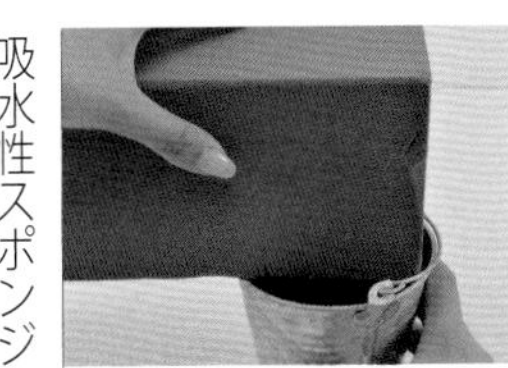

1 大きさを決める
器の口に吸水前のスポンジを軽く押し当ててサイズを測る

2 カットする
スポンジに跡がついたところをよく切れるナイフでカットする

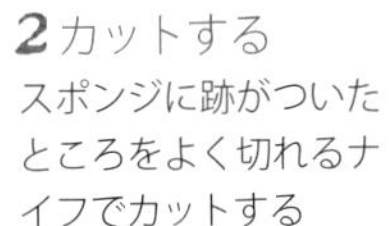

3 吸水させる
たっぷりの水にスポンジを浮かべ、水を吸った重みで沈むまで待つ

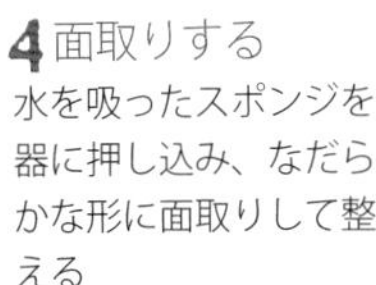

4 面取りする
水を吸ったスポンジを器に押し込み、なだらかな形に面取りして整える

Check! 形
器に合わせて万能に使えるブロック型がおすすめ。ほかにリース型やハート型などもある

Check! 色
目立たない緑色がスタンダード。スポンジ自体を見せて使うカラータイプもある

lesson

3 水揚げする

生ける前にたっぷり水を吸収させれば、花もちが違ってきます。基本の「水切り」をはじめ、花材によって適した方法の「水揚げ」で、しおれかけた花もシャキッと元気にしましょう。

アレンジする前に、水を吸いやすくしてたっぷりと水を補給する作業を「水揚げ」といいます。これを行うことで、花もちがぐんとよくなります。

花屋さんの花は通常、水揚げしてありますが、自分で茎を切って生けるなら、あらためて水揚げする必要があります。

茎を水に浸したまま斜めに切る「水切り」は、切り口に空気の膜ができず、水圧で水がよく揚がるため、たいていの花に効果的。「湯揚げ」や「燃焼」は、熱湯や火の熱で茎の中の空気を急激に追い出し、さらに吸水力を高めます。水揚げが悪い枝ものには「根元割り」を行うなど、花材によって適した方法があります。

また、生けた花が弱ってきたときにも、水揚げは効果的。水替え時に行うとシャキッと元気になります。

水揚げの前に下葉やつぼみの処理を

水揚げをする前に、余分な枝葉は間引き、咲きそうにない固い小さなつぼみは取り除きます。こうすれば水分の蒸散やエネルギーの消耗が防げて長もち。生けた時に水に浸かる枝葉は腐りやすくなるので全部取り除いて。

〈水に浸かる下葉〉

水につかる部分の枝葉はあらかじめ落としておく

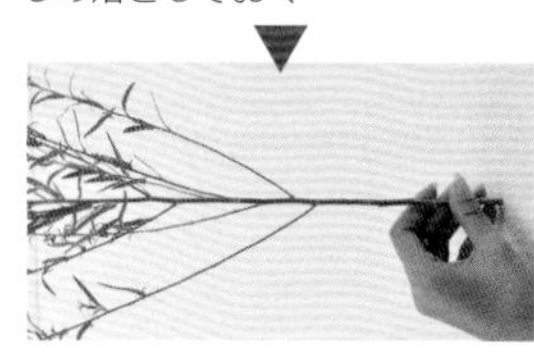

これくらいのところまで落とす

〈咲かないつぼみ〉

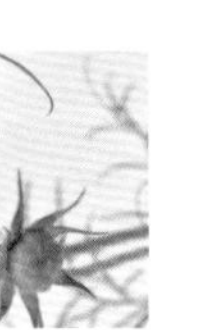

咲かないつぼみはカットして開花に使うエネルギーを節約

水揚げの基本は「水切り」切り口を斜めに鋭く切る

茎を水に浸けたまま、切り口から3〜5cmのところをカットする「水切り」は、水揚げの基本。斜めに切ることで吸水面が広がり、より多くの水を吸い上げられます。水切り後2〜3秒はそのまま水に浸した状態に。

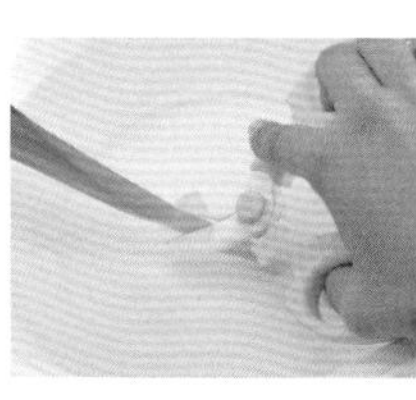

深めの器に水をため、茎を浸けたままハサミなどで斜めに切る

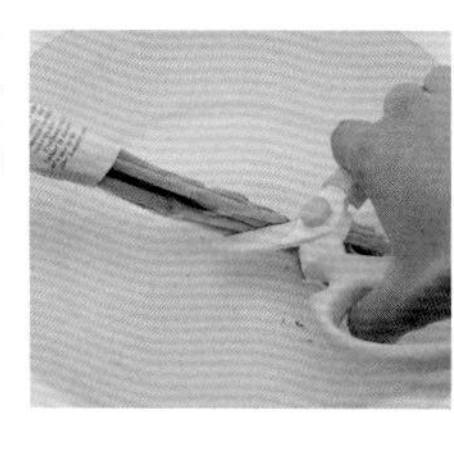

本数が多いときは、新聞紙などで包んでまとめ切りしてもＯＫ

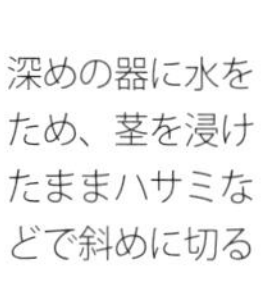

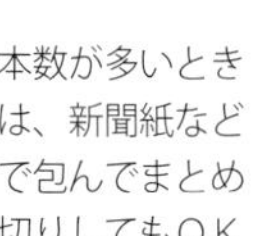

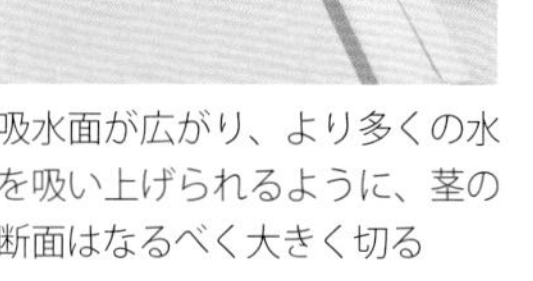

吸水面が広がり、より多くの水を吸い上げられるように、茎の断面はなるべく大きく切る

花材それぞれの性質によって水揚げを使い分ける

水折り
キク・リンドウなど

キクやリンドウなど、茎が比較的太くて硬い花材は「水折り」を。茎を水中に入れたまま、切り口から5㎝くらいのところを指の爪先を使ってポキッと折ります。そのまま2～3秒、茎先を水中に沈めて。

根元割り・根元たたき
枝もの

枝ものは全体的に水揚げがよくありません。切り口に縦、横と十文字になるよう深く切り込みを入れる「根元割り」を。硬い枝は切り口を金づちでたたいてつぶす「根元たたき」でもいいでしょう。

深水
葉が丈夫な花材

水切りや水折りしてもまだ元気がない場合は、深い水に1時間以上つけておきましょう。水圧が高まり、茎や葉からも吸水します。花材を新聞紙ですっぽりとくるみ、全体の半分以上が水に浸かるようにします。

湯揚げ
しおれやすい野草など

熱で花や葉が傷まないよう全体を新聞紙でくるみ、60～80℃の熱湯に茎の先だけをさっとつけます。変色したら深水に1時間以上浸けてから、その部分をカットして。水揚げの悪い花も元気になります。

逆さ水
葉が細かくて蒸れやすい花材

細かい葉が密集していて蒸れやすく、「深水」では葉が傷んでしまうものには、葉の裏側から水をかける「逆さ水」が効果的です。茎を逆さに持って、霧吹きで葉に水をかけます。花にはかけないよう注意しましょう。

燃焼
茎の硬い花材

茎が硬くて水揚げが悪い花材は、コンロの火などで茎の先が炭化するまで焼きましょう。焼く長さは1～3㎝ほど。黒くなったらすぐに深水に1時間ほど浸け、その部分をカットしてから生けます。

lesson

4 アレンジする

使用する花材の水揚げが終われば、いよいよ好きな花器を選んでアレンジします。花の切り分け方や花留めのテクニックなどをマスターして、素敵に飾ったら、長く楽しむ方法も知りたいところです。

使用する花材の水揚げが終わったら、いよいよ花器に生けるなどのアレンジをするわけですが、そのための基本的なテクニックをマスターしましょう。

花器に生ける場合、まず知っておきたいのが、「花留め」のテクニック。花器の口が広くて花材を固定するのが難しい場合などでも、思いどおりの位置や角度に花を留める技術です。生け花で「一文字留め」「十文字留め」などと呼ばれる枝や茎を利用する方法と、吸水性スポンジや剣山などの道具を使う方法があります。

また、枝分かれした花材を上手に切り分けて使ったり、水揚げのたびに切り戻して短くなる花材を背の低い花器に生け替えたりするのも、アレンジが上達するコツです。

スプレー咲きの花材は切り分けて使う

スプレーバラやトルコギキョウ、ブルーレースフラワーなど、茎が枝分かれしてたくさん花をつけるスプレー咲きの花材は、1本を効率よく切り分けて使えば、本数は少なくてもアレンジにボリュームを出せます。なるべくロスが出ないよう、切る場所をよく考えて切り分けましょう。

枝分かれしているが、そのまま生けるとあまりボリュームが出ない

枝分かれしている部分から脇枝を切り、さらに主枝もカットして長短を。こうするとアレンジに使いやすくなる

アレンジの形は飾る場所に合わせて

飾る場所を考えてから、アレンジの大きさや形を決めましょう。テーブルに飾るなら、向かいに座った人の顔が隠れて会話の邪魔にならないよう、座ったときの目線より低くアレンジします。どこから見てもきれいなラウンド型がおすすめ。また、チェストの上などに飾る場合は、前方から見ることを考えて生けましょう。

〈テーブルに〉

高さを出さず、どこから見てもきれいなラウンド型に

〈チェストに〉

横に長い花器を使い、すべての花が前方を向いているアレンジに

茎や枝、道具などを使って思いどおりのところに花を留める

少ない花材でも、思いどおりの位置や角度に生けるには、花留めの方法を工夫する必要があります。しなやかで、空洞がなく、切り口がささくれにくい茎や枝を花器の内壁に密着させ、それを支えにして花を生けていくのが「一文字留め」や「十文字留め」。吸水性スポンジや剣山を化留めに用いる場合は、見えないように上手に隠す工夫をしましょう。

つるで留める

しなやかな細いつるを丸めてボール状にしたものを器の中にセットし、つるのすき間に花を挿すことで花留めに。自然素材なので、外から見えても気にならない

一文字留め（いちもんじ）

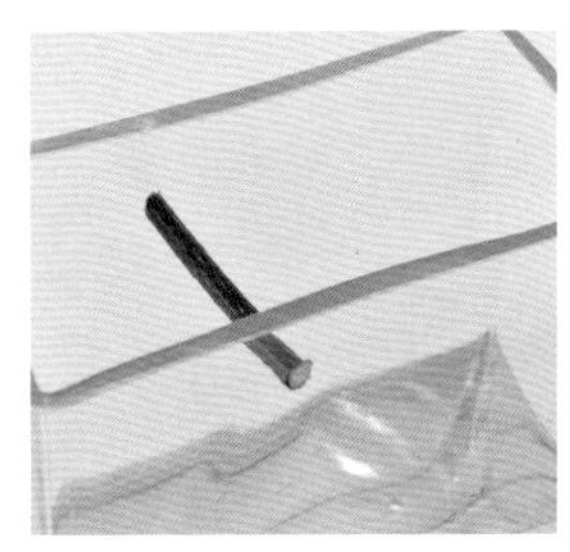

器の口にぴったり合ったサイズの枝や茎を１本渡す方法。口の広い花器に少ない花を生ける時におすすめ。花器の上のほうにセットすると花材を留めやすい

吸水性スポンジで留める

吸水性スポンジを使えば、あらゆる方向に花を留められる。茎の先を斜めにカットして挿せば、花をしっかりと固定できる。スポンジの中心に向けてまっすぐ挿す

十文字留め（じゅうもんじ）

一文字留めを２本、十字に交差させて器を４分割。丈夫なので頭が重たい花でも固定しやすく、ある程度高さを出して留めることもしやすくなる

剣山で留める

剣山の針に茎を垂直に挿して留める。角度をつけたい場合は、それからゆっくり茎を倒して。針に挿せない細い茎は、太めの茎に差し込んでから挿す

葉で留める

幅が広くて丈夫なドラセナの葉の部分をくるくると巻いてテープで留め、それを花器の中に並べることで、デザインの一部になると同時に花留めにも

茎や葉を曲げたり丸めたりしてアレンジに動きを

花材の茎や葉を曲げたり、丸めたりできると、アレンジに動きを出せます。カラーやチューリップ、ガーベラなど、節がなくてまっすぐな茎はだいたい手で曲げられます。また、幅が広いドラセナやゲイラックスなどの葉やしなやかで細長いフレクシーグラスなども簡単に丸めることができるので、アレンジを工夫してみましょう。

茎を曲げる

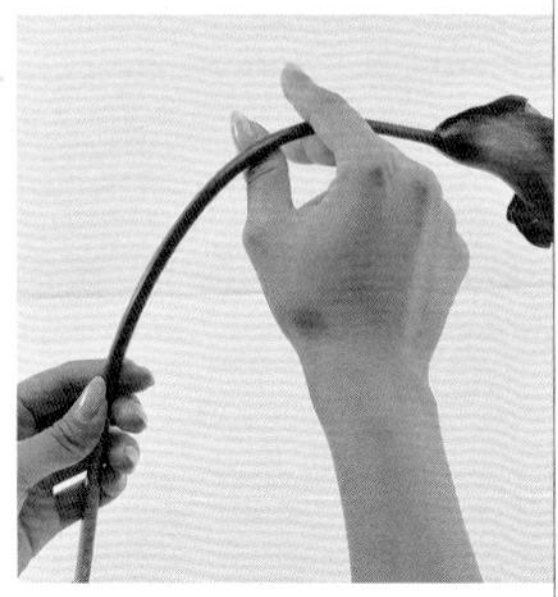

カラーやガーベラなどの茎を曲げたい時は、両手の親指と人さし指の間に茎を通し、曲げたい方向に優しくしごくようにして花首の下まですべらせればOK

葉を丸める

幅が広くて丈夫なドラセナやハランなどは、くるっと丸めてアレンジの周囲に使ったり、ほかの花材を束ねた茎の部分に巻いたり、さまざまな使い方ができて便利

花器のほかにも食器や雑貨を活用

花を生けるのは必ずしも花器である必要はありません。グラスやカップ、ポットなどの食器や、かご、箱、空き缶、空きびんなどもアレンジに活用しましょう。一般に、口がすぼまった器は少ない花材でもバランスよく生けやすく、ラッパ型の器は花が留まりやすいので自然な広がりをもたせて生けやすいものです。

シンプルな皿の上にショットグラスをのせた小さなアレンジ

キッチンにあるガラスの保存びんも素朴な花を生けるのにぴったり

アレンジした花は飾る場所にも気を配って

せっかくアレンジした花を長もちさせるには、できるだけ直射日光やエアコンの風などに当てず、寒すぎず暑すぎない場所に飾りましょう。熱帯地方が原産のアンスリウムやランなどは室温12度を下回らない部屋に。また、光があまり差さない玄関やトイレなどには、アマリリスやムスカリなど、丈夫な球根の花がおすすめです。

熱帯地方が原産のアンスリウムは暖かい場所に

これも知りたい！

アレンジを長く楽しむ方法

アレンジした花を1日でも長くもたせるには、デイリーケアが欠かせません。

まず、毎日水を取り替えて清潔に保つことが基本。花器の水が汚れ、茎の切り口にある導管（水を吸い上げる管）が詰まるのは、茎が腐ってバクテリアが繁殖するのがおもな原因。水を替える際には茎の根元のほうをよく洗い、ぬるつきを取り除きましょう。

その後、新鮮な水の中で茎を切り戻します。導管に入り込んだバクテリアを切り捨てられるのと同時に、茎の断面が新しくなるので新鮮な導管で吸水できるようになります。

水を替える前には、花器もきれいに洗うのを忘れないようにしましょう。

基本　水は毎日替え、替えるたびに茎を切り戻す

アレンジの水は毎日、取り替えて。茎のぬるつきや花器もきれいに洗いましょう。その後、茎を切り戻すと水揚げがよくなります。枯れてきた葉や咲き終わった花などはそのつど、取り除くと長もちします。

新鮮な水の中で茎を切り戻す。それでも元気がないときは湯揚げや深水をする

茎のぬるつきはバクテリア繁殖のサイン。水替えのたびに手でよく洗う

応用　水に切り花延命剤や漂白剤、10円玉などを入れる

水を毎日替えられない時などは、消費した栄養分を補うための糖分と、水を殺菌するための成分が含まれている市販の切り花延命剤を使えば、水を替える必要はありません（夏場は除く）。殺菌には塩素系漂白剤や10円玉、栄養補給には砂糖（水1Lに小さじ1程度）などでも代用できます。

切り花延命剤
水に適量注ぐことで花が長もち。微生物の繁殖も抑えられる

塩素系漂白剤
キッチン用や洗濯用の塩素系漂白剤を水１Ｌに５～６滴投入

10円玉
水１Ｌに10円玉を２～３枚入れておくと、銅が殺菌作用を発揮

lesson 5 花を贈る

母の日や誕生日、結婚祝い、手みやげ、お見舞い、お悔やみなど、いつ誰がもらっても心あたたまるフラワーギフト。マナーやTPOに合わせ、相手を思いやる心を第一に贈りましょう。

ブーケやアレンジなどのフラワーギフトを贈る際に一番大事なポイントは、贈る相手を思い浮かべ、場の雰囲気を考えながら選ぶことです。

誕生日、結婚祝い、出産祝い、開店・開業祝い、発表会や展覧会のお祝い、賀寿のお祝い、母の日や父の日、結婚記念日、送別会、お見舞い、お悔やみやお供えなど、花を贈るシーンはいろいろ。相手が好きな花や色などを考えるのはもちろんのこと、それぞれにふさわしい花選びを心がけましょう。さらに、渡す場所や持ち帰る場合のことなども配慮したいものです。

最近は、冠婚葬祭の花に関しても、あまり堅苦しいことは考えずに贈る傾向にありますが、お見舞いやお悔やみに贈る場合は気にする人もいるので、一般的なマナーを守ったほうがいいでしょう。

花を贈る時はTPOやマナーに配慮すること

贈られた相手が喜んでくれることが何よりも大切なので、相手の好みを考えて。好みがわからないときは、ユリなどの香りの強い花や原色系の濃い色の花は好き嫌いが分かれるので避けたほうが無難です。

お祝いの場合は特に贈っていけない花はありませんが、花首が落ちやすいものや花びらが散りやすいものはふさわしくありません。明るく華やかな花を贈りましょう。

お見舞いの花は「根づく」が「寝づく」に通じる鉢植えや「死・苦」を連想させるシクラメン、お悔やみのイメージが強いキクや白、紫色の花は避けたほうが賢明です。香りがきつくなく、病室にそのまま飾れるアレンジがおすすめです。

お悔やみやお供えの花は白や紫色が無難ですが、地域によっても違いがあるので故人の近親者などにあらかじめ相談するといいでしょう。葬儀の場合に祭壇に飾る花は葬儀社が取り仕切っているのが一般的です。必ず事前に問い合わせてから贈るようにしましょう。

Check list

相手の好みは？

- **好きな花**　バラやチューリップ、トルコギキョウなどは、嫌いな人があまりいない花
- **好きな色**　知らない場合は、普段よく着る服や持ちものの色などから判断しても
- **好きなテイスト**　かわいらしい、優しい、元気、個性的など、本人に合うイメージで

飾る場所は？

- **自宅や自分の部屋**　ひとり暮らしの場合は大きな花器や花バサミが必要ないアレンジを
- **お店や会社**　そのまますぐに飾れて、アフターケアが面倒でないアレンジや鉢植えを
- **病室**　場所をとらず、香りがきつくないものを。鉢植えやシクラメン、白一色は避けて
- **会場**　個展会場などに一定期間飾るなら長もちする花で、そのまま飾れるアレンジを

渡す場所は？

- **自宅**　配達で届ける場合は、相手が在宅する日時を確認してから手配する
- **外出先**　そのまま持ち歩けるように、花を入れる紙袋なども用意すると親切
- **レストラン**　匂いのきつい花は避け、会計時までお店に預かってもらうとスマート
- **舞台などで**　大きな花束や原色などの強い色を使った花束を渡すと見栄えがする

これも知りたい！

プレゼント用の花束の作り方

簡単で見栄えのする花束の作り方をマスターすれば、ちょっとしたプレゼントやおみやげなどに役立ちます。庭に咲いている花や、スーパーやネット販売などで買った花を使って作れば、花屋さんで買うよりずっと安上がりです。

中心の花のまわりに1本ずつ斜めに茎を足してらせん状に束ねていく「スパイラルブーケ」なら、少ない本数の花材でも自然にふんわりと広がった形が作れます。

花の色が引き立つ紙やリボンを選んで

用意するもの

・バラ…15～20本程度
・ユーカリ…5～7本程度
・輪ゴム…1本
・ティッシュペーパーやペーパータオル…適量
・アルミホイル（20×30cm）…2枚
・ラッピングペーパー…90×90cm 程度
・リボン（5cm幅）…80cm 程度

1 バラは下の葉を落としてトゲを取る。茎が長くてまっすぐな花材が作りやすい

2 茎を少しずつずらして重ねるようにしながら、バラを1本ずつ加えていく

3 バラ3本に1本くらいの割合で、ユーカリも同じようにして重ねていく

4 花束を回転させながら花材を全部重ねたら、指で束ねた部分に、輪ゴムをかける

5 輪ゴムをくるくると3～4周させたら、茎の1本に輪ゴムの輪を通して留める

6 ゴムで束ねた位置より下の部分の茎を、全部同じくらいの長さに切り揃える

7 数枚重ねたティッシュペーパーやペーパータオルを、茎の切り口に下からあてる

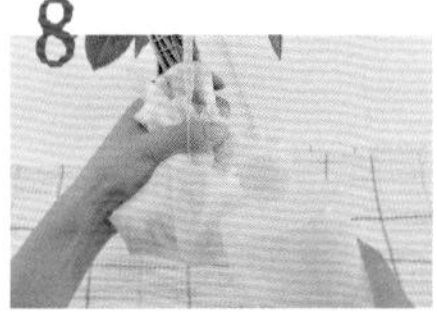

8 茎の下部7～10cmくらいを包み、上から水をかける。したたるくらいたっぷり

9 水がたれないようアルミホイルで覆う。1枚を茎に巻きつけ、1枚は下から覆う

10 アルミホイルで茎を覆った状態。これで保水は万全

11 ラッピングペーパーの中央に花束を置き、紙の手前側の部分を折って花束に重ねる

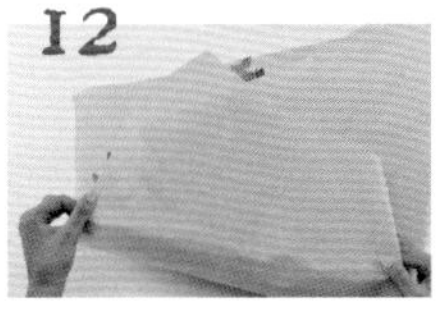

12 ラッピングペーパーの左側の部分を花束に重ねるように折る

13 最後に残ったラッピングペーパーの右側の部分を花束に重ねるように折る

14 包んだ花束を起こして、ペーパーを整え、手で持つ部分をテープなどで留める

15 リボンを結んでテープを隠す。リボンはくるくると2回巻きつけ、蝶結びにする

アレンジやプレゼントに役立つ

色別・季節別・シーン別 おすすめ花材一覧

色別

ブルー

清潔、さわやか、知的、信頼

アジサイ

エリンジウム

カンパニュラ

ギリア

デルフィニウム

ブルースター

ヤグルマギク

リンドウ

ルリタマアザミ

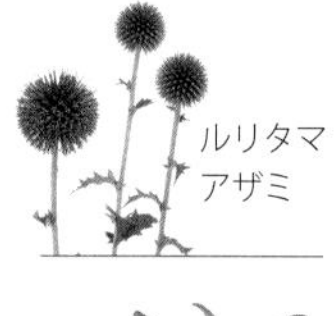

ワスレナグサ

白

清潔、純粋、清らか、無垢

アマリリス

アリウム

ストック

セルリア

デンファレ

バラ

ブバルディア

マーガレット

ユリ

レースフラワー

黄色

明るい、元気、無邪気、おおらか

アルストロメリア

オンシジウム

カラー

キンギョソウ

スイセン

ナノハナ

ヒマワリ

フリージア

ヘレニウム

マリーゴールド

ピンク

優しい、かわいい、夢、恋愛

アスター

カーネーション

ガーベラ

スイートピー

チューリップ

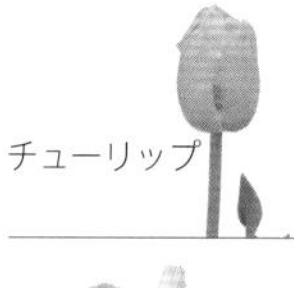

トルコギキョウ

ナデシコ

ネリネ

バラ

ユリ

赤

愛、情熱、勇気、華やか

アマリリス

アンスリウム

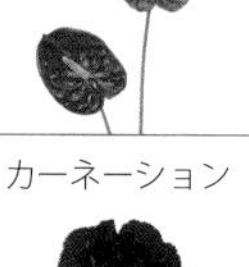

カーネーション

クリスマスブッシュ

グロリオサ

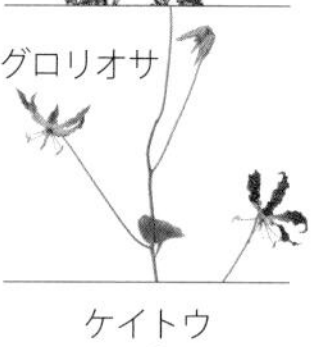

ケイトウ

シクラメン

ストロベリーキャンドル

ダリア

バラ

季節別

冬	秋	夏	春
クリスマスやお正月の花、針葉樹、実ものなど	野草、紅葉した枝、実ものなど	ブルー系や原色系の花、熱帯植物など	パステルカラー、花木など
クリスマスローズ	カンガルーポー	アジサイ	アイスランドポピー
シクラメン	キク	クルクマ	アネモネ
ハボタン	シュウメイギク	ケイトウ	チューリップ
ツバキ	コスモス	センニチコウ	スイートピー
マツ	ススキ	ダリア	ラナンキュラス
ロウバイ	フォックスフェイス	トラノオ	サクラ
サンキライ	リンドウ	ヒマワリ	モモ
センリョウ	ワレモコウ	ルリタマアザミ	ミモザ

シーン別

お悔やみ	お見舞い	発表会・展覧会	開店・開業祝い	出産祝い	結婚祝い	母の日	誕生日
トルコギキョウ	スカビオサ	オンシジウム	アマリリス	イベリス	セルリア	カーネーション	チューリップ
キク	トルコギキョウ	グラジオラス	エピデンドラム	ガーベラ	バラ	ナデシコ	ヒマワリ
フリージア	ネリネ	シャクヤク	グロリオサ	スイートピー	ブバルディア	マーガレット	ガーベラ
ユリ	ラナンキュラス	ダリア	デンファレ	ブルースター	ユリ	ライラック	バラ

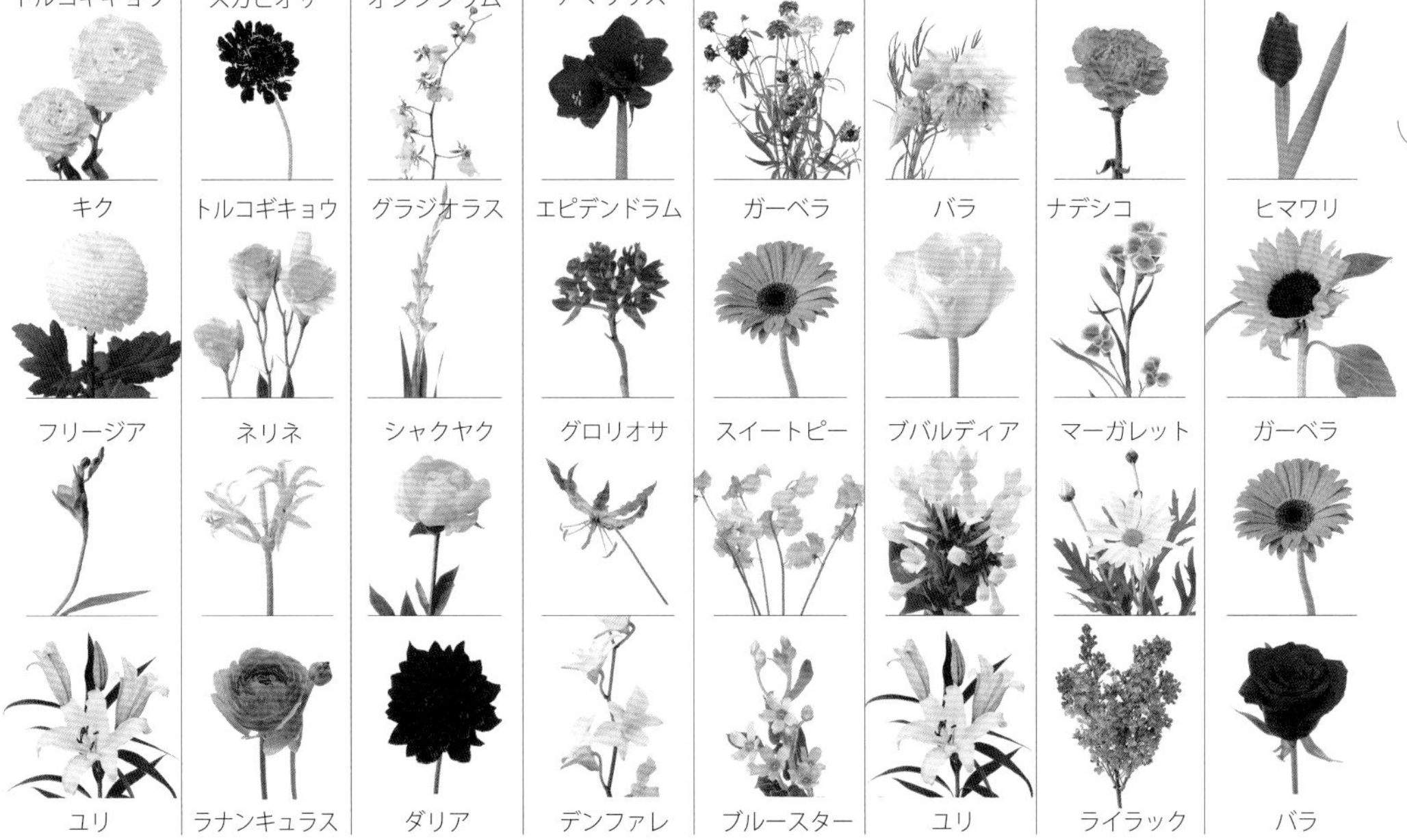

監修／モンソーフルール MONCEAU FLEURS

本店をパリの中心地に置く世界最大のフラワーショップ・チェーン。フランスを中心に、500店舗を越え、日本では、自由が丘本店をはじめ、現在13店を展開中。特に自由が丘本店は、地域のランドマーク的存在として、店の外に並ぶ色とりどりの花のディプレイが通る人の目を楽しませている。また、好みの花を自由に手に取って選ぶスタイルが定着し、手ごろな価格で、新鮮な花や豊富なチョイスとサービスを提供している。2階では、フラワースクールも開講中。『地域に愛されるフラワーショップ』を目指し、全国へ出店を伸ばしている。

http://monceau-fleurs-japan.com/
自由が丘本店：東京都目黒区自由が丘1-8-9 岡田ビル1F & 2F
TEL 03-3717-4187

撮影／松岡誠太朗・亀田龍吉
アートディレクション／石倉ヒロユキ (regia)
デザイン／小池佳代 (regia)・和田美沙季 (regia)・伊藤奈菜
フラワーアレンジ／長坂厚 (モンソーフルール)
福島啓二 (k's club)
執筆・編集／中村裕美・友成響子・満留礼子（羊カンパニー）

写真協力（深度合成写真）／大作晃一
花材協力／川崎花卉園芸株式会社
協力／相嶋学（川崎花卉園芸株式会社）
岡部陽子 (ysteez)

参考文献

・園芸大百科事典（講談社）
・花の園芸大百科（主婦と生活社）
・園芸植物大事典（小学館）
・花図鑑 切花 補強改訂版（草土出版）
・最新版 花屋さんの「花」図鑑（角川マガジンズ）
・最新 花屋さんの花図鑑（主婦の友社）
・花屋さんの花 楽しむ図鑑（池田書店）
・いちばん探しやすい フローリスト花図鑑（世界文化社）
・誕生花と幸せの花言葉366日（主婦の友社）

※本書は、当社刊『花屋さんで人気の421種 大判 花図鑑』（2011年5月発行）を再編集し、書名・価格等を変更したものです。

花屋さんで人気の469種 決定版 花図鑑

2020年4月15日発行 第1版
2023年2月10日発行 第1版 第8刷

監修者 モンソーフルール
発行者 若松和紀
発行所 株式会社 西東社
〒113-0034 東京都文京区湯島2-3-13
https://www.seitosha.co.jp/
電話 03-5800-3120（代）
※本書に記載のない内容のご質問や著者等の連絡先につきましては、お答えできかねます。

ISBN 978-4-7916-2585-7